中国安装工程关键技术系列丛书

城市轨道交通站后工程关键技术

中建安装集团有限公司 编写

中国建筑工业出版社

图书在版编目（CIP）数据

城市轨道交通站后工程关键技术 / 中建安装集团有限公司编写. — 北京：中国建筑工业出版社，2021.2
（中国安装工程关键技术系列丛书）
ISBN 978-7-112-25843-7

Ⅰ.①城… Ⅱ.①中… Ⅲ.①城市铁路-轨道交通-车站作业 Ⅳ.①U239.5

中国版本图书馆CIP数据核字（2021）第024837号

在城市轨道交通工程建设中，站后工程作为整个城市轨道交通系统的重要组成部分，包含轨道工程、牵引供电、接触网、通信、信号、常规机电、综合监控等九大专业，贯穿城市轨道交通四大里程碑节点中的"轨通""电通""通车"三大节点，技术要求复杂，施工质量直接关系到城市轨道交通运行的安全稳定性。

本书内容共11章，包括：概述、轨道工程关键施工技术、牵引供电工程关键技术、接触网工程关键施工技术、通信工程关键施工技术、信号工程关键施工技术、车站机电工程关键施工技术、综合监控系统调试关键技术、特殊设备关键施工技术、信息化管理平台关键技术、典型工程。总体上涵盖城市轨道交通站后工程44项关键技术组成，以每个关键技术为单元，编制内容包括技术简介、技术内容、应用实例三方面。本书内容全面详实，有较强的针对性和可操作性，对推动城市轨道交通站后工程技术、质量、管理等方面具有重要的指导意义和参考价值。

本书适合城市轨道交通工程施工、安装技术及管理人员参考使用。

责任编辑：张　磊　万　李
责任校对：芦欣甜

中国安装工程关键技术系列丛书
城市轨道交通站后工程关键技术
中建安装集团有限公司　编写

*

中国建筑工业出版社出版、发行（北京海淀三里河路9号）
各地新华书店、建筑书店经销
北京鸿文瀚海文化传媒有限公司制版
临西县阅读时光印刷有限公司印刷

*

开本：880毫米×1230毫米　1/16　印张：14¼　字数：439千字
2021年6月第一版　　2021年6月第一次印刷
定价：**168.00**元
ISBN 978-7-112-25843-7
（37026）

版权所有　翻印必究
如有印装质量问题，可寄本社图书出版中心退换
（邮政编码100037）

把专业做到极致

以创新增添动力

靠品牌赢得未来

——摘自 2019 年 11 月 25 日中建集团党组书记、董事长周乃翔在中建安装调研会上的讲话

丛书编写委员会

主　　任：田　强
副主任：周世林
委　　员：相咸高　陈德峰　尹秀萍　刘福建　赵喜顺　车玉敏
　　　　　秦培红　孙庆军　吴承贵　刘文建　项兴元
主　　编：刘福建
副主编：陈建定　陈洪兴　朱忆宁　徐义明　吴聚龙　贺启明
　　　　　徐艳红　王宏杰　陈　静
编　　委：（以下按姓氏笔画排序）
　　　　　王少华　王运杰　王高照　刘　景　刘长沙　刘咏梅
　　　　　严文荣　李　乐　李德鹏　宋志红　陈永昌　周宝贵
　　　　　秦凤祥　夏　凡　倪琪昌　黄云国　黄益平　梁　刚
　　　　　樊现超

本书编写委员会

主　编：刘福建
副主编：李　刚　王宏杰
编　委：（以下按姓氏笔画排序）

王　毅　王会乾　邓世超　朱　炽　朱　皓　乔文海
任　惠　安永新　李　旭　李　政　李飞虎　李功明
李振磊　杨水荣　杨宝林　吴福荣　张文通　张伟昊
张安安　张志轶　张克衫　张国华　张斌斌　张强杰
张睿航　张震刚　贾玉周　黄　勇　葛加磊　薛　康

序

改革开放以来，我国建筑业迅猛发展，建造能力不断增强，产业规模不断扩大，为推进我国经济发展和城乡建设，改善人民群众生产生活条件，做出了历史性贡献。随着我国经济由高速增长阶段转向高质量发展阶段，建筑业作为传统行业，对投资拉动、规模增长的依赖度还比较大，与供给侧结构性改革要求的差距还不小，对瞬息万变的国际国内形势的适应能力还不强。在新形势下，如何寻找自身的发展"蓝海"，谋划自己的未来之路，实现工程建设行业的高质量发展，是摆在全行业面前重要而紧迫的课题。

"十三五"以来，中建安装在长期历史积淀的基础上，与时俱进，坚持走专业化、差异化发展之路，着力推进企业的品质建设、创新驱动和转型升级，将专业做到极致，以创新增添动力，靠品牌赢得未来，致力成为"行业领先、国际一流"的最具竞争力的专业化集团公司、成为支撑中建集团全产业链发展的一体化运营服务商。

坚持品质建设。立足于企业自身，持续加强工程品质建设，以提高供给质量标准为主攻方向，强化和突出建筑的"产品"属性，大力发扬工匠精神，打造匠心产品；坚持安全第一、质量至上、效益优先，勤练内功、夯实基础，强化项目精细化管理，提高企业管理效率，实现降本增效，增强企业市场竞争能力。

坚持创新驱动。创新是企业永续经营的一大法宝，建筑企业作为完全竞争性的市场主体，必须锐意进取，不断进行技术创新、管理创新、模式创新和机制创新，才能立于不败之地。紧抓新一轮科技革命和产业变革这一重大历史机遇，积极推进BIM、大数据、云计算、物联网、人工智能等新一代信息技术与建筑业的融合发展，推进建筑工业化、数字化和智能化升级，加快建造方式转变，推动企业高质量发展。

坚持转型升级。从传统的按图施工的承建商向综合建设服务商转变，不仅要提供产品，更要做好服务，将安全性、功能性、舒适性及美观性的客户需求和个性化的用户体验贯穿在项目建造的全过程，通过自身角色定位的转型升级，紧跟市场步伐，增强企业可持续发展能力。

中建安装组织编纂出版《中国安装工程关键技术系列丛书》，对企业长期积淀的关键技术进行系统梳理与总结，进一步凝练提升和固化成果，推动企业持续提升科技创新水平，支撑企业转型升级和高质量发展。同时，也期望能以书为媒，抛砖引玉，促进安装行业的技术交流与进步。

本系列丛书是中建安装广大工程技术人员的智慧结晶，也是中建安装专业化发展的见证。祝贺本系列丛书顺利出版发行。

中建安装党委书记、董事长

2020年12月

丛书前言

《国民经济行业分类与代码》GB/T 4754—2017 将建筑业划分为房屋建筑业、土木工程建筑业、建筑安装业、建筑装饰装修业等四大类别。安装行业覆盖石油、化工、冶金、电力、核电、建筑、交通、农业、林业等众多领域，主要承担各类管道、机械设备和装置的安装任务，直接为生产及生活提供必要的条件，是建设与生产的重要纽带，是赋予产品、生产设施、建筑等生命和灵魂的活动。在我国工业化、城镇化建设的快速发展进程中，安装行业在国民经济建设的各个领域发挥着积极的重要作用。

中建安装集团有限公司（简称中建安装）在长期的专业化、差异化发展过程中，始终坚持科技创新驱动发展，坚守"品质保障、价值创造"核心价值观，相继承建了400余项国内外重点工程，在建筑机电、石油化工、油气储备、市政水务、城市轨道交通、电子信息、特色装备制造等领域，形成了一系列具有专业特色的优势建造技术，打造了一大批"高、大、精、尖"优质工程，有力支撑了企业经营发展，也为安装行业的发展做出了应有贡献。

在"十三五"收官、"十四五"起航之际，中建安装秉持"将专业做到极致"的理念，依托自身特色优势领域，系统梳理总结典型工程及关键技术成果，组织编纂出版《中国安装工程关键技术系列丛书》，旨在促进企业科技成果的推广应用，进一步培育企业专业特色技术优势，同时为广大安装同行提供借鉴与参考，为安装行业技术交流和进步尽绵薄之力。

本系列丛书共分八册，包含《超高层建筑机电工程关键技术》、《大型公共建筑机电工程关键技术》、《石化装置一体化建造关键技术》、《大型储运工程关键技术》、《特色装备制造关键技术》、《城市轨道交通站后工程关键技术》、《水务环保工程关键技术》、《机电工程数字化建造关键技术》。

《超高层建筑机电工程关键技术》：以广州新电视塔、深圳平安金融中心、北京中信大厦（中国尊）、上海环球金融中心、长沙国际金融中心、青岛海天中心等18个典型工程为依托，从机电工程专业技术、垂直运输技术、竖井管道施工技术、减震降噪施工技术、机电系统调试技术、临永结合施工技术、绿色节能技术等七个方面，共编纂收录57项关键施工技术。

《大型公共建筑机电工程关键技术》：以深圳国际会展中心、西安丝路会议中心、江苏大剧院、常州现代传媒中心、苏州湾文化中心、南京牛首山佛顶宫、上海迪士尼等24个典型工程为依托，从专业施工技术、特色施工技术、调试技术、绿色节能技术等四个方面，共编纂收录48项关键施工技术。

《石化装置一体化建造关键技术》：从石化工艺及设计、大型设备起重运输、石化设备安装、管道安装、电气仪表及系统调试、检测分析、石化工程智能建造等七个方面，共编纂收录65项关键技术和24个典型工程。

《大型储运工程关键技术》：从大型储罐施工技术、低温储罐施工技术、球形储罐施工技术、特殊类别储运工程施工技术、储罐工程施工非标设备制作安装技术、储罐焊接施工技术、油品储运管道施工技术、油品码头设备安装施工技术、检验检测及热处理技术、储罐工程电气仪表调试技术等十个方面，共编纂收录 63 项关键技术和 39 个典型工程。

《特色装备制造关键技术》：从压力容器制造、风电塔筒制作、特殊钢结构制作等三个方面，共编纂收录 25 项关键技术和 58 个典型工程。

《城市轨道交通站后工程关键技术》：从轨道工程、牵引供电工程、接触网工程、通信工程、信号工程、车站机电工程、综合监控系统调试、特殊设备以及信息化管理平台等九个方面，编纂收录城市轨道交通站后工程的 44 项关键技术和 10 个典型工程。

《水务环保工程关键技术》：按照净水、生活污水处理、工业废水处理、流域水环境综合治理、污泥处置、生活垃圾处理等六类水务环保工程，从水工构筑物关键施工技术、管线工程关键施工技术、设备安装与调试关键技术、流域水环境综合治理关键技术、生活垃圾焚烧发电工程关键施工技术等五个方面，共编纂收录 51 项关键技术和 27 个典型工程。

《机电工程数字化建造关键技术》：从建筑机电工程的标准化设计、模块化建造、智慧化管理、可视化运维等方面，结合典型工程应用案例，系统梳理机电工程数字化建造关键技术。

在系列丛书编纂过程中得到中建安装领导的大力支持和诸多专家的帮助与指导，在此一并致谢。本次编纂力求内容充实、实用、指导性强，但安装工程建设内容量大面广，丛书内容无法全面覆盖；同时由于水平和时间有限，丛书不足之处在所难免，还望广大读者批评指正。

前 言

在城市化发展战略的推动下，我国城市轨道交通建设进入突飞猛进的发展时期。目前已有近 40 个城市正在建设或规划筹建城市轨道交通工程，北京、上海、广州、深圳等特大型城市已形成城市轨道交通网络，大部分一、二线城市正在逐步形成轨道交通网络。在未来十至二十年内，城市轨道交通将处于高速发展时期。

一般而言，我们可以按照实施的顺序将地铁建设分为前期工程、土建工程和站后工程三个阶段。在城市轨道交通工程建设中，站后工程作为整个城市轨道交通系统的重要组成部分，包含轨道工程、牵引供电、接触网、通信、信号、常规机电、综合监控等九大专业，贯穿城市轨道交通四大里程碑节点中的"轨通""电通""通车"三大节点，技术要求复杂，施工质量直接关系到城市轨道交通运行的安全稳定性。

自从 2003 年，中建安装与轨道交通初"建"于南京地铁 1 号线，多年来，从长春到南宁，先后承建全国 20 余条城市轨道交通项目。近年来中建安装积极融入国家战略，持续增强专业核心竞争力，轨道交通业务领域不断发展、细化，形成了"站后工程"产业优势，以轨道交通电务、电气化等为主攻方向，通过南宁地铁、徐州地铁、郑州地铁等多条线路的站后总承包的实施，积累了丰富的经验。

通过科技创新及关键技术总结，已掌握并形成了涵盖地下线、高架段、场段线等多方位的施工技术体系，开展科研攻关数十项，编制工艺上百项。在轨道交通施工领域，通过自主创新和集成创新等一系列活动，编制并出版了《城市轨道交通系统机电标准化施工指南》《城市轨道交通轨道工程标准化施工指南》《城市轨道交通安装工程施工图集》等专著，形成了铺轨、常规机电、系统机电、综合监控等一系列施工技术标准，同时通过地铁隧道打孔机器人、新能源铺轨机等智能化机械设备的研制，助推轨道交通行业发展。

将城市轨道交通在轨道工程、系统机电、常规机电等专业领域的施工技术进行深度集成，以新工艺、新方法、新技术的研发应用为驱动，进一步优化工艺流程，改进技术方法，结合预制装配、自动化控制、信息化等现代化理念，形成城市轨道交通站后工程关键技术，推动城市轨道交通站后工程高质量发展。

本书总体上涵盖城市轨道交通站后工程 44 项关键技术。以每个关键技术为单元，编制内容包括技术简介、技术内容、应用实例三方面，内容全面详实，对关键技术有较强的针对性和可操作性，对推动城市轨道交通站后工程技术、质量、管理等方面具有重要的指导意义和参考价值。

本书总体上涵盖城市轨道交通站后工程各个阶段的关键技术，在遵照国家、行业现行标准、规范的基础上，充分吸收各地区的成熟经验，结合编制单位自身的施工技术和管理优势，提炼出具有共性的技术和管理要求，并形成了城市轨道交通站后工程关键技术，相信该书的出版，将对推动完善相关行业标准起到建设性作用。

在编写过程中，虽经反复推敲核证，仍难免有不妥甚至疏漏之处，恳请广大读者提出宝贵意见。

目 录

第 1 章 概述 ·· 1
1.1 轨道交通发展趋势 ··· 2
1.2 城市轨道交通站后各系统简述 ·· 2
1.3 站后工程施工 ·· 3
1.4 城市轨道交通站后工程技术发展趋势 ·· 4
1.5 站后总承包管理 ·· 5

第 2 章 轨道工程关键施工技术 ··· 7
2.1 自由设站控制网数字化精调技术 ··· 8
2.2 隔离式减振垫浮置板施工技术 ·· 13
2.3 钢弹簧现浇浮置板施工技术 ··· 18
2.4 场段柱式检查坑"模具代位"无轨施工技术 ·· 22
2.5 高架 U 形梁承轨台式轨道技术 ··· 26
2.6 无缝线路施工技术 ··· 29

第 3 章 牵引供电工程关键技术 ·· 37
3.1 城市轨道交通变电所施工技术 ·· 38
3.2 环网电缆敷设技术 ··· 49
3.3 全自动隧道打孔机器人技术 ··· 52
3.4 直流 1500V 牵引回流连接线焊接工艺技术 ·· 54
3.5 直流设备绝缘性能在线监测系统及控制技术 ·· 58

第 4 章 接触网工程关键施工技术 ·· 61
4.1 基于调线调坡的隧道内接触网无轨测量定位技术 ······································· 62
4.2 刚性接触网安装一次到位施工技术 ··· 64
4.3 柔性接触网悬挂结构模拟计算技术 ··· 70
4.4 地铁疏散平台动态匹配区间限界施工关键技术 ··· 75
4.5 刚性接触网悬挂调整技术 ··· 78

第 5 章 通信工程关键施工技术 ·· 81
5.1 提高传输光缆一次熔接率技术 ·· 82
5.2 降低地铁无线传输衰减及电压驻波比技术 ··· 85

5.3 天馈线系统安装技术 ··· 89
5.4 轨道交通通信机房综合布线技术 ··· 92
5.5 分歧电缆接续技术 ··· 96

第6章 信号工程关键施工技术 ··· 99
6.1 提高应答器安装精度技术（应答器高精度安装技术） ······························ 100
6.2 转辙机安装及调试技术 ·· 102
6.3 信号机械室施工技术 ··· 105
6.4 计轴设备安装技术 ·· 112
6.5 信号机安装及调试技术 ·· 114
6.6 信号联锁试验技术 ·· 117

第7章 车站机电工程关键施工技术 ··· 121
7.1 复合风管与阀部件"斤"字形法兰连接技术 ··· 122
7.2 地铁车站设备区走廊抗震支架综合布置技术 ··· 124
7.3 基于BIM的工厂化预制及模块化安装技术 ·· 133
7.4 物联网消防水泵安装关键技术 ··· 137

第8章 综合监控系统调试关键技术 ··· 139
8.1 综合监控系统调试技术 ·· 140
8.2 环境与设备监控系统调试技术 ··· 150
8.3 车站及区间火灾工况调试技术 ··· 157

第9章 特殊设备关键施工技术 ··· 161
9.1 城市轨道交通区间水域段提升式防淹门门框安装技术 ····························· 162
9.2 地铁全高屏蔽门施工技术 ··· 165
9.3 公共交通型自动扶梯现场数字化定型技术 ·· 168
9.4 观光式无障碍电梯安全性模拟试验技术 ··· 171

第10章 信息化管理平台关键技术 ·· 175
10.1 轨道施工信息化管理平台系统拓扑结构 ·· 176
10.2 轨道施工信息化管理平台的传输层网络建设 ·· 176
10.3 基于室内定位技术的人员管理系统 ·· 182
10.4 智能车载系统 ··· 190
10.5 轨道施工常用的物联网系统 ··· 194
10.6 轨道施工的大数据应用 ··· 195

第11章 典型工程 ··· 201
11.1 深圳地铁9号线工程 ··· 202
11.2 南宁地铁2号线工程 ··· 202
11.3 徐州地铁1号线工程 ··· 204
11.4 长沙地铁5号线工程 ··· 206

11.5　青岛地铁 8 号线工程 ———————————————————————— 207
11.6　郑州地铁 3 号线工程 ———————————————————————— 208
11.7　重庆地铁 9 号线工程 ———————————————————————— 210
11.8　北京地铁 7 号线工程 ———————————————————————— 212
11.9　上海地铁 15 号线工程 ——————————————————————— 213
11.10　广州地铁 6 号线工程 ——————————————————————— 213

第1章

概 述

1.1 轨道交通发展趋势

我国城市轨道交通开始于1965年7月开工建设的北京地铁，从1965年至2000年的35年是我国城市轨道交通的起步阶段，当时内地仅有北京、天津、上海、广州4个城市建成7条地铁线路，运营里程共计146km。为适应城市经济发展需求、缓解城市交通拥堵的状况，2000年后，我国加大了城市交通基础设施的投入，强调了轨道交通对解决城市交通问题和引导城市发展的重要引擎作用。从此，我国城市轨道交通建设步入了提速阶段。"十一五"期间，建设1500km左右的轨道交通，总投资4000多亿元。到2008年，我国已经成为世界上轨道交通发展最快、建设规模最大的国家，有10个城市、共拥有29条城市轨道交通运营线路，运营里程从1995年的43km增加到了775.6km。截至2019年末，我国内地共计40个城市开通城市轨道交通并投入运营，开通线路208条，运营里程达到6736km。2020年国家发展和改革委员会首次明确了"新基建"的范围，城际高速铁路和城际轨道交通作为"新基建"的重要组成部分，对促进大中城市快捷交通体系发展、提振经济等多方面具有重要推动作用，预期"十四五"期间城市轨道交通网将形成"轨道上的都市圈"，将干线铁路、城际铁路、市域（郊）铁路、城市轨道交通"四网融合"，由都市圈中心城市轨道交通适当向周边城市（镇）延伸，达到高速发展窗口期，带动城市轨道交通达千亿元市场。

1.2 城市轨道交通站后各系统简述

1.2.1 涵盖范围

铁路工程项目施工根据专业类别划分为站前工程和站后工程，这里我们引申到城市轨道交通项目，因轨道工程处于土建工程和站后工程之间，起着承上启下的作用，本书为方便阐述，将轨道工程归类于站后工程。站后工程阶段主要是指从土建结构完成并移交轨道、常规设备及装饰装修单位进场施工（系统设备单位通常在设备房移交之后进场）至设备系统综合联调完成，包括轨道工程、系统机电、常规机电、综合监控以及装饰装修，主要完成地铁项目功能性的建设。其中轨道工程包括正线、车辆段及停车场轨道工程，主要有道床、轨道、道岔及附属设施安装；系统机电工程主要有35kV供电、接触网、通信、信号等系统设备安装；常规机电工程包括车站、区间及车场的综合管线、通风空调、给水排水及水消防、动力照明等设备安装；综合监控系统主要有自动售检票系统、火灾自动报警系统、门禁系统、环境设备及监控系统等；特殊设备主要有人防门、站台门、电（扶）梯等。

1.2.2 专业介绍

轨道是地铁线路的重要组成部分，一般包括钢轨、道床、联结件、道岔以及轨道附属设施等。在列车运行中起着导向作用，同时直接承受列车运行过程中产生的荷载。在列车荷载的作用下，它的各组成部分必须有足够的强度、刚度和稳定性，保证列车在设计时速内安全、平稳地运行。

系统机电主要有牵引供变电、接触网、通信、信号等专业，其中牵引供变电工程包含牵引降压混合变电所、降压变电所、电力监控、环网电缆、杂散电流防护，它的作用是将三相35kV交流电进行降压、整流变成适合电客车使用的1500V直流电，通过电动隔离开关和馈线电缆将直流电送至接触网（接触轨）上，电客车通过受电弓（集电靴）与接触网（接触轨）直接接触而获得电能；另外还为地铁运营服务的其他设施如动力照明、环境控制系统、排水系统、防灾系统、通信、信号、自动扶梯等提供电能。接触网作为电客车的直接电力来源，划分为刚性架空接触网、柔性架空接触网两大类。刚性架空接触网具有结构紧凑、占用净空小、维护方便的特点，广泛应用于正线、辅助线、停车线等；柔性架空接触网具有较好的弹性，一般应用于车辆段或停车场。通信系统作为地铁运营调度、企业管理、乘客服务、治安反恐、应急指挥的网络平台，它是地铁正常运转的神经系统，为通信、综合监控、电力监控、自动售检票、火灾报警等重要系统提供可靠的传输通道。通信系统传输方式分为有线传输与无线传输。信号系统是保证列车运行安全、实现行车指挥和列车运行现代化、提高运输效率的关键系统，用于列车进路控制、列车间隔控制、调度指挥、信息管理、设备工况监测及维护管理。

常规机电工程主要包含通风与空调工程、给水排水及消防工程、建筑电气工程。其中通风与空调工程系统是负责行车左右线区间排风及列车排热，通过电动组合风阀进行正常、事故工况模式转换；为车站公共区及设备区进行换气及火灾排烟；为整个车站提供冷量，是整个车站制冷系统"中枢神经"。给水排水及消防工程：车站采用生产、生活与消火栓相对独立的给水系统；车站冲洗等的用水均由生活给水管直接供给；消火栓及自喷系统的消防给水管供水经过消防泵房加压后，形成管网，消防给水管由站台层两端进入区间；车站污水排水系统通过密闭装置及潜污泵、排水管道将污水、废水排放至城市排水系统。建筑电气工程：为车站及区间提供各种工况、各种模式的照明用电；为车站内各类设备的使用，各种使用功能的实现提供充足、稳定的能源，堪称车站系统运行的"血液"；为车站各级系统在特殊工况下的设备安全、使用安全提供保障，是车站系统运行的"保护伞"。

综合监控系统（Integrated Supervisory Control System，简称 ISCS 系统）是一个功能强大的分布式控制系统，形成了以电调、环调、行调为一体的 ISCS 系统集成模式。通过该系统，一方面可实现对轨道机电类设备进行实时集中监视和控制；另一方面可实现日间正常运营情况下、紧急突发情况下、夜间非运营情况下和重要设备故障情况下各相关系统设备之间协调互动等高级功能。本书第 8 章从综合监控系统调试技术、环境与设备监控系统调试技术、车站及区间火灾工况调试技术三个方面进行阐述，实现各系统之间的兼容性和匹配性，进而实现全系统功能。

地铁车站里的特殊设备包括自动扶梯、直升电梯、防淹门、屏蔽门等，保证旅客方便、安全、迅速地进出车站，给旅客提供舒适、清洁的环境。本书第 9 章从城市轨道交通区间水域段提升式防淹门门框安装技术、公共交通型自动扶梯现场数字化定型技术、观光式无障碍电梯安全性模拟实验技术、地铁全高屏蔽门自由设站测量控制技术四个方面进行阐述，提升设备安装的精度和质量，确保设备运行安全、可靠。

1.2.3 发展情况

在我国，随着社会发展和科学技术的进步，同时通过对国外技术的引进和吸收，在城市轨道交通系统的选择上，就其形势而言日益多样化，设备来源也日益国产化。在城市轨道交通系统建设过程中，为多方位、多形式、多方案的设计比选提供了可能。

目前，国际上技术比较成熟、已经上线运营的城市轨道交通有地铁、市郊铁路、轻轨、单轨、导轨、线性电机牵引的轨道交通及有轨电车 7 种。其中，市郊铁路、地铁、轻轨和有轨电车应用最广泛，线性电机牵引系统最有发展前途。城市轨道交通在国外已有 100 多年的发展历史，世界主要大城市大多有比较成熟与完整的轨道交通系统。有些城市轨道交通运量占城市公共交通运量的 50% 甚至 70% 以上。

1.3 站后工程施工

城市轨道交通工程项目目前较多采用 PPP、BT、BOT 等投融资模式进行建设，各城市可根据自身财政及城市发展情况进行选择。施工任务一般采用平行招标和施工总承包招标模式，一般业主单位有较强的组织管理能力情况下采用平行招标方式，业主单位对各标段施工单位进行直接管理及组织协调；施工总承包方式可以较大减少业主的工作量，业主只需负责对总包单位的管理及组织协调。目前，我国国内大部分采用施工总承包招标模式。

城市轨道交通工程一般包括土建工程、轨道工程、系统机电、常规机电、综合监控、特殊设备、装饰装修等专业工程。站后工程主要是指除土建工程之外，配合完成城轨项目功能性建设的专业工程。站后工程施工具有以下特点。

1.3.1 涵盖专业多，接口界面繁杂

站后工程涵盖轨道工程、系统机电、常规机电、综合监控、特殊设备和装饰装修六大类别，系统机电包括牵降变、接触网、通信和信号；常规机电包括综合管线、通风空调、给水排水及消防、动力照明；综合监控包括自动售检票、火灾自动报警、门禁系统、环境设备及监控系统；特殊设备包括人防门、站台门、电（扶）梯等。专业间接口界面事项繁杂，各专业交叉接口多，比如：轨道工程施工时须为系统机电、常规机电电缆过轨预留过轨管线；土建施工时须为车站设备安装预留好孔洞等。专业交叉施工过程中须细化交接存在的问题及事项，明确接口界面及相互的义务和权利。作为站后总承包单位，需明晰轨道、系统机电、常规机电、综合监控、特殊设备和装饰装修等相关专业之间的接口界面、接口内容、接口管理要求和工序管理要求，促进各专业系统设备和安装工程在安装、调试、验收和开通移交各阶段与相关接口单位的沟通和协调，有效处理可能出现的各类接口问题，不断提升站后总承包现场管理水平。

1.3.2 合理部署施工次序，事半功倍

站后工程是个庞大的系统工程，涉及专业多、安装设备多、交叉工序杂、施工场地受限，要在有限的时间、空间内完成多专业、多单位交叉施工。站后总承包单位统筹全盘考虑，须牵头标段单位通过全面的策划，从现场调查、图纸会审、业主进度要求、材料进场等因素方面制定站后施工组织设计方案，对站后工程施工组织进行全面部署，包括各标段单位施工准备、进场条件，明确各专业作业面移交条件、时限、接口及界面的划分，保证关键节点完成措施，确保各标段单位进场即能高效地开展工作，既提高了功效，保护了成品及设备，又确保了工程安全质量和整体工期。

1.4 城市轨道交通站后工程技术发展趋势

2008年后，城市轨道交通在优化城市空间、缓解城市的交通拥挤、保护环境等方面作用更加凸显。随着我国新型城镇化建设的快速发展，城市轨道交通的地位越来越重要，已经步入了高速发展阶段。政府对城市轨道交通大力支持，助推产业向规范化发展，营造了良好的政策发展环境，促进了城市轨道交通产业快速、健康发展。在"一带一路"和"走出去"的指引下，城市轨道交通紧随高铁共同开创国际市场新局面。各地企业在城市轨道交通勘察设计、建设管理、监理咨询、施工等技术和管理创新方面获得了长足进步，并在许多领域取得重大突破。比如：基于建筑信息模型（BIM）的信息化和智能化的设计、建造、监测、运营管理等技术应用；智慧化城市轨道交通技术应用；基于可持续化的和绿色的各种城市轨道交通创新结构形式、节能、降噪技术应用；基于绿色建造的核心工法、新材料、新技术研发应用；大量大型、新型、提高工效的施工机械设备实现国产化且占比大幅度提高。这些涉及城市轨道交通新技术的研发和大量应用，取得了良好的经济效益、社会效益和环境效益，为我国城市轨道交通建设进

一步发展奠定了坚实的基础。

1.4.1 安全、质量风险分析管理及控制技术

基于大数据、云计算、物联网的人工智能质量检查、检测、验收及风险判断和管理方法进行安全、质量风险分析和管理及控制。不同施工工法的完善与创新是将其他前沿行业的高新技术应用到本行业中去，根据现有施工工法的"差错漏碰"有针对性地改良与完善，或者是提出全新的、颠覆性的建造新思路和方法，比如采用全人工智能化、机械化高效施工技术，全自动化远程监测技术。

1.4.2 机械化及绿色化建造新技术

利用先进的建造技术取代传统的劳动密集型的建造方式，使城市轨道交通工程向工业化、机械化方向发展；提升设计和施工理念，依靠现代化的施工技术、装备及组织管理方法，研发新型材料、新型装备和新工艺实现机械化及绿色化施工，比如装配式建造技术、减振降噪技术、封闭降水及水收集技术、建筑垃圾减量及回收再利用技术、施工扬尘控制技术等。

1.4.3 智能化、信息化大系统集成技术

基于建筑信息模型 BIM 的多专业综合协同设计，多维度可视化的设计优化与施工管理技术使得城市轨道交通系统整体智能化、信息化变得可能。利用大数据和物联网技术，对收集到的信息结合数字音视频分析、VR 等技术手段，有针对性地开展智能化施工的研究，例如全时自动化监测与预警、施工质量检测、检验等。为项目参与方构建统一的科学协作平台，能有效地节省能源和成本、降低污染和提高效率。

1.4.4 基于全生命周期理念的综合节能技术

为满足国家在节能减排和设施能力保持方面的需求，应对工程设计及施工方案进行基于全生命周期理念的优化，从规划设计、施工策划、施工组织、设备和材料采购、现场操作等各方面充分考虑节能减排的要求。主要发展方向有：

(1) 全过程节能减排施工方案的综合评估体系；
(2) 对不同施工条件和地层情况下的"四节一保"进行系统化的梳理和总结；
(3) 高强度、高性能、自修复材料的研发、应用与推广；
(4) 工业化的材料加工和配送；
(5) 可再生资源的应用与推广。

1.5 站后总承包管理

目前，全国轨道交通市场在一、二线城市不断扩展、完善的同时，很多三、四线城市也在大力开展各形式的轨道交通（地铁、轻轨、云轨、有轨电车），在新线建设过程中面临着管理经验不足、技术人才短缺等难题，特别是在面对轨道交通建设重中之重的机电工程多专业、多领域的机电各系统方面，面临着更大的统筹、协调、管理挑战。新建地铁站后机电工程，受土建工程影响较大。土建工期一般受外界因素影响往往导致实际工期滞后于策划工期，最终导致站后机电专业具备进程条件后，各专业大面积抢工期、打乱仗来满足按期通车运营的目标。

为了高质量地完成建设目标，采用"站后总承包"的模式通过地铁建设的管理创新，实现站后工程与土建的协调并行，实现各专业设计、采购、施工、试运行等各阶段工作的深度融合，技术、人力、资金和管理资源的高效组合，提高工程建设效率，缩短工程建设周期，提高建设质量，降低工程造价，提升一体化管理能力，大大减轻管理难度和资源占用。

第 2 章

轨道工程关键施工技术

轨道道床按照减振等级一般分为一般整体道床、中等减振道床、高等减振道床、特殊减振道床，由钢轨、连接件、轨枕、道床及其他附属设备共同构成，是列车的运行基础，不仅需要承受巨大的轮载，而且还要承受列车的制动力、牵引力和列车摇摆的横向力等。因此，轨道工程的施工工艺水平和施工质量直接关系到轨道结构状态的优劣，从而影响着车辆运行的安全性和舒适性。

传统轨道工程施工采用铺轨基标法测量定位、铺轨基地拼装轨排、轨道车运输、地铁铺轨机架设轨排、人工精调及浇筑混凝土等工序作业，存在测量精度低、质量控制难度大、施工工效低、线路平顺性差、减振效果不理想等问题。目前城市轨道交通工程逐渐引进高铁 CPⅢ 测量技术实现数字化轨道精调，规避了人工和仪器误差，较大地提高轨道精度；采用新型减振材料运用于轨道结构，较好地达到减振降噪的效果；同时已有部分城市开始推广应用预制轨道板，采用工厂化预制，现场精确装配，具有产品质量可控、施工效率高、劳动强度低、后期运营维护周期长、运营维保成本低等优点。

本章中自由设站控制网数字化精调技术，可提高测量和铺装精度；隔离式减振垫浮置板施工技术和钢弹簧现浇浮置板施工技术，可提高道床减振效果；场段柱式检查坑"模具代位"无轨施工技术，可破解作业面受限困境及交叉作业的问题；高架 U 形梁承轨台式轨道技术，可解决特殊工况下的运输问题，提升作业工效；无缝线路施工技术，可提高线路平顺性和舒适度。通过以上关键技术的推广应用，结合现场实际进行技术总结及创新，为后续类似工程提供参考。

2.1 自由设站控制网数字化精调技术

2.1.1 技术简介

轨道施工测量包括铺轨控制测量和铺轨施工测量,铺轨控制测量目前有铺轨基标测量和自由设站控制网两种测量方法。铺轨基标测量手段较落后、人工参与较多、精度较低,自由设站控制网测量利用高铁CPⅢ轨道基础控制网构网及测网理论,建立适用于地铁工况的自由设站控制网,借助轨检小车等轨检仪器,真正实现地铁数字化精调。

自由设站控制网数字化精调技术是将地面平面控制点和水准点引入车站两端,根据两端引入的控制点和水准点每隔一定距离成对布点成网,采用后方交会和三角高程测量的方法进行测网,测网结果进行约束平差,利用平差后合格成果借助轨检小车等仪器实现全数字化轨道精调。该技术采用数字化控制,消除了投影变形对观测值精度的影响,消除仪器对中偏差,规避仪器测量误差,可明显提高铺轨精度和线路平顺性,特别对轨道长波平顺性有较大提高,减少轨道后期精调工作量。适用于城市轨道交通工程正线地下线、高架线、地面线等对线路长平顺性要求较高的线路。

2.1.2 技术内容

(1) 自由设站控制网构网设计及布点

自由设站平面控制点一般沿线路按30~60m成对布设,特殊情况下,地铁曲线半径$R \leqslant 300$的情况下,需加密布设。布点高度要综合考虑站后设备、管线、通视条件等影响因素,一般高于轨面0.7~1.2m。自由设站平面控制网构网示意图,如图2.1-1所示。

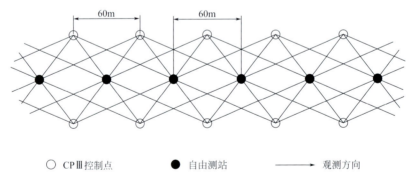

图 2.1-1 自由设站平面控制网构网示意图

在布设自由设站平面控制点的同时,在隧道侧墙或管片上沿线路每隔200~250m布设水准点组成自由设站高程控制网,布点高度一般在轨面以上10~15cm,且需满足几何水准联测的要求。

针对典型结构断面控制点埋设示意图如图2.1-2~图2.1-6所示。

(2) 自由设站控制网测量

1) 平面控制网测量

自由设站控制网采用自由设站边角交会的测量方法,每个自由测站观测4对控制点,测站间重复观测3对控制点,每个控制点有4个自由测站的方向和距离观测值,具体测量方法见图2.1-6,测量技术要求见表2.1-1。

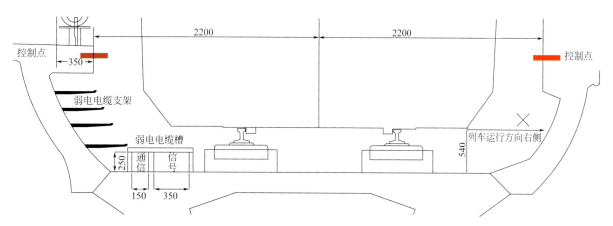

图 2.1-2　高架 U 形梁区间段自由设站控制点布设

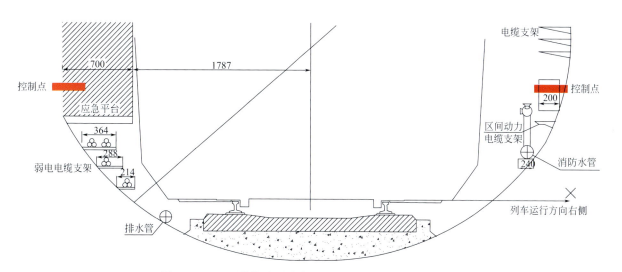

图 2.1-3　地下单线圆形隧道段自由设站控制点布设示意图

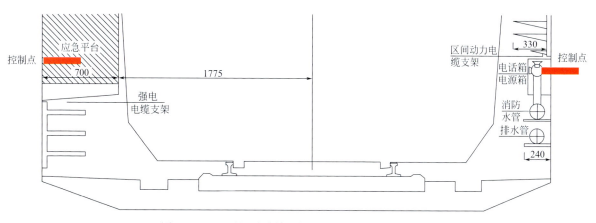

图 2.1-4　地下矩形隧道段自由设站控制点布设示意图

平面测量水平方向采用全圆方向观测法进行观测，水平方向观测技术要求见表 2.1-2。

距离观测采用多测回观测法，边长观测应实时在全站仪中输入温度和气压进行气象元素改正，精度允许偏差见表 2.1-3。

自由设站控制网需至少通过两个（含）以上自由测站联测车站两端的起算点，中间每隔 300m 左右联测精密导线点，如图 2.1-7 所示。

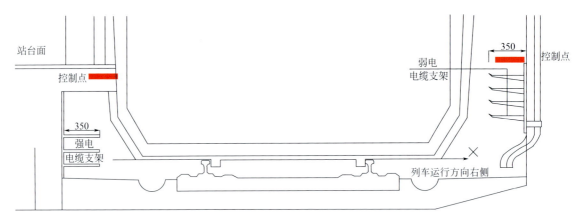

图 2.1-5 地下车站自由设站控制点布设示意图

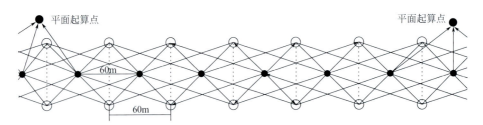

图 2.1-6 自由设站控制网平面测量示意图

自由设站控制网平面测量的精度允许偏差　　　　　　　　　　表 2.1-1

控制网	测量方法	方向观测中误差	距离观测中误差	相邻点中误差
自由设站控制网平面测量	自由设站边角交会测量	1.8″	1.0mm	1.0mm

平面测量水平方向观测的精度允许偏差　　　　　　　　　　表 2.1-2

控制网	仪器级别	测回数	半测回归零差	同一测回各方向2C互差	同一方向归零后方向值较差	2C 值
自由设站控制网	0.5″	2	6″	9″	6″	15″
	1″	3	6″	9″	6″	15″

平面测量距离观测的精度允许偏差　　　　　　　　　　表 2.1-3

控制网	测回数	半测回间距离较差	测回间距离较差	温度（允许偏差）	气压
自由设站控制网	≥2	±1mm	±1mm	0.2℃	0.5hPa

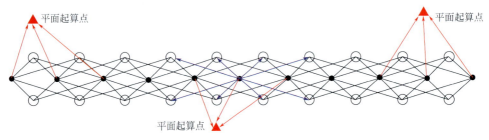

图 2.1-7 与起算点和精密导线点联测示意图

2）高程控制网测量

将车站两端引入的水准点作为高程控制网测量的起算点，采用三角高程测量与平面测量方法合并进行，水准路线闭合长度不宜大于2km。

高程控制网测量方法采用如图2.1-8所示，每300m左右联测既有水准点，采用独立往返水准测量方法进行联测，其测量技术要求见表2.1-4。

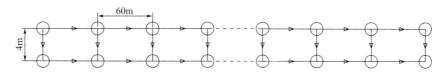

图2.1-8 自由测站高程控制网测量示意图

自由测站三角高程测量外业观测精度允许偏差　　　　表2.1-4

全站仪标称精度	测回数	测回间距离较差	测回间竖盘指标差互差	测回间竖直角互差
≤1″1mm+1ppm	≥3	≤1mm	≤9″	≤6″

（3）自由设站控制网平差

1）平面控制网平差

先采用独立自由网平差，再加入两端起算点进行固定约束平差，平面测量自由平差时，按表2.1-5的要求对各项指标进行统计分析，校核自由网平差的精度。

控制网自由网平差后的精度允许偏差　　　　表2.1-5

控制网名称	方向改正数	距离改正数
轨道基础控制网平面测量	±3″	±2mm

自由网平差满足限差要求后，对采用的平面起算点进行精度检核，然后进行平面约束平差，并按表2.1-6的规定对各项技术指标进行统计分析，检核控制网约束平差的精度。

控制网约束平差后的精度允许偏差　　　　表2.1-6

控制网名称	与控制基准联测		与轨道基础控制点联测		方向观测中误差	距离观测中误差	点位中误差	相邻点相对点中误差
	方向改正数	距离改正数	方向改正数	距离改正数				
自由设站控制网	±4″	±3mm	±3mm	±2mm	±1.8mm	±1mm	±2mm	±1mm

区段之间衔接时，前后区段独立平差重叠点坐标值在±3mm以内，满足该条件后，采用余弦平滑方法进行区段接边处理。

2）高程网测量平差

观测数据存储之前，应对观测数据各项限差进行检验。检验合格后方可数据整理。自由设站控制网高程测量时，应进行环闭合差和附合路线闭合差统计，并对每千米高差偶然中误差和每千米高差全中误差进行统计分析。相邻控制点的水准环闭合差不得大于1mm，相邻控制点间高差中误差不应大于±0.5mm，其精度要求指标见表2.1-7。

自由设站高程网平差后精度允许偏差　　　　表2.1-7

高差改正数	高差观测值的中误差	高程中误差	平差后相邻点高差中误差
≤1mm	≤0.5mm	≤2mm	±0.5mm

区段之间衔接时，前后区段独立平差重叠点高程差值允许偏差±3mm，满足该条件后，采用余弦平滑方法进行区段接边处理。

（4）自由设站控制网数字化轨道精调

1) 平差后成果报请业主或三方测量单位复核，评估合格方可采用；

2) 依据调线调坡图纸资料编辑线形输入电脑程序；

3) 全站仪自由设站，照准前后 4 对控制点进行定向；

4) 轨检小车采集现场数据；

5) 电脑程序显示现场数据与设计数据偏差，即需精调量；

6) 借助工机具进行轨道精调，达到验收要求；

7) 报请监理现场验收；

8) 道床混凝土浇筑。

其工艺流程如图 2.1-9 所示。

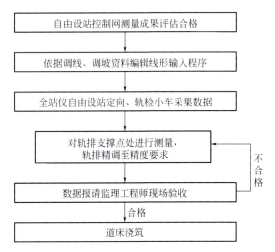

图 2.1-9　自由设站控制网数字化轨道精调工艺流程图

轨道精调后精度需满足相关规范验收要求，见表 2.1-8、表 2.1-9。

轨道精调后精度允许偏差　　　　表 2.1-8

检查项目	精度技术允许偏差
轨距	−1～2mm，变化率小于 1‰
水平	2mm
轨向	直线不应大于 2mm/10m 弦，曲线见表 2.1-9
高低	直线不应大于 2mm/10m 弦
中线	5mm
高程	±5mm
轨底坡	1/25～1/35（设计 1/30 时），1/35～1/45（设计 1/40 时）

轨道曲线正矢（20m 弦量）精度允许偏差　　　　表 2.1-9

曲线半径 (m)	缓和曲线正矢偏差 (mm)	圆曲线正矢连续差 (mm)	圆曲线正矢最大最小差 (mm)
$R \leqslant 250$	4	6	9
$250 < R \leqslant 350$	3	5	7
$350 < R \leqslant 450$	2	4	5
$450 < R \leqslant 650$	2	3	4
$R > 650$	1	2	3

2.1.3 应用实例

此技术在徐州地铁1号线正线双线21km线路上已成功运用,轨检车检测长平顺性优良率95%,于2019年9月正式开通运营后,运营状态良好,现在青岛地铁8号线、郑州地铁3号线、徐州地铁3号线推广运用。现场应用情况如图2.1-10所示。

图 2.1-10 现场应用情况

2.2 隔离式减振垫浮置板施工技术

2.2.1 技术简介

隔离式减振垫浮置板广泛应用于城市轨道交通高等减振地段,它是依靠道床板的质量惯性和隔振垫共同组成"质量-弹簧"隔振系统。该系统通过隔离式减振垫将道床板与基层结构隔离,钢轨通过弹条扣件与道床板联结成整体而构成。其减振功能主要体现在道床板下面的减振垫上,属于面点结合、圆锥截顶结构,是约束阻尼和橡胶弹簧的组合,能更好地发挥减振效果。减振垫材质主要分为橡胶和聚氨酯。橡胶减振垫弹性好、黏性好,但相对寿命低。聚氨酯减振垫减振频域更宽、耐久性更好,但造价较高。目前国内减振垫浮置板大多采用橡胶减振垫,其存放及构造如图2.2-1、图2.2-2所示。

图 2.2-1 减振垫成卷存放　　　　　　　　图 2.2-2 减振垫细部构造

列车在运行时产生的垂直荷载通过道床板均匀分布在隔离式减振垫上,经过隔离式减振垫的缓冲作用后,从而达到减弱垂向振动强度的效果。该系统的无载竖向固有频率为10~12Hz,对频率在20Hz以上的振动具有较好的减振效果。

本技术采用"轨排架轨法"工艺,可显著提高工效,其主要特点如下:

(1) 铺轨基地"模块化"集中生产轨排,与基础找平层施工同步作业,节省时间,大大加快了铺轨进度,同时优化了人员配置、减少人工投入。

(2) 避免了现场散铺钢轨、轨枕、扣件等材料的杂乱存放,尤其在地下空间有限的情况下,更利于安全文明施工管理。

(3) 减振垫可无缝拼接、动静刚度比小(K1.2~1.3)、固有频率低、性能强劲;耐油、耐酸碱、耐气候性强、耐臭氧、超低老化率;能通风、可自排水、没有凝结物。

(4) 浮置板结构稳定性好,动位移小(1.5mm 以内),轨道平顺性和乘客舒适度高,减少轨道部件的应力和磨耗。

(5) 对结构振动和噪声的高效隔离:减振效果 20dB 以上,降噪效果 35dB 以上。

2.2.2 技术内容

(1) 工艺流程

根据隔离式减振垫浮置板的结构特点,首先施工基底找平层,在中心水沟上覆盖"钢筋+网筛"盖板,然后进行隔振垫铺设。同时,在铺轨基地拼装轨排,在减振垫铺设完成后用轨道平板车将成品轨排运送至施工作业面,使用地铁铺轨机转运至铺设位置,利用钢轨支撑架架设、粗调,钢筋绑扎,模板安装,轨道精调后浇筑混凝土,工艺流程如图 2.2-3 所示。

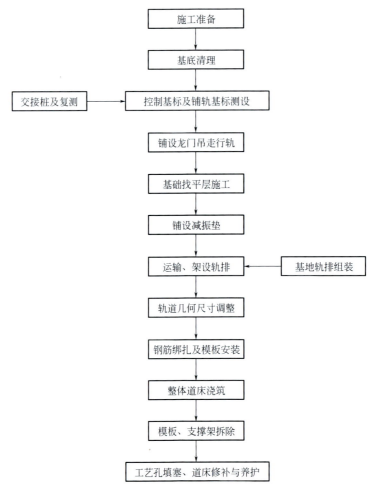

图 2.2-3　隔离式减振垫浮置板轨道施工工艺流程图

（2）操作要点

1）基标测设

首先对结构底部标高进行复核，检查轨道预留高度是否满足设计要求。减振垫道床基标设置在距离线路中心 1.3m 的外侧水沟位置处，直曲线段纵向间距均为 5m。一般情况下，严禁将基标设置在减振垫铺设范围内，如困难地段需设置在减振垫铺设范围内，在混凝土浇筑前要全部拔出，并将减振垫破损处用搭接条或胶带密封，以免影响减振功能的实现，轨道结构断面如图 2.2-4 所示。

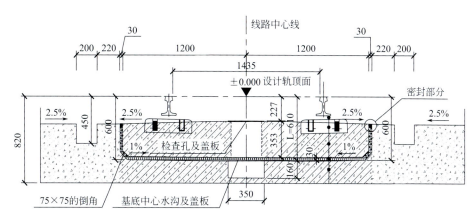

图 2.2-4　隔离式减振垫浮置板轨道结构断面示意图

2）基底施工

矩形隧道基底需进行凿毛处理，凿毛深度 5～10mm，以露出铺底混凝土内石子为宜，凿毛间距不大于 150mm，呈梅花状。浇筑基础混凝土前，务必将结构底板上浮渣和灰土清理干净，并对凿毛面洒水湿润，不得有明水，以确保道床和结构底板能连为一体。

根据基标定出凸台、水沟的几何形位，绑扎基础及凸台钢筋，安装水沟及凸台模板，钢筋绑扎及焊接验收合格后，开始进行基础找平层和限位凸台的混凝土浇筑。浇筑时采用插入式振动器进行捣固，确保混凝土密实，基础顶面进行抹面压光，确保平整不积水，且无明显凹凸。混凝土浇筑时应严格控制两侧水沟顶面的标高，做好与中间浮置板混凝土面的顺接条件。两侧水沟和浮置板下中心暗沟的坡度与线路纵坡一致。基础与凸台为一个整体，应一次浇筑成型。隔离式减振垫浮置板基底如图 2.2-5、图 2.2-6 所示。

图 2.2-5　基础及凸台成型、养护

图 2.2-6　中央水沟上方覆盖钢丝筛网

3）铺设减振垫

首先在施工完成的基础中央水沟上方覆盖钢丝筛网盖板，筛网下方设置短钢筋支撑，筛网及支撑钢筋与水沟两侧基底面搭接宽度每侧不小于 50mm。筛网密目规格及短钢筋间距应满足施工人员踩在上部减振垫上时,不会产生不可恢复的塌陷。

铺设减振垫前,将基础清扫干净,确保混凝土基础上没有尖角或不平整(平整度要求5mm/m³)。

隔离式减振垫铺设分三步进行:

第一步,减振垫应按照浮置板尺寸准确计算减振垫铺设宽度(要求在盾构边墙用墨线标记),并按照测量得到的铺设宽度进行切割,要求切割完的减振垫边角平直,以保证铺设后整体美观,如图2.2-7、图2.2-8所示。

图 2.2-7 铺设边缘弹线标记

图 2.2-8 减振垫切割

第二步,减振垫铺设采用横铺方式(即垂直于线路中心线铺设),隔离式减振垫之间衔接的缝隙宽度应小于等于10mm,并采用专用搭接条覆盖减振垫缝隙,然后用三排铆钉固定隔离式减振垫,如图2.2-9、图2.2-10所示。

图 2.2-9 减振垫铺设、拼接

图 2.2-10 铆钉固定、成型

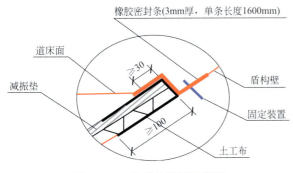

图 2.2-11 上卷边密封示意图

第三步,减振垫密封:

① 减振垫铺设好后,上卷部分顶面采用阻燃密封条进行密封。

② 为防止杂物进入减振垫下部,密封前采用土工布将减振垫上卷部分边沿进行包裹,包裹单面宽度不小于100mm,如图2.2-11~图2.2-13所示。

铺设后的减振垫上只能运行5t以下的橡胶轮式运输车,运输车运行过程中严禁急刹、急转等过猛动作。

图 2.2-12 减振垫封边

图 2.2-13 减振垫铺设完成图

4）轨道几何尺寸调整

成品轨排运至工作面，经铺轨龙门吊初步正位后，以铺轨基标为依据，用 L 尺、万能道尺和弦线对线路中线、钢轨高程、轨距、曲线正矢和超高等进行量测，通过支撑架及斜撑的调整使轨道精确就位，误差在±2mm 内。同时，目测线路，保证平直、圆顺，经复核无误后方可进行下步工序。

5）道床混凝土浇筑

商品混凝土由搅拌车运输至最近下料口，利用泵送或漏斗输送到平板车上的料斗内，再由轨道车推运至作业面附近，利用铺轨小龙门吊转运至作业面浇筑。

混凝土浇筑前，再次对轨道几何状态进行复核，确认符合要求后，方可浇筑施工。浇筑时可用彩条布覆盖钢轨，并用塑料袋包裹扣件，以免对钢轨及扣件造成污染。振动棒与减振垫距离不应小于5cm，宜为振动作用半径的 0.5 倍，混凝土应振捣均匀并确保施工连续性。浇筑过程中，避免机具碰撞轨排，随时检查轨道几何状态，发现问题及时处理。混凝土浇筑完毕后应及时抹面收光，道床顶面中心线向两侧水沟方向设 2.5%的横向排水坡，纵向排水沟坡度与线路坡度一致，如图 2.2-14、图 2.2-15 所示。

图 2.2-14 浇筑前检查、防护

图 2.2-15 减振垫浮置板成型、养护

2.2.3 应用实例

隔离式减振垫浮置板轨道施工技术已在长沙地铁 4、5 号线及徐州 1 号线成功应用，单作业面平均铺设进度可达到 75m/d，施工工效显著且减振、降噪效果良好。目前，正在重庆 9 号线、西安 6 号线推广应用。

2.3 钢弹簧现浇浮置板施工技术

2.3.1 技术简介

城市轨道交通蓬勃发展的同时，也带来了日益严重的振动与噪声问题。钢弹簧浮置板道床是近年来地铁行业广泛采用的一种新型高等级轨道道床形式，主要应用在城市轨道交通工程中对隔振效果要求较高的特殊减振路段，如下穿或紧邻居民区、精密实验室、博物馆、医院、文物保护、机场等特殊敏感地段，可最大幅度降低轮轨振动和二次结构声等环境影响。

钢弹簧浮置板是将具有一定参振质量的钢筋混凝土道床板浮置于特定刚度的阻尼弹簧隔振器上，构成"质量-弹簧"隔振系统，具有三维弹性和稳定性，且能抑制和吸收固体声传导，能实现隔振效果18~25dB，从而减小轨道交通对周边环境的振动和噪声影响。

目前国内普遍采用"钢筋笼轨排法"施工工艺，将传统散铺法浮置板轨道单作业面施工进度6~8m/d的施工进度提高到平均50m/d，实现了浮置板道床快速施工。

"钢筋笼轨排法"钢弹簧现浇浮置板轨道施工技术的主要技术特点如下：

（1）在铺轨基地预制钢筋笼轨排，现场基底同步施工作业，提高施工工效。

（2）顶升采用先精调轨道的方法，利用轨道的定位控制道床板块的平面和高程位置，避免影响后续工序，提高了施工工效，保证了顶升后轨道精度。

2.3.2 技术内容

（1）工艺流程

在铺轨基地进行浮置板钢筋笼轨排拼装，轨道车运输轨排至作业面，利用地铁铺轨机将"钢筋笼轨排"吊运铺设至浮置板基底面，钢筋笼轨排调整就位、轨道几何尺寸精调、混凝土浇筑、混凝土养护、顶升等作业。钢弹簧浮置板施工工艺流程如图2.3-1所示。

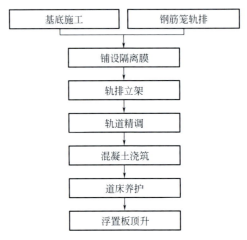

图2.3-1 钢弹簧浮置板施工工艺流程图

（2）操作要点

1）拼装准备

根据钢筋笼轨排的制作流程，在铺轨基地设置钢筋龙骨加工台位，在台位上将加工的钢筋龙骨半成品、外套筒、钢轨、轨枕及扣配件进行组装钢筋笼轨排，钢筋笼轨排拼装流水线示意如图2.3-2所示。

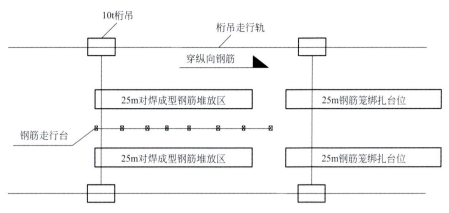

图 2.3-2 钢筋笼轨排拼装流水线示意图

钢筋笼拼装台位可按 25m×3m 设置，台位间间距 1~2m 为宜，台位为混凝土硬化面，表面须平整。在台位上设置浮置板端头线、浮置板钢筋笼中心线、钢轨中心线、套筒位置中心线、凸台边线等关键线，作为拼装钢筋笼轨排的基准线。

曲线段线路中心线与隧道中心线有一个朝曲线外股理论偏离值，其计算公式如（式 2.3-1）所示。

$$\sigma = H/1500 \times (2750 - h) \tag{式 2.3-1}$$

式中　σ——理论偏离值；

　　　H——超高值；

　　　h——轨道结构高度值。

钢筋安装时考虑偏离值进行安装，偏离值超过理论偏离值，钢筋加工时须缩小横向尺寸，轨道结构高度小于最小轨道结构高度时，架立筋高度须缩小。

2）基底施工

钢弹簧浮置板基底标高施工精度直接影响上部道床块的厚度，同时影响道床块的钢筋保护层厚度和减振性能。浇筑前需在两侧结构壁上弹出基底墨线和基底控制线两道线，基底墨线是控制混凝土初凝前收面压光时控制用，基底控制线是控制下料找平用。

基底两侧测设 1.5m 边桩，基底标高按轨面标高下返值来控制，一般控制线比基底面高 100~200mm。同时，线路中心排水沟控制按两侧边桩拉线控制，排水沟中心线与两侧边桩中心线重合。因钢弹簧浮置板超高在基底实现，在超高地段，需按照对曲线外股边桩标高进行计算，计算公式如（式 2.3-2）所示，控制方式如图 2.3-3 所示。

$$H = h - a + b \tag{式 2.3-2}$$

式中　H——曲线外股边桩标高值；

　　　h——断面线路中心线标高值；

　　　a——轨面下返值；

　　　b——超高值。

3）道床施工

当所有隔振器外套筒放好并固定后，要按照整体道床杂散电流要求，在铺轨基地绑扎钢筋时将防迷流焊接，安装剪力铰，同时把外套筒的吊耳和上部的结构钢筋绑扎，防止浇筑混凝土时外套筒移动和浮起，保证道床钢筋笼整体性，浮置板钢筋绑扎如图 2.3-4 所示。

4）钢弹簧浮置板顶升

钢弹簧顶升目前有短轨顶升和长轨顶升两种方法，短轨顶升是以单个浮置板为单位，顶升完成后还需进行焊轨和精调，顶升过程中工程车无法通过，对后续专业影响较大，目前一般常采用长轨顶升。

图 2.3-3 钢弹簧浮置板基底精准控制示意图

图 2.3-4 浮置板钢筋笼绑扎

① 短轨顶升技术

浮置板顶升是在浮置板地段施工完成养护 28d 后且达到设计强度方可顶升,采用水准仪测量浮置板板面或轨面原始标高,单块浮置板逐次分遍顶升,待所有浮置板顶升完毕后,再进行长轨焊接,需在无缝线路施工前完成。

利用布设的附和导线,将浮置板的观测点与导线点进行联测,采用水准仪对观测点进行测量,分遍逐次进行顶升作业。每块现浇板应设 8 个测量点,并一对一进行编号,观测点采用钉柱(50mm 左右)均布固定于板面上,顶升前记录板面的原始高程,顶升时随时观测板面高程,如图 2.3-5 所示。

a. 顶升前去掉外套筒盖板,清理筒内杂物,切割外套筒内的隔离层,并在外筒基础中心钻孔,钻孔

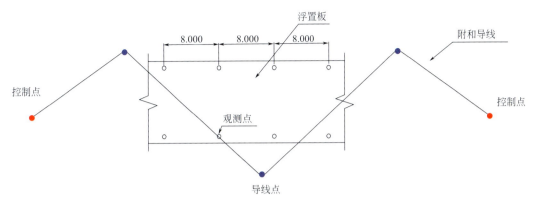

图 2.3-5　浮置板水准点与控制点导线示意图

后注意清理灰渣，清理完毕后安装定位销及横向限位装置。

b. 使用顶升专用工具，每次压入 10mm 调平钢板，顶升三轮后，对该块现浇板的观测点高程进行准确测量，将观测点顶升三轮后的高程测量数据与原始高程测量数据之差与设计顶升量 30mm 进行比较，确认需要调整的高度差，有针对性地再进行一次顶升调整，在机车压道后最后进行测量调整，使得顶升高程达到设计要求，钢弹簧浮置板顶升过程如图 2.3-6 所示。

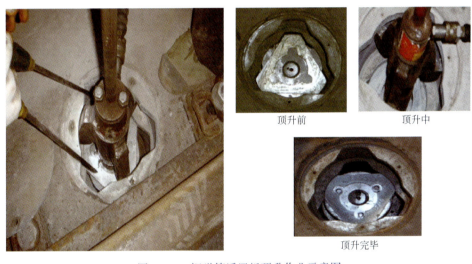

图 2.3-6　钢弹簧浮置板顶升作业示意图

c. 每块现浇板顶升一定要分段分轮顶升，并保证每块现浇板顶升高度一致，避免单块现浇板因不均匀受力而疲劳受损或开裂。

d. 单块现浇板顶升完毕后，按设计要求锁紧隔振器外筒的安全板，盖上隔振器外套筒盖板，钢弹簧套筒结构示意如图 2.3-7 所示。

② 长轨顶升技术

采用长轨顶升技术，在等强期间无缝线路提前介入施工，待混凝土强度达到设计强度后，利用布设的自由设站控制网和轨检小车配合长轨精调，用长轨线路的平面和高程位置来控制钢弹簧道床板块的平面和高程位置，按照其差值进行多次顶升直至达到设计线

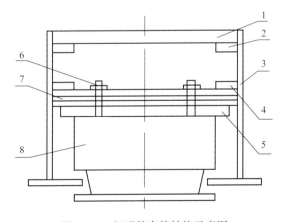

图 2.3-7　钢弹簧套筒结构示意图

1—盖板；2—上支撑架；3—筒体；4—支撑脚；
5—上支承板；6—螺栓；7—调整片；8—隔振器

形。钢弹簧浮置板顶升流程如图2.3-8所示。

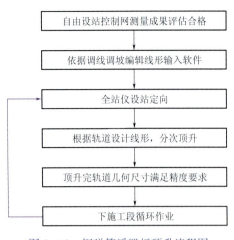

图2.3-8 钢弹簧浮置板顶升流程图

a. 自由设站控制网布设完成后，经过测网平差和复测后，依据调线调坡资料（调线调坡是根据地铁车辆的轮廓尺寸和车辆有关技术参数，综合考虑线路特性、施工方法、设备安装误差，按相关标准计算确定出来的线路综合数据），编辑线路线形输入程序。

b. 全站仪定向设站后，轨检小车采集轨道现场数据，全站仪自动对准轨检小车专用棱镜，通过软件程序显示轨道现场与设计差值，通过差值进行分次顶升。钢弹簧浮置板顶升测量仪器如图2.3-9所示。

c. 顶升完成后，对轨道进行细部精调，对个别钢弹簧有虚空的部位加垫片找平处理，避免钢弹簧不均匀受力。

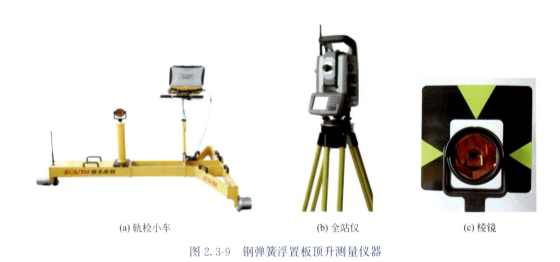

(a) 轨检小车　　　　(b) 全站仪　　　　(c) 棱镜

图2.3-9 钢弹簧浮置板顶升测量仪器

2.3.3 应用实例

钢弹簧现浇浮置板在我国较普遍，运用于特殊减振地段，主要区别于钢弹簧材料，现有德国隔尔固钢弹簧和国产钢弹簧两种类型，德国隔尔固在北京、上海、广州、深圳等大型城市较为常见，其他城市常采用国产钢弹簧材料。

目前本技术已在徐州地铁1号线、徐州地铁3号线、长沙地铁4号线、长沙地铁5号线、郑州地铁3号线、青岛地铁8号线等项目开展应用，减振效果良好，具有推广应用价值。

2.4 场段柱式检查坑"模具代位"无轨施工技术

2.4.1 技术简介

场段库内柱式检查坑常规施工工艺是采用"架轨法"技术，即利用简易门式桁吊和捯链，借助钢轨支撑架和斜撑架设钢轨、安装立柱钢筋和模板、轨道精调、浇筑立柱混凝土。常规施工工艺存在人工架轨难度大、安全风险高、精调难度大、观感质量差、施工工效低等弊端，且目前国内城市轨道交通工程场段施工工期一般较紧张，存在多个专业交叉施工，施工前期大宗物料如钢轨一般不具备运输至施工现场条件，因此提出一种"模具代位"无轨施工技术，即根据正式扣配件尺寸加工替代精密模具，安装立柱钢筋和模板、模具定位、浇筑立柱混凝土，待立柱混凝土强度达到设计强度后，将替代模具换成正式扣配件，架设钢轨，轨道精调。"模具代位"无轨施工技术在混凝土浇筑前不用架设钢轨，只需钢筋绑扎、模板安装、模具定位、混凝土浇筑，从而有效地规避了常规施工工艺"架轨法"以上弊端；同时，在施工作业面受限的情况下，相比"架轨法"有较大的应用优势，既降低了安全隐患和施工成本，又确保施工质量，施工工效提高近1倍，故有一定的推广和应用价值。

2.4.2 技术内容

(1)"代位模具"制作

采用角钢、扁钢、螺纹钢筋、无缝钢管、螺杆、螺母等型材加工精密模具，模具加工的精度直接决定线路精调的精度，必须严格依据扣配件几何尺寸进行加工，尤其重点注意扣件大螺栓孔位的定位，本案例扣件孔位横向中心距195mm，纵向中心距96mm，模具加工如图2.4-1所示，其加工精度要求见表2.4-1。

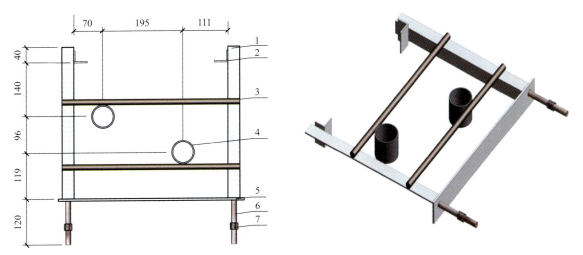

图 2.4-1 模具加工图

1—长角钢；2—短角钢；3—螺纹钢筋；4—无缝钢管；5—扁钢；6—螺杆；7—螺母

模具加工精度要求 表 2.4-1

指标		精度要求(mm)	备注
长度方向		±2	线路方向
宽度方向		±2	与线路垂直方向
孔距	横向	±0.5	与线路垂直方向
	纵向	±0.5	线路方向

(2)基地试验

为验证加工模具的精度与测量系统应用于"模具代位"无轨施工技术的准确性，同时确保施工质量和工效，宜在正式施工前先在基地试验测试，见图2.4-2。

通过基地试验测试，模具加工精度能满足施工验收规范要求，同时测量方法能满足该技术的平面和高程精调。试验测试项目及精度指标见表2.4-2所示。

图 2.4-2 基地试验测试

试验测试项目及精度指标　　　　　　　　表 2.4-2

测试项目	精度指标(mm)
立柱间距	±5
轨距	±2
中线	5
轨向	2/10m 弦
高低	2/10m 弦
水平	2
高程	±5

图 2.4-3 "模具代位"无轨施工工艺流程

（3）施工工艺流程

施工准备→基标测设→钢筋绑扎→安装模板→安装模具、螺钉、尼龙套管及螺旋筋→模板及模具精调→隐蔽工程报验→浇筑立柱混凝土→拆模、养护→复测立柱的顶面标高→安装钢轨扣配件→钢轨架设→轨道精调。工艺流程如图 2.4-3 所示。

（4）操作要点

① 立柱模板安装

a. 按设计图纸要求，模板安装前需按设计要求进行每股道线路测量放线，测定平面位置。

b. 模板安装前，须将立柱下部基础位置凿毛并清理干净，保证新老混凝土有较强的粘结力。

c. 模板与混凝土基础接缝处用双面胶带密封处理，避免漏浆。

d. 按设计高程进行模板高程控制，模板安装精度满足：位置偏差不大于±5mm，垂直度小于2mm，宽度允许偏差不大于±5mm，表面平整度不大于2mm（1m靠尺检查），高程允许偏差±5mm。

e. 模板安装后要进行横纵向加固处理，横纵向用50mm×70mm的方木连接固定。

② 模具、尼龙套管、螺旋筋及大螺栓安装

立柱模板安装完成后，将模具安装于模板顶部，同时套上尼龙套管、固定螺旋筋，安装大螺栓，根据股道定位放线的平面和高程加密桩对模具进行精调，确保其平面和高程位置，模具安装精度要求如表2.4-3所示。安装模板及模具如图2.4-4所示。

模具安装检查项目及精度要求　　　　　　　　　　　　　　表2.4-3

检查项目	精度指标(mm)
螺栓孔位位置	±2
螺栓高程	±2
相邻模具平面偏差	±1
相邻模具高程偏差	±1

图2.4-4　安装模板及模具

③ 立柱混凝土浇筑

a. 混凝土浇筑前，应复核模板位置及稳定性，确认符合验收要求后方可浇筑。

b. 立柱混凝土入模要分层振捣，捣固要均匀，不得漏振，振捣时避免触及模板。

c. 立柱顶面需抹面整平，初凝前进行收面压光。

④ 立柱混凝土养护及拆模

a. 立柱混凝土浇筑后结合现场温度洒水养护，并用土工布或塑料薄膜材料覆盖养护。

b. 拆模时间以保证混凝土表面及棱角不受损坏为准，一般混凝土强度达到5MPa时拆模。

⑤ 立柱顶面标高复测及整修

a. 拆模后对立柱顶面标高进行复测。

b. 对平整度大于2mm的立柱进行整修。

⑥ 扣配件安装、钢轨架设、轨道精调

a. 扣件须按照组装图进行安装，尼龙套管应提前与螺栓道钉拧紧。

b. 采用简易门吊或两台装载机进行钢轨架设。

c. 采用弦线法和万能道尺等工具进行轨道精调定位。确保轨道精度满足现行国家标准《地下铁道工程施工质量验收标准》GB/T 50299 工程验收要求，轨距偏差＋3mm/－2mm，变化率不大于1‰，高差偏差不大于±2mm，水平偏差不大于2mm。

(5)"模具代位无轨"施工技术优势

1) 在作业面受限的情况下，无轨施工具有较大优势，可以快速展开施工，土建移交一段展开施工一段；
2) 交叉作业面工程量小，只有立模、绑扎钢轨，人工占用作业面小；
3) 安全风险低，不用提前架轨，只有模具、模板安装和钢筋绑扎；
4) 工效高，相比常规"架轨法"施工技术工效提高近1倍；
5) 观感质量好，施工精度能满足规范精度要求；
6) 节约项目成本，不用钢轨支撑架等工装，降低项目成本投入。

2.4.3 应用实例

2018年10月～2019年6月在徐州地铁1号线车辆段库内柱式检查坑运用"模具代位"无轨施工技术，于2019年9月正式开通运营后，一直维持良好运营状态，目前在重庆地铁9号线工程车辆段推广运用。现场应用情况如图2.4-5所示。

图 2.4-5 现场应用情况图

2.5 高架 U 形梁承轨台式轨道技术

2.5.1 技术简介

高架U形梁承轨台式轨道技术主要用于高架U形梁地段的轨道施工。作为轨道结构的基础，U形薄壁结构简支梁要求轨道施工过程中不得在梁体任意部位钻孔，以保证梁体整体受力结构性能。

该技术采用U形梁运输天吊进行材料纵向运输，可调节自稳固模板体系进行模板安装，通过新型钢轨支撑架对轨底坡进行控制。通过"U形梁运输天吊""可调节自稳固模板体系""新型钢轨支撑架"等工装设备，避免了机铺钢支墩安装、模板定位安装在结构底板钻孔对结构产生的影响，该关键技术的应用将在保护梁体结构的前提下，保证施工工效。不仅保护了 U 形梁的整体受力性能，还有效提高了模板安装和轨料运输工效，保证了模板稳定性和轨底坡精度。

2.5.2 技术内容

（1）工艺流程

高架 U 形梁承轨台式轨道技术施工工艺流程如图 2.5-1 所示。

（2）操作要点

1）材料运输

① 将 U 形梁运输天吊吊装至 U 形梁翼缘顶部，调节天吊主梁，使两侧走行轮位于 U 形梁翼缘板顶部中间位置，调整翼缘板内侧的导向轮，使其紧贴翼缘板内侧并试运行，行走安全、稳定后进行材料的纵向运输。

② 利用两台运输天吊主梁的滑移小车和起重葫芦将钢轨吊起，沿桥梁推动 U 形梁运输天吊进行纵向运输，将材料运输至作业面；轨枕、扣件等宜采用专用吊装工具进行平稳吊装，且吊装点不少于 4 个。

③ 将在 U 形梁桥面上安装的钢支墩、走行轨上行走的运输轨道材料方式转化在 U 形梁翼缘上行走的运输轨道材料方式，省去了钢支墩、走行轨的安装，且不会破坏 U 形梁整体受力性能；轨道材料的运输线路不会受到临时存放的轨道材料的影响，而且 U 形梁桥面上预留钢筋不会对台车产生任何影响，施工效率高，降低了操作人员的劳动强度，节约了人工成本。材料倒运如图 2.5-2 所示。

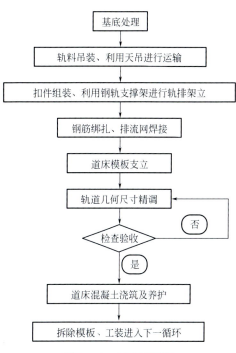

图 2.5-1 工艺流程图

图 2.5-2 一种基于调线调坡的 U 形梁运输定尺天吊现场实况图

2）短轨枕轨底坡控制

① 将预先设置轨底坡并经进场检验合格的钢轨支撑架横向连接部分与左右股钢轨组装在一起，直线段垂直于线路且不大于 3m 安装一组，曲线段垂直于线路切线且不大于 2.5m 安装一组，安装时确保扣压钢轨底与支撑架密贴。然后，安装钢轨支撑架垂直支撑部分，将钢轨抬升至便于挂枕高度为宜。新型钢轨支撑架采用钢轨横向连接同垂直支撑分体式并在轨底板上带有 1∶40 轨底坡，如图 2.5-3 所示。

② 在钢轨画线的位置上挂装短轨枕，扣件要按规定的力矩拧紧。轨枕安装结束后，应用钢卷尺复

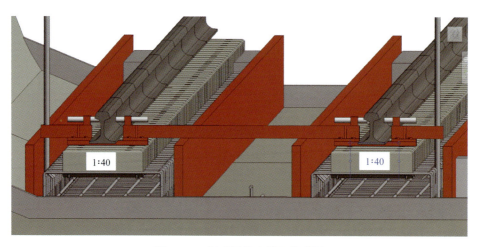

图 2.5-3　新型钢轨支撑架模型图

测一股轨枕间距，允许误差为±5mm；若超出误差范围，应立即调整，另一侧用方尺进行调整。在曲线地段要安装好轨距拉杆，以增加整体稳定性。

③ 使用轨距尺及基标尺调整线路几何尺寸进行粗调，几何尺寸主要是在轨架上进行调整。轨道几何尺寸允许偏差：轨枕间距±5mm，轨距+2、-1mm，变化率不得大于1‰，水平2mm，扭曲2mm（基长6.25m），轨向直线不得大于2mm/10m弦，高低直线不得大于2mm/10m弦，中线2mm，高程±5mm，轨底坡1/35～1/45。线路精调后对轨底坡再次进行检查，确保轨底坡施工质量。

④ 通过采用新型钢轨支撑架，实现了直、曲线地段短轨枕承轨台式道床钢轨轨底坡的控制，解决了直、曲线地段轨排架设丝杠垂直受力的难题，有效地保证了轨道几何尺寸的实现。

3）道床模板采用可调节自稳固模板体系

① 高架桥每跨梁中间为标准道床块，两端设置一个较短的非标承轨台，直线地段铺设时，可以先固定一侧钢轨的位置，作为另一股道的参考；曲线地段，应根据曲线要素准确确定左、右股钢轨的位置，曲线左、右线桥跨长度不等时，左线梁两端的承轨台应优先布置；轨枕间距及道床分块应根据每股钢轨所在简支梁或连续梁的实际长度，根据需要在梁跨中非标准承轨台内，调整结构钢筋的间距、长度及轨枕间距。

② 模板本身必须要求有足够的刚度、强度和稳定性，且要平整、光滑，曲线的外轨一侧模板需要根据超高值注意加高，同时检查模板安装的尺寸、位置、立模质量、保护层厚度、隔离剂涂刷及清洁情况等。

③ 高架桥整体道床采用钢模板，伸缩缝处采用木模板，相邻两块模板要密贴，伸缩缝处的木模板采用方木固定，钢模板通过斜支撑、模板卡子、专用可调节拉钩连接固定，左右股承轨台道床模板之间用横木作支撑，靠U形梁侧用斜撑作支撑进行固定，形成可调节自稳固模板安装体系。可调节拉钩模板支撑装置如图2.5-4所示；可调节自稳固模板安装体系如图2.5-5所示。

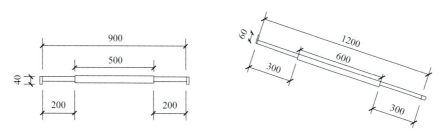

图 2.5-4　可调节拉钩模板支撑装置

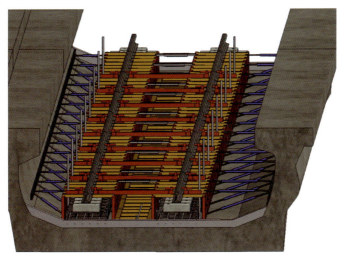

图 2.5-5 可调节自稳固模板安装体系

④ 道床模板安装必须平顺,位置正确,并牢固、不松动。模板安装质量要求:位置偏差不大于±5mm,不垂直度不大于±2mm,表面不平整度不大于±3mm,高程误差不大于±2mm。

2.5.3 应用实例

目前已在青岛地铁 8 号线工程高架段成功应用,青岛地铁 8 号线高架段单线 13km,通过高架 U 形梁承轨台式轨道技术的应用,提前按照要求保质保量完成铺轨任务,对高架 U 形梁承轨台铺轨施工提供了新的技术方案。现场应用情况如图 2.5-6 所示。

图 2.5-6 现场应用情况图

2.6 无缝线路施工技术

2.6.1 技术简述

无缝线路是铁路轨道现代化的重要内容之一,与普通线路相比,其不仅可以减少线路维修的频率,提高钢轨的使用寿命,还可以减少列车行驶过程中的阻力,降低行车过程中的噪声以及提高旅客的舒适感。按钢轨受力方式的不同,无缝线路可以分为温度应力式无缝线路和放散温度应力式无缝线路。由于城市轨道交通工程大部分属于地下线,温差变化不大,一般采用温度应力式无缝线路。

无缝线路按照焊接方式的不同分为气压焊接、铝热焊接和闪光焊接,其中闪光焊接分为固定式闪光焊接和移动式闪光焊接。本技术采用移动式闪光焊接,其施工特点有:

(1)移动式闪光焊接施工速度快,可以提高无缝线路施工过程中焊接效率,节约施工工期成本;

(2)移动式闪光焊接性能优异并且焊接工艺稳定,在无缝线路施工过程中,可以有效地保证无缝线路施工质量;

(3)移动式闪光焊精度高,焊缝的一致性较好。

2.6.2 技术内容

(1)工艺流程

移动式闪光焊无缝线路施工工艺流程如图2.6-1所示。

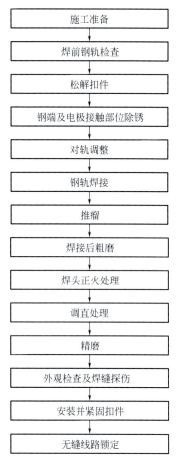

图2.6-1 无缝线路施工工艺流程图

(2)操作要点

1)型式检验

施工准备阶段,焊轨设备进场验收完成后,初次焊接线路钢轨时,需要对待焊钢轨进行型式检验,试验项目包括落锤、静弯、疲劳等试验。型式检验的项目及焊接接头试件数量见表2.6-1。

型式检验的项目及焊接接头试件数量表　　　　表2.6-1

外观	探伤	落锤	静弯		疲劳	拉伸	冲击	硬度	宏观、显微组织和晶粒度	断口
			轨头受压	轨头受拉						
全部试件	全部试件	15	12	3	3	1	1	2	1(利用硬度试验)	15(利用落锤试验)

注:硬度试件2个,包括测试轨顶面硬度1个和测试纵断面硬度1个。

待焊钢轨型式检验应注意:

① 型式检验受检试件所用钢轨的生产厂、轨型、钢牌号、交货状态应与焊接生产用钢轨相同,受检试件应是相同工艺焊接的接头。

② 静弯受检15个试件应连续试验合格,移动式闪光焊落锤受检15个试件应连续试验合格,一次形式检验中,应在各检验项目全部合格后,方可判定本次型式检验合格。型式检验合格后方可批量生产。

③ 型式检验落锤检验合格后,如果有1个接头断口灰斑超标,应补做2个接头进行落锤和断口检验,补做接头的落锤和断口合格后,可以认为断口检验项目合格。

④ 形式检验报告应包括:焊轨组织名称、焊机型号、焊机出厂编号、钢轨生产厂、钢轨轨型、钢轨钢牌号、钢轨交货状态、检验设备、详细的检验结果等内容。相关图片见图2.6-2~图2.6-5。

2)焊接

移动式闪光焊常用机型有K922型、AMS-60型、UN5-150型、YHG1200型等,城市轨道交通工程钢轨焊接过程即是将25m标准轨钢轨焊接成单元轨节,再将单元轨节连接成长轨条的过程。钢轨焊接时,首先启动焊机,激活自动焊接程序,在电脑程序的控制下,经历"预闪、高压闪光、低压闪光、加速闪光、顶锻"5个阶段,电脑数据采集系统自动记录焊接全过程中的电流、电压、顶锻力等一系列

图 2.6-2 试样打磨

图 2.6-3 试样焊接

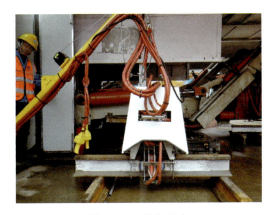
图 2.6-4 接头正火

图 2.6-5 试样落锤试验

相关数据，经过型式检验确定焊接工艺参数后进行钢轨焊接，见图 2.6-6。

图 2.6-6 无缝线路焊接施工

3）正火

在无缝线路施工过程中，正火主要是消除由于焊接热循环而产生的热影响，改善焊接接头的综合机械性能，使焊接热循环过程形成的晶粒细化、提高韧性、改善焊接残余应力的分布。

焊后热处理目前主要有火焰正火和电子正火两种，电子正火（图 2.6-7）相比火焰正火具有以下优势：

① 拉伸性能更优，细化晶粒作用比火焰效果要明显；

② 冲击性能更优，韧化作用更明显，加热均匀；

图 2.6-7　电子正火施工

③ 硬度对比，软点值较高。

电子正火主要施工步骤为：

① 焊头经过冷却后温度低于500℃方可重新加热；

② 正火的过程中钢轨焊头应位于线圈中央；

③ 对焊头加热的要求：中频频率为1400～1600Hz，加热结束后，用光电测温仪测量轨顶面温度为900℃；

④ 当完成正火，程序自动暂停，取下电子正火设备。

4）打磨

① 粗打磨

利用角磨机或砂轮机对焊缝及附近轨头顶面、侧面、轨底上表面和轨底进行打磨；在打磨轨头时，平直度在焊缝两侧各1m范围内基本为0～0.5mm；焊缝踏面部位热态时呈0.5～1.0mm的上拱量，在常温下不能打亏；轨底上表面焊缝两侧各150mm范围内及距离两侧轨底角边缘各35mm范围内应打磨平整，用砂轮打磨凸出量必须顺向打磨，严禁横向打磨。用仿形打磨机进行打磨时，进刀量不得超过0.2mm，打磨机沿钢轨纵向往复移动，待无火花时，再适当给进刀量；打磨机从轨顶逐渐向轨侧摆动，直至完成对钢轨轮廓的仿形打磨。为提高磨削效率，在该阶段可以选择深切、快移打磨。打磨时不准冲击和跳动，对母材的打磨深度不得超过0.5mm；打磨面应平整有光泽，不得发黑、发蓝。

② 精打磨

精打磨时，用扁平锉或细砂皮纸纵向打磨，打磨要平顺、圆滑，不得留有棱角，各个面上的误差应严格控制在0.3‰之内；焊头在尺寸误差范围内以1‰顺坡处理，其余部分应圆顺，不准有突变、夹角和啃伤等缺陷；轨顶打磨完毕，用1m直尺测量误差不得超过0.3mm，见图2.6-8。

图 2.6-8　钢轨打磨施工

焊接接头的工作面经打磨后，表面平整度应满足：在焊缝中心线两侧各 100mm 范围内，表面不平整度不大于 0.2mm，轨顶面及轨头侧面工作边母材打磨深度不应超过 0.5mm；焊接接头及其附近钢轨表面不应有裂纹、明显压痕、划伤、碰伤、电极灼伤、打磨灼伤等损伤。精打磨作业完成要求焊缝两侧 500mm 范围轨头表面和内侧工作面的平直度分别为 0～+0.3mm/m 和 -0.3～+0.3mm/m（应考虑实际轨温），同时打磨面应平顺光整，圆弧过渡轮廓应圆顺，不得有明显的突出和棱角，见图 2.6-9、图 2.6-10。

图 2.6-9 钢轨焊头平直度自检

图 2.6-10 钢轨焊头平直度运营检查

钢轨焊接接头平直度允许偏差应符合表 2.6-2 的规定。

钢轨焊接接头平直度允许偏差　　　　　　表 2.6-2

序号	项目	允许偏差(mm)	检验数量	检验方法
1	轨顶面	+0.3,0	全部检查	1m 直尺测量
2	轨头内侧工作面	±0.3		
3	轨底（焊筋）	+0.5,0		

5）探伤

钢轨焊头冷却到 50℃ 以下时，对钢轨焊头进行探伤，焊头探伤分为目测和仪器检测。焊缝表面的缺陷主要有电击伤、划伤、碰伤等，可以通过目测判断；焊缝内部的缺陷主要有过烧、灰斑、夹杂、未焊透等，可以通过仪器进行探伤。

探伤前，首先对工件表面进行处理，使其达到表面无锈蚀、斑点、氧化层、油和焊接溅射物等污物存在，表面光洁度通常要求在 ▽6 以上，这样可以保证探伤的准确度，并保护探头，见图 2.6-11、图 2.6-12。

图 2.6-11 钢轨焊接接头探伤

图 2.6-12 焊接接头运营探伤

6）应力放散及锁定

应力放散有两种方法：自由放散法和综合放散法。当实测轨温在设计锁定轨温范围内时，采用自由放散法进行应力放散；当实测轨温低于设计锁定轨温下限时，采用综合放散法，即利用拉伸器和撞轨器配合作用，通过均匀拉伸轨条，使其达到设计锁定轨温时应有的长度后进行锁定。无缝线路应力放散流程如图 2.6-13 所示。

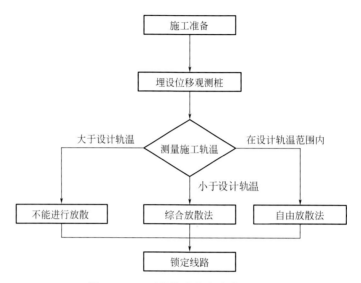

图 2.6-13　无缝线路应力放散流程图

自由放散法施工步骤：

① 解除本单元轨节和后面已锁无缝线路末端 25～75m 长度范围内的所有扣件。

② 分别用压机从两端向中间抬起钢轨，每隔 10m 在轨底垫一个滚筒，使得轨底高出橡胶垫 110mm。

③ 根据线路放散长度均匀设置敲轨点，同时用大锤沿放散方向敲击钢轨数次，使钢轨能够自由伸缩。

④ 当钢轨端部发生自由反弹，位移归零，则视为钢轨达到自由伸缩状态，此时停止敲击。

⑤ 钢轨放散均匀后撤掉滚筒，使长轨平稳地落入承轨槽内。

⑥ 迅速上紧单元轨节末端 25m 范围内的全部扣件，其余部位由单元轨节两端向中间"隔二上一"。

综合放散法施工步骤：

① 测量轨温，在单元轨节两端分别用轨温表测量钢轨温度。

② 解除本单元轨节和后面已锁无缝线路末端 25～75m 长度范围内的所有扣件。

③ 每个小组分别用压机从各自管辖范围的两端向中间抬起钢轨，每隔 10m 在轨底垫一个滚筒，使得轨底高出橡胶垫 110mm。

④ 根据线路放散长度均匀设置撞轨点，并沿放散方向撞击钢轨数次。同时，用大锤敲击钢轨，使钢轨能够自由伸缩。

⑤ 当钢轨端发生反弹，则视为钢轨达到自由伸缩状态，此时停止撞轨。

⑥ 测量此时轨温，根据此时轨温与计划锁定轨温之差计算拉伸量、锯轨量。

⑦ 单元轨节范围内，沿纵向每隔 100m 设一临时位移观测点，以观测钢轨在拉伸过程中位移量是否均匀。

⑧ 在单元轨节的起点、中点、终点及距离长单元轨节终点 100m 的位置处分别设位移观测桩。当轨条长度大于 1200m 时，应适当增设位移观测桩，保证位移观测桩间距不大于 500m，通过位移观测点和位移观测桩的相错量来确定拉伸量。

⑨ 安装拉伸器，拉伸钢轨并记录此时的轨温；在钢轨拉伸过程中，配合撞轨，在单元轨节拉伸量达到预定长度且锁定的无缝线路末端零点归零后，停止拉轨，此时撞轨器应继续工作；当钢轨末端出现反弹时，撞轨器停止工作，拉伸器保压。

⑩ 收集各临时观测点位移量数值，与理论数值比较，如发现不均匀点，继续撞轨并在此点前后进行重点敲击，直至应力放散均匀。

⑪ 撤滚筒，使长轨条平稳地落入承轨槽内，安装好单元轨节末端 25m 范围内的全部扣件，长轨条其余部位由两端向中间"隔二上一"。

2.6.3 应用实例

此技术在徐州地铁 1 号线、长沙地铁 5 号线、郑州地铁 3 号工程应用后，取得了良好的施工效益，线路开通后一直维持良好的运营状态。目前，该项技术正在徐州地铁 3 号线、重庆地铁 9 号线、西安地铁 6 号线推广应用。

第 3 章

牵引供电工程关键技术

牵引供电工程包含牵引降压混合变电所、降压变电所、电力监控、环网电缆、杂散电流防护，它的作用是将三相 35kV 交流电进行降压、整流变成适合电客车使用的 1500V 直流电，通过电动隔离开关和馈线电缆将直流电送至接触网（接触轨）上，电客车通过受电弓（集电靴）与接触网（接触轨）直接接触而获得电能；另外，为地铁运营服务的其他设施（如动力照明、环境监控系统、排水系统、防灾系统、通信、信号、自动扶梯等）提供电能。

本章针对牵引供电工程的特点，从城市轨道交通变电所施工技术、环网电缆敷设技术、全自动隧道打孔机器人技术、直流 1500V 牵引回流连接线焊接工艺技术、直流设备绝缘性能在线监测系统及控制技术等方面，结合现场实际进行技术总结及创新，为后续类似工程提供参考性依据。

3.1 城市轨道交通变电所施工技术

3.1.1 技术简述

在城市轨道交通变电所施工过程中,复杂的施工环境对设备安装、夹层电缆敷设等施工影响较大。本技术通过直流设备绝缘安装、变压器安装、变电所夹层电缆敷设、电气试验调试等关键施工工序的把控,采用先进的工装及技术,有效解决了直流系统设备安装后绝缘性能低、变压器安装效率低下、夹层电缆敷设杂乱、电气试验调试周期长等问题,提高了变电所的施工效率和设备的安装质量,为城市轨道交通变电所施工提供技术支撑。

3.1.2 技术内容

(1) 工艺流程

变电所施工工艺流程如图 3.1-1 所示。

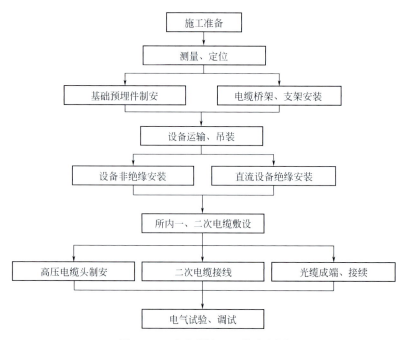

图 3.1-1 变电所施工工艺流程图

(2) 操作要点

1) 直流设备绝缘安装技术

针对直流设备安装过程中影响绝缘性能的风险点,采用绝缘测试贯穿于整个安装过程的方法。在完成每个相关步骤后,立即测试绝缘性能,以确认该步骤对绝缘性能的影响,测试合格方可进行下一道工序施工;如不合格,则重新进行上一步骤或采取相应的措施。

绝缘板安装前,首先对其进行绝缘测试,确保绝缘板的质量符合设计要求。绝缘板对接缝处进行打磨做坡口处理,用强力绝缘胶粘合。然后,在绝缘板接缝处两面涂胶,用 0.5mm 厚环网树脂纸粘合,如图 3.1-2 所示。

绝缘板安装,如图 3.1-3 所示。

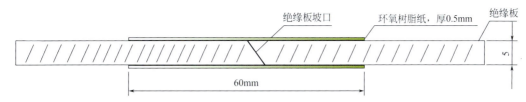

图 3.1-2 绝缘板接缝处理示意图

绝缘板安装后，测试绝缘板上表面与基础预埋件之间的绝缘值，确认绝缘板安装对绝缘性能的影响。若绝缘电阻符合要求，则继续进行下一步工序；若不符合要求，则采取提高绝缘性能的措施。在柜体与基础预埋件的固定过程中，每完成一个地脚螺栓的紧固，立即对柜体进行一次绝缘测试，确认该处地脚螺栓安装后的绝缘效果。若绝缘电阻符合要求，则继续进行下一个地脚螺栓的安装；若不符合要求，则重新对该处丝孔进行清理，必要时可使用硅胶脂对丝孔填充，以提高绝缘性能。见图 3.1-4、图 3.1-5。

图 3.1-3 绝缘板安装

图 3.1-4 柜体固定点开孔

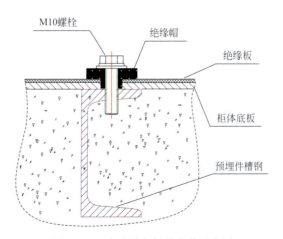

图 3.1-5 直流设备螺栓安装示意图

在直流设备安装过程中采用直流设备安装装置（图3.1-6），通过吊钩将设备进行抬升及就位操作，使设备在就位过程中不与绝缘板碰触，有效解决了直流设备安装过程中对绝缘板产生外力导致绝缘板损坏，造成绝缘性能下降的传统技术难题，高效率地提升了设备安装的绝缘水平。

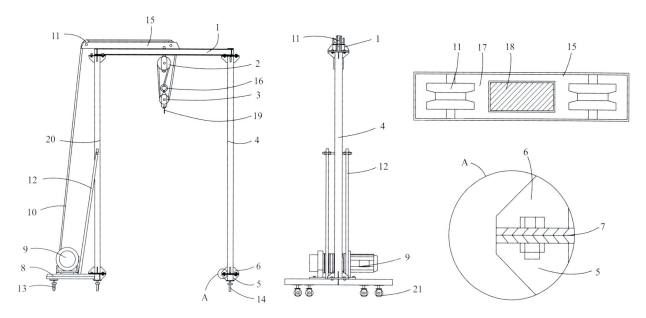

图3.1-6 直流设备安装装置

1—横梁；2—第一定滑轮；3—动滑轮；4—第一立柱；5—底座；6—钢板；7—加强板；8—安装座；9—卷扬机；10—钢丝绳；11—第二定滑轮；12—支撑杆；13—第一万向轮；14—第二万向轮；15—横轨；16—拉环；17—预留槽；18—毛刷垫；19—吊钩；20—第二立柱；21—第一定向轮

成列盘、柜的垂直度、水平偏差、盘柜面偏差和盘柜间接缝的允许偏差应符合表3.1-1的规定。直流设备绝缘安装见图3.1-7。

盘柜安装的允许偏差　　　　　　　　　　　　　　　　表3.1-1

项目		允许偏差（mm）
垂直度（每米）		<1.5
水平偏差	相邻两盘、柜顶部	<2
	成列盘、柜顶部	<5
盘面偏差	相邻两盘、柜面	<1
	成列盘、柜面	<5
盘、柜间接缝		<2

2）变压器安装技术

地铁施工现场条件复杂，供电设备具有体积大、重量重、数量多的特点。如果变电所在车站吊装口附近并且现场具备吊装条件，此时采用本站吊装的方式；如果变电所距离车站吊装口较远或吊装口已封闭并且轨道已铺设到本站的情况下，此时可以采取在其他车站或场段吊装、利用轨道车运输至本站的方式。

① 压器吊装

在变压器吊装前开箱检查变压器外观，重点检查变压器的型号、容量是否符合设计要求，器身漆层是否完整无锈蚀，附件及配件数量是否齐全，铭牌是否齐全，各部螺栓是否紧固等，并做好记录。考虑

图 3.1-7　直流设备绝缘安装图

吊车的起重能力、现场、道路安全及经济效率等各方面因素，结合现场吊装最重的设备（通常以整流变压器为计算对象，自重约为11t）来选择吊车。根据现场情况，采用本站吊装方式（图3.1-8）或者轨道车运输进场（图3.1-9）。

图 3.1-8　变压器吊装

图 3.1-9　轨道车运输变压器

吊装开始前，作业人员应在吊装口正下方搭建吊装平台。吊装平台由 200mm×150mm×2000mm 枕木搭建而成，除最上层枕木满铺外，其余每层均由五根枕木组成，每层枕木之间成"井"字形排布，并用耙钉固定，枕木搭建至与站台板高度相齐平，搭建尺寸为2000mm×2000mm×1000mm。枕木搭建完成后，在平台上铺设尺寸为2000mm×1500mm×10mm 的钢板，钢板另一侧搭在站台板上。吊装平台搭建见图 3.1-10。

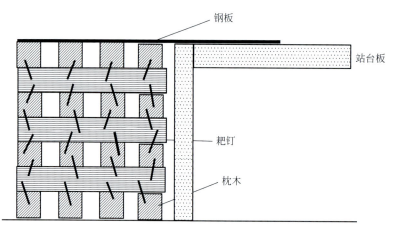

图 3.1-10 吊装平台搭建示意图

② 变压器就位

a. 安装滚轮：在变压器顶升起来后，及时将滚轮安装在变压器底座槽钢对应的孔位上。

b. 安装手扳葫芦：在牵引侧端头套挂钢丝绳套，在变压器牵引耳或底座槽钢上套挂 U 形环。将手扳葫芦的链条放至适当长度，链条的挂钩挂牢 U 形环，手扳葫芦的吊钩挂牢钢丝绳套，并稍稍张紧链条。

c. 牵引滑行：每 4 个人一组摇动手扳葫芦，使变压器缓慢滑行移动，滑行中要注意变压器的行进方向，随时纠正偏移。待变压器滑行至变电所内安装位置时停止牵引。

变压器就位见图 3.1-11。

图 3.1-11 变压器就位

③ 变压器安装

变压器在预埋件上就位后，按照生产厂家技术说明书的要求进行安装，采用螺栓连接或焊接的方式将其固定在预埋件上，固定应牢固可靠。变压器高低压电缆支架安装时要固定牢靠。所有母线搭接面的连接螺栓用力矩扳手紧固，其紧固力矩值应符合表 3.1-2 的规定，变压器安装后相间及对地的安全净距不小于 300mm。安装成品见图 3.1-12、图 3.1-13。

螺栓紧固力矩值 表 3.1-2

螺栓规格(mm)	力矩值(N·m)	螺栓规格(mm)	力矩值(N·m)
M8	8.8~10.8	M16	78.5~98.1
M10	17.7~23.6	M18	98.0~127.4
M12	31.4~39.6	M20	156.9~196.2
M14	51.0~60.8	M24	274.6~343.2

3）变电所夹层电缆敷设技术

通过现场测量，确定电缆长度，根据图纸编制电缆清册，并根据电缆清册和端子排布图，核对电缆的规格、型号、走向，按规范要求均匀有序地拟定电缆排列顺序，以免敷设时繁乱、重复穿越和交叉。夹层内电缆布放如图 3.1-14 所示。

图 3.1-12　整流变压器安装成品图

图 3.1-13　配电变压器安装成品图

① 高压电缆与电力电缆、控制电缆应分层敷设，从上至下分别为控制电缆、电力电缆、高压电缆，电力电缆和控制电缆不得敷设在同一层支架上。控制电缆在支架上敷设不宜超过1层，在桥架上不宜超过2层。

② 每层支架上的电缆走向要一致，电缆在拐弯处每层电缆不应出现交叉。电缆在起点、止点支架及所有分支拐弯处应进行绑扎固定。在桥架内，进出桥架端部，转弯处用电缆卡子固定。当电缆长距离敷设时，为了防止出现弯曲或扭曲，应适当增加绑扎点，低压电缆绑扎采用绝缘绑线（黑色绑线），高压电缆采用尼龙扎带。

图 3.1-14 夹层内电缆布放图

③ 电缆的敷设路径应符合施工图要求，35kV 电力电缆采用品字形排列，其他一、二次电缆采用一字形排列，在同一路径电缆比较多的情况下可以分层排列，但必须整齐美观。

④ 电缆外观应无损伤，敷设时严禁有绞拧，对铠装压扁、护层断裂和表面严重划伤的电缆不得使用。

⑤ 电缆排列整齐、少交叉，垂直敷设或大于 45°倾斜敷设的电缆在每个支架上固定；电缆敷设后最小弯曲半径满足表 3.1-3 的要求。电缆桥架内电缆敷设见图 3.1-15。

电缆最小弯曲半径　　　　　　　表 3.1-3

电缆形式			多芯	单芯
控制电缆	非铠装型、屏蔽型软电缆		$6D$	
	铠装型、铜屏蔽型		$12D$	
	其他		$10D$	
橡皮绝缘电力电缆	无铅包、钢铠护套		$10D$	
	裸铅包护套		$15D$	
	钢铠护套		$20D$	
塑料绝缘电缆	无铠装		$15D$	$20D$
	有铠装		$12D$	$15D$
油浸纸绝缘电力电缆	铝套		$30D$	
	铅套	有铠装	$15D$	$20D$
		无铠装	$20D$	—
自容式充油(铅包)电缆			—	$20D$
0.6/1kV 铝合金导体电力电缆			$7D$	

电缆敷设时，在每个支架横撑上安装滑轮装置（图 3.1-16），通过滑轮的滚动作用，改变以往电缆敷设生拉硬拽的模式，加强了对电缆的保护。

4）电气调试技术

图 3.1-15　电缆桥架内电缆敷设

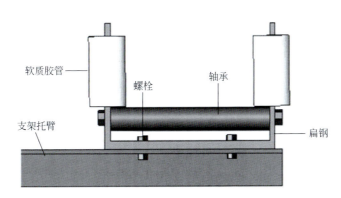

图 3.1-16　滑轮装置安装示意图

牵引供电系统电气调试主要包括绝缘电阻试验、交流耐压试验、直流耐压试验、变压器试验、直流电阻试验、高压断路器特性试验、互感器特性试验、所内逻辑关系调试等，通过调试验证设备功能，保证设备稳定运行，确保地铁运营的安全性及可靠性。

① 绝缘电阻试验

a. 断开被试物的电源，将被试物接地放电，放电时间不得小于 1min；电容量较大的被试物放电时间不得小于 2min。

b. 拆除被试物一切对外连线，并用干燥清洁的软布，擦去被试物表面的污垢。

c. 将兆欧表放在水平位置，检查兆欧表的性能，在额定转速下（120r/min）指针应指向"∞"，然后将兆欧表的火线"L"与地线"E"短时搭接一下，指针应指零。

d. 将被试物接地线接于兆欧表的"E"柱上，被试物引出线接于"L"柱上。如果被试物表面有可能产生较大泄漏电流时，应加屏蔽，屏蔽线接于兆欧表的"G"柱上。

e. 以恒定转速转动手柄，兆欧表指针逐渐上升，待 1min 后，记录其绝缘电阻值。做吸收比试验时，还应读取 15s 时绝缘电阻值。

f. 断开"L"柱接线，停止转动兆欧表，为了能在计时开始时即给被试物加上全部电压，以及为了防止测试结束时被试物电荷反馈损坏兆欧表，"L"柱引出线应加装一个绝缘良好的刀闸开关，以便随时开合。

g. 试验完毕或重复试验时必须将被试物对地充分放电。

h. 记录环境温度、被试物温度和气候情况。

② 交流耐压试验

交流耐压试验为重要试验项目，试验中应特别注意人身安全。进行试验时，至少有三人参加，一人为升压操作人，一人负责监护并记录试验结果，一人负责防护。

a. 首先确定被试物是否已完成了其他特性试验及绝缘试验，具备了耐压试验的条件。

b. 对被试物进行试验前的准备工作，如擦拭被试物、拆除各种临时线路和障碍物等。

c. 将被试物的外壳和被试线圈可靠的接地。

d. 使用兆欧表测试被试物的绝缘电阻值，绝缘电阻值应符合规定。

e. 按图 3.1-17 进行接线。

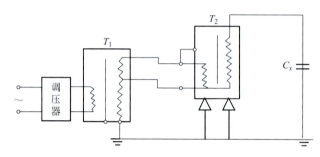

图 3.1-17　交流耐压试验接线图

f. 正式试验前，应对设备进行一次空载试验，当电压缓慢升高至额定试验电压或稍高一些时，试验设备应无异状。然后将电压调回零位，断开电源。

g. 在试验过程中，如果发现随着电压的升高而发出放电声音，应立即停电，并根据声音的部位及声音的种类来判断原因，避免设备被击穿损坏。

高压电气设备工频耐压试验电压标准见表 3.1-4。

高压电气设备工频耐压试验电压标准表　　　表 3.1-4

额定电压 (kV)	最高工作电压 (kV)	1min 工频耐受电压(kV)有效值					
		电压、电流互感器		支柱绝缘子、隔离开关		干式电力变压器	
		出厂	交接	出厂	交接	出厂	交接
3	3.5	18	16	25	25	10	8.5
6	6.9	23	21	32	32	20	17
10	11.5	30	27	42	42	28	24
35	40.5	80	72	100	100	70	60

③ 直流耐压试验

试验工作至少有三人参加，一人为升压操作人，一人负责监护并记录试验结果，一人为防护员。

a. 检查直流高压发生器的调压器是否在零位，微安表应在最大量程上。

b. 对高压发生器进行空载试验，记录空载时高压发生器本身的泄漏电流值。退回调压器旋钮，断开电源，发生器高压对地放电。

c. 将发生器与被试物正式连接。合上电源，徐徐上升，如需要泄漏电流曲线时，则在各级电压值下停顿 1min，记录泄漏电流值。升至额定试验电压后，按要求持续一定时间，并记录下泄漏电流值，然后迅速、均匀地退回调压器旋钮，切断电源，并用放电棒对被试物接地放电，原理如图 3.1-18 所示。

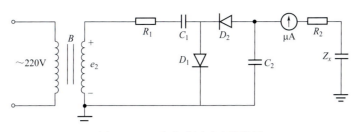

图 3.1-18　直流耐压试验接线图

d. 当需要进行改接线作业时，接地线要始终接在高压发生器高压出线端，以保证人身安全。改接线完毕再次试验时，必须注意将接地线从高压出线端移开。

e. 将记录下的泄漏电流值减去发生器空载时的泄漏电流值，即为被试电气设备的泄漏电流值。

④ 变压器试验

变比试验亦称变压比测量，就是在变压器的一侧绕组施加一个电压，然后用仪表或仪器测量另一侧绕组的电压值，并通过计算来确定该变压器是否符合设计要求的电压变换的结果。变比试验可以检查绕组匝数是否正确，匝间是否有短路现象，以及绕组接头的连接及分接开关的位置是否正确等。测得的变比误差一般要求不应大于±2%，同时要符合分接开关位置变化的规律，对于大型电力变压器，如牵引变压器，则变比误差不大于±0.5%。变比试验一般均采用自动变比速测仪，对星形接线的变压器可采用双电压表法。

三相变压器要进行接线组别试验，检查变压器高压侧线圈的相位关系是否符合设计要求。

极性与组别试验可采用直流法、相量图法及相位表法。

⑤ 直流电阻试验

直流电阻试验可以检查分接开关接触是否可靠，引线与套管等载流部分的接触是否良好，三相电阻是否平衡等。测量直流电阻应在变压器各分接头的所有位置上进行。

1600kVA 以上的变压器，各相线圈的直流电阻，相互间差别应不大于三相平均值的 2%；无中性点引出时的线间差别应不大于三相平均值的 1%。1600kVA 及以下的变压器相间差别应不大于三相平均值的 4%，线间差别应不大于三相平均值的 2%。

三相变压器的直流电阻，由于结构等原因超过相应标准规定时，可与产品出厂试验值比较，相应变化应不大于 2%。测试直流电阻使用的仪器是直流单双臂电桥和速测仪。

⑥ 高压断路器特性试验

高压断路器对牵引供电系统起着控制、保护及安全隔离的作用。安装完毕后，除应检查其绝缘性能外，还应做以下特性试验：

a. 导电回路直流电阻试验

当断路器触头接触不良而导致电阻增大以及整个导电回路电阻增大时，会引起接触不良部位局部发热，温度升高，尤其当断路器通过较大的短路电流时，有可能使触头烧毁而使断路器拒动，造成事故。因此断路器在安装调整后，应进行导电回路直流电阻的测试。

断路器导电回路的直流电阻值应符合制造厂的有关标准。

试验方法为电桥法，直流双臂电桥测试范围和精度可以满足断路器导电回路直流电阻测试的需要，使用时按电桥说明书操作即可。

b. 分合闸时间特性试验

断路器的分合闸时间关系到能否迅速切除供电系统故障和迅速恢复供电，特别是分闸时间直接影响断路器的灭弧性能，故分合闸时间特性试验是断路器的主要试验项目之一。

分合闸时间特性试验应在断路器安装及调整工作全部结束，并有可靠的操作电压时进行。试验的主要内容为，测试断路器的合闸时间及固有分闸时间；对三相断路器应同时检查三相动作时间差（同期性检查）。

c. 操作机构性能试验

操作机构的作用是保证断路器能够可靠又准确的分闸和合闸。操作机构的试验，主要内容为检查分合闸电磁铁线圈的最低动作电压值。分合闸电磁铁线圈最低动作电压测试，可检验操作机构能否保证断路器可靠开断；动作电压过高，断路器有可能拒动；动作电压亦不能过低，否则控制回路绝缘不良或有接地时，易引起断路器误动。

d. 操作试验

断路器的操作试验包括调整性操作试验及远方操作试验。

调整性操作试验是断路器在安装及调整过程中，配合测试及调整工作分阶段进行的操作。

远方操作试验，则是指当控制电缆及操作电源均安装完毕，断路器各项试验内容均试验合格后，利用控制盘上操作把手进行的断路器操作试验。

远方操作试验在规定的电压下进行，对断路器的防跳跃功能、闭锁功能、联动功能进行检查，并检查分合闸位置显示是否正确。试验时，必须设专人在断路器旁观察其动作情况，出现异常要立即采取措施。

⑦ 互感器特性试验

互感器的试验内容主要分绝缘特性试验和电气特性试验两部分，电气特性试验的主要项目如下：

a. 极性试验

使用极性试验器测试互感器极性。

b. 误差试验

互感器误差试验是为了校核互感器的变比误差是否符合出厂时确定的准确级次，以保证互感器用于电量测量时的准确性及用于继电保护装置的角、比差试验及电压互感器的比差试验。

采用被试电流互感器与标准互感器比较的方法，电流互感器检定接线图如图 3.1-19 所示。电流互感器试验电流及角、比差标准见表 3.1-5。

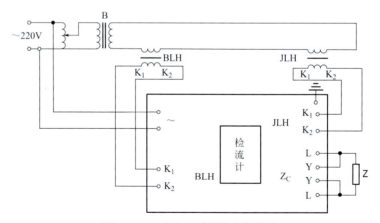

图 3.1-19　电流互感器检定接线图

说明：B—升流器；BLH—标准电流互感器；JLH—被检电流互感器；Z—被检电流互感器次极回路负载阻抗。

电流互感器试验电流及角、比差标准表　　　　表 3.1-5

电流互感器准确级次	一次试验电流(I_H%)	允许最大误差	
		比差（%）	角差（%）
0.2	100~120	±0.2	±10
	20	±0.35	±15
	10	±0.5	±20

续表

电流互感器准确级次	一次试验电流(I_H%)	允许最大误差	
		比差(%)	角差(%)
0.5	100～120	±0.5	±40
	20	±0.75	±50
	10	±1.0	±60
1	100～120	±1.0	±80
	20	±1.5	±100
	10	±2.0	±120
3	50～120	±3.0	无规定
10	50～120	±10.0	无规定

c.电流互感器励磁特性曲线试验

用于牵引变压器差动保护中的电流互感器，根据差动保护的要求，测试电流互感器的励磁特性曲线。

d.电压互感器空载试验，是将互感器低压侧开路，在互感器高压侧通入额定电压并测试高压侧空载电流的试验。由于施工现场条件限制，故一般多采用高压侧开路，在低压侧施加电压和测试电流的方法。调压器由零逐渐升压至额定值、读取电流值。当有需要时，可继续升压至1.3倍额定值，并持续3min，观察电流应无较大摆动或急剧上升现象，将电压退回零位、断开电源，试验结束。

3.1.3　应用实例

南宁地铁2号线工程：全线新建9座牵引降压变电所，9座降压变电所，3座跟随式降压变电所，共计变电所21座。

徐州地铁1号线工程：全线新建11座牵引降压变电所，10座降压变电所，8座跟随式降压变电所，共计变电所29座（含控制中心）。

徐州地铁3号线工程：全线新建9座牵引降压变电所，8座降压变电所，3座跟随式降压变电所，共计变电所20座。

应用效果：顺利完成牵引降压变电所、降压变电所及跟随所施工，质量验收一次通过率达到100%，受到了建设单位、设计单位及监理单位的一致认可，取得了良好的社会效益和经济效益。

3.2　环网电缆敷设技术

3.2.1　技术简述

电缆敷设是环网电缆工程最主要的环节之一，城市轨道交通供电系统35kV中压环网电缆主要包括主变电所35kV出线电缆，以及车站至车站、车站至场段的35kV电缆。环网电缆沿地铁线路敷设，需穿越区间隧道及车站，敷设路径上可能会遇到竖井、联络通道、人防门、区间渡线、岔线、电缆夹层，以及站台板下上翻梁、电扶梯基坑等不利因素。本技术通过对环网电缆敷设各阶段关键控制点的把控，特殊地段做相应的处理，采用不同的敷设方式，提高了环网电缆工程施工的效率和质量。

3.2.2 技术内容

(1) 工艺流程

环网电缆敷设施工流程如图 3.2-1 所示。

(2) 操作要点

1) 电缆敷设前的准备工作

电缆进场后,必须对电缆进行详细的检查验收,重点检查电缆的外观、规格型号、电压等级、长度等。电缆外观应完好无损、铠装无锈蚀、无机械损伤、无明显皱折和扭曲现象,敷设电缆前需对电缆绝缘电阻进行测试。

根据轨道平板车的宽度、长度以及电缆盘尺寸,制作符合环网电缆敷设使用的放线架;环网电缆吊装至放线架时,注意电缆端头的方向,确保在敷设时电缆从电缆盘的上端拉出。

2) 轨道车敷设

敷设环网电缆前,将人员分成三组,分别负责 A、B、C 三相,并在作业区段两端各 100m 设置专人持红色信号灯进行防护。

电缆敷设作业时,三组施工人员各司其职、服从统一指挥,行车速度应不大于 15m/min,一次性将电缆敷设到电缆支架上,避免电缆在地上产生磨损,并注意观察电缆盘和放线架的情况,施工负责人与轨道车司机用对讲机保持通信畅通,并根据现场情况调整轨道车运行速度,防止电缆被电缆盘卡住、电缆磨损等情况的发生,保证电缆敷设安全高效地完成,见图 3.2-2。

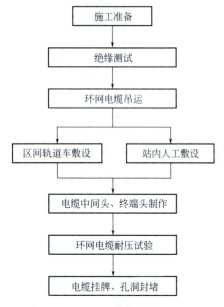

图 3.2-1 环网电缆敷设施工流程图

图 3.2-2 轨道车敷设环网电缆

电缆敷设后,安排专人沿电缆敷设作业区段进行巡视,清理施工产生的垃圾,确认沿线无工机具遗留、电缆固定可靠。

3) 人工敷设

35kV 电力电缆由区间进入车站要经过人防门,进站后电缆路径多位于站台下夹层内,有些车站还要经过渡线或岔区、电缆竖井等区段,这些地方电缆敷设只能全部由人工完成。

在岔区或渡线敷设环网电缆可以先测量出此岔区所需要的环网电缆长度,将电缆从电缆盘上拽出呈"8"字形绕放于轨道上,在吊架正下方搭起一排脚手架,每一个脚手架上安排一至两名工人,采用人力拖动配合地滑轮的方式将电缆逐根穿过吊架，穿吊架时可以采用每隔一个吊架先将该吊架的横撑拆下等电缆全部穿过后再重新安装上去的方式，避免吊架内部空间不足导致电缆敷设困难。每放完一条电缆后要及时将电缆用扎带固定牢固，避免电缆滑落砸伤人员，电缆过轨敷设时要注意电缆的相序，过轨敷设前后必须保持相序一致，见图 3.2-3。

图 3.2-3　环网电缆岔区过轨敷设

车站夹层内的环网电缆敷设时，在敷设路径上每隔约 5m 放置一组滑轮，在转弯处内侧增设转向滑轮，每组滑轮处设 1 人，滑轮及人员尽量均匀分布，将抽出的电缆从电缆通道入口处穿进电缆夹层，由夹层内施工人员在统一指挥下拖动电缆进行电缆敷设。

如果电缆进夹层后还需要经过电缆竖井才能到达变电所，可以采用上述方法将电缆放至夹层下方并成"8"字形绕放（在场地允许的前提下），在完成竖井下部电缆拖放后，再将电缆向上穿过电缆竖井进行敷设，如果场地受限，穿竖井敷设可与电缆夹层内电缆敷设同时进行。穿竖井时在竖井顶部固定一个滑轮，用绳子先将电缆端头拉出竖井，再采用人工拖放方式将电缆逐根敷设到位。

4）环网电缆的预留

区间环网电缆中间头处一般需要预留一定的长度，由于隧道内空间受限，环网电缆在中间接头处不可能做集中、大幅度的预留。如果相邻托臂无电缆的情况下可考虑从支架下方跨过电缆支架来增加敷设裕量，即中间接头两侧电缆成呈"大波浪"形敷设。这里需要注意的是，电缆垂下的部分不能直接与隧道壁相接触，必须通过卡子固定在隧道壁上，并且不得侵限，区间环网电缆预留如图 3.2-4 所示。

图 3.2-4　环网电缆预留

3.2.3 应用实例

南宁地铁 2 号线工程：正线全为地下线路，线路全长约 21.0km，区间采用轨道车进行敷设，主变电所至车站变电所、车站电缆夹层内环网电缆敷设全部采用人工敷设。

徐州地铁 1 号线工程：正线只有一个车站是高架站，其余均为地下车站，线路全长约 20.02km，区间采用轨道车进行敷设，主变电所至车站变电所、车站电缆夹层内环网电缆敷设全部采用人工敷设。

应用效果：顺利完成主变电所至车站变电所以及车站变电所之间的环网电缆敷设，质量验收一次通过率达到 100%，受到了建设单位、设计单位及监理单位的一致认可，取得了良好的社会效益和经济效益。

3.3 全自动隧道打孔机器人技术

3.3.1 技术简介

随着我国城市轨道交通建设的快速发展，地铁隧道占比越来越多，地铁隧道牵引供电接触网、侧壁电缆、管道以及紧急疏散平台等机电安装，需要在隧道壁上钻大量的安装孔，目前仍主要采用人工画线、作业平台辅助人工手持钻孔的作业模式。该作业模式存在以下不足：

（1）由于钻孔数量较多，为满足工期要求，不得不雇用大量技工，成本高；

（2）人工作业质量，如钻孔的位置、钻孔方向准确性和一致性难以保证；

（3）部分安装孔的位置较高，需要搭建临时支架或移动式升降平台，辅助作业时间长，降低了作业效率，且高空作业，存在安全隐患问题。

全线系统机电、常规机电、铺轨、综合监控等全线的设备安装、单机调试等任务繁重，为节约成本、加快施工进度、提高施工质量、保证施工安全，研究总结全自动隧道打孔技术。本技术综合先进检测、伺服控制、视觉跟踪、综合信息处理等技术单元构建闭环测控系统，实现钻孔作业全自动机械化施工。

3.3.2 技术内容

本技术通过对机构选型及优化、孔的目标位和钻头点位之间偏差的准确测量、智能控制策略的研究及整机稳定性的研究，实现了全自动隧道打孔机器人技术施工过程的自动机械化与智能信息化。

（1）闭环测控系统（图 3.3-1）的正常运转流程如下：

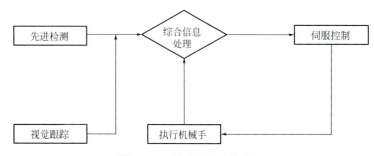

图 3.3-1 闭环测控系统简图

1）由人工标记初始位置与进给信息；

2）各检测传感器与视觉跟踪系统初始化并与上述信息一起反馈至综合信息处理系统；

3）综合信息处理系统将综合目标值反馈至伺服系统，由伺服系统控制机械手进行施工；

4）施工结束后，机械手复位，各检测传感器、视觉跟踪系统、伺服控制系统更新各自信息并再次集中反馈至综合信息处理系统；

5）综合信息处理系统将综合目标值反馈至伺服系统，由伺服系统控制机械手进行施工，并依次循环。

综合信息处理系统将各孔的加工信息按标记记录至数据库，以备查阅。

（2）设备就位。

设备运输至施工现场后，采用吊车将设备吊装至铁轨上。

（3）设备初始化标定。

通过人工打孔起始点上制作标记，启动设备后人工通过操作屏操作将打孔执行装置移动至标记点，完成设备初始化标定。

（4）执行打孔操作。

按启动按钮后，设备开始执行打孔操作（图3.3-2、图3.3-3）：

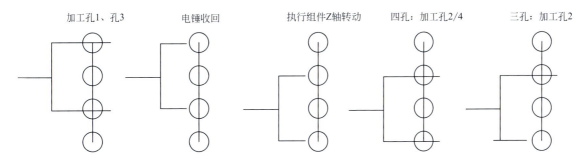

图3.3-2 同一工位四孔加工示意图

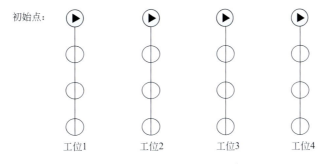

图3.3-3 工位依次进给加工示意图

抱轨机构抱紧轨道→液压顶头顶住墙面→系统液压锁锁死→钻孔两个→执行组件升降油缸运动→钻孔两个（图3.3-2）→液压锁松开→液压顶头松开→抱轨机构松开→轨道车平台移动→抱轨机构抱紧轨道→激光传感器测量、中控系统计算→蜗轮丝杆提升机补偿角度偏差→执行组件升降油缸补偿位置偏差→液压顶头顶住墙面→系统液压锁锁死→第二工位的加工开始并依次循环（图3.3-3）。

（5）当系统判断打到钢筋时，设备停机，人工按提示确认开启偏移操作，轨道车小幅偏移后再次开始打孔操作。

（6）当区间内同一垂直高度孔施工完成后，由人工更换钻头，重新标定其他位置孔，现场应用如图3.3-4、图3.3-5所示。

图 3.3-4 技术参数收集

图 3.3-5 现场应用

3.3.3 应用实例

经徐州地铁 3 号线工程、郑州地铁 3 号线工程的现场应用，该打孔技术满足不同尺寸的孔径及扭矩要求；两孔最小孔距 300mm，最大孔距 850mm；本全自动隧道打孔机器人技术，适用于安装有 1435mm 标准轨距、孔径为 8～30mm、工作半径为 1700～8000mm 的各种形状隧道内的打孔施工作业。本设备由控制系统自动完成，可大幅降低劳动强度，减少人员投入，降低建设成本。

3.4 直流 1500V 牵引回流连接线焊接工艺技术

3.4.1 技术简介

牵引回流连接线及回流装置共同构成牵引回流系统，通过回流连接线进行回流。通常回流故障都是牵引回流线路不通畅所致，因此牵引回流连接线的施工工艺在回流系统施工中显得尤为重要。通过本技术可以提高牵引回流连接线的焊接质量和焊接成功率，保证牵引回流线路畅通。本技术适用于城市轨道交通工程放热焊连接形式的回流系统施工。

3.4.2 技术内容

（1）工艺流程

直流 1500V 牵引回流连接线焊接工艺流程如图 3.4-1 所示。

（2）操作要点

1）模具检查除湿

检查模具是否可用、是否损伤，检查无误后，使

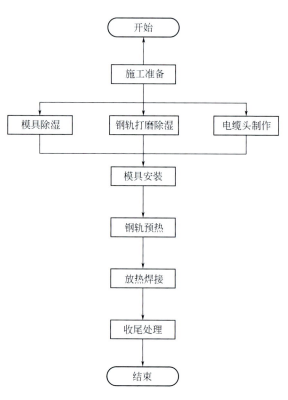

图 3.4-1 回流线焊接工艺流程

用毛刷对模具进行清洁,并用加热工具对模具进行除湿(图 3.4-2),除湿时可以看见明显的水汽,待水汽蒸发后模具即除湿到位。

图 3.4-2　模具检查除湿

2)电缆头制作

将 150mm² 电缆先开剥 30mm 左右(图 3.4-3),在电缆端头套上铜套管(图 3.4-4),避免后续电缆开剥时电缆线芯散股,随后继续电缆开剥,电缆开剥总长度为 120mm,并使铜套管前端外露 7mm 电缆芯(图 3.4-5);随后使用钢模将铜套管压实(图 3.4-6),压实过程不得使用手锤直接锤击铜套管,铜套管以手摸表面无明显凹凸感为压接完成标志。压接完成后,使用钢刷将电缆端头清刷干净,除去电缆线芯表面的氧化层,并使用加热工具对电缆端头进行除湿处理。

图 3.4-3　电缆初次开剥

图 3.4-4　铜套管安装

图 3.4-5　电缆二次开剥

图 3.4-6　铜套管压接

3）钢轨打磨除湿

使用棉布将钢轨轨腰表面擦拭干净，然后使用打磨机对钢轨进行打磨，严禁使用切割片打磨，打磨过程应该平稳、均匀，打磨后钢轨应平直、光亮，打磨范围为焊接中心处位置 100mm×50mm 区域，打磨完毕后，使用加热工具对钢轨进行除湿处理（图 3.4-7）。

图 3.4-7　钢轨打磨除湿

图 3.4-8　模具安装

4）模具安装

将模具夹与模具连接，调整模具夹上的两个调整螺栓，使模具位于钢轨腰部中央位置（图 3.4-8），注意焊接位置距离鱼尾板边沿至少 200mm，并检查模具夹锁定后模具与钢轨是否密贴，若不密贴，继续调整调整螺栓，使模具与钢轨密贴，经过调整后仍然无法与钢轨密贴的，应使用密封胶泥进行封堵。模具位置调整完毕，固定锁死调整螺栓，将预制好的电缆头放入模具中，把模具卡在调整好的位置上，再次检查模具与钢轨的密贴程度，不密贴处用密封胶泥封堵。

5）预热及焊药准备

使用加热工具在模具的对侧钢轨进行预热（图 3.4-9），防止因焊接温度突增对钢轨造成烫伤，在模具周围 150mm 范围内来回预热，预热时间约为 5min；模具卡好位置后，在模具内放入铜片，然后将焊药倒入模具内（图 3.4-10），并将焊药抹平。引燃火药粘

图 3.4-9　钢轨预热

图 3.4-10　焊药准备

接在焊药罐底部,拿取焊药时必须轻拿轻放,盖上焊药罐盖子,将焊药罐在地上轻磕几下,使火药分离出来,在模具的焊药面上倒入火药,注意此时应留少部分火药,清扫模具周围的残留焊药,盖上模具翻盖,在翻盖的孔洞中倒入剩余的火药作为引线。

6）点火

点火前作业人员应远离焊接点,并站在上风位置,点火人员手持点火器对准模具翻盖上的火药,扣动扳机点火(图3.4-11),待焊药燃烧完后,使用加热工具在钢轨背面进行缓冷,缓冷时间约为1min。

铜接头底部无任何松动;检测电缆导体与焊点旁10mm范围内钢轨的电阻小于30μΩ;铜接头为圆形或有缺损,但没有露出铜套,接头评定合格,评定标准见表3.4-1。

图3.4-11 点火施焊

焊接结果评定标准 表3.4-1

焊接完成示意图	评定标准
（铜接头为圆形，可接受）	铜接头为圆形,此接头合格(铜接头与电缆完全联结,与钢轨接触面大于电缆面积)
（铜接头有缺损，但没有露出铜套，可接受）	当铜接头有缺损,但没有露出铜套,此接头可被接受(铜接头与电缆完全联结,与钢轨接触面大于电缆面积)
（铜接头有缺损，且已露出铜套，不可接受）	当铜接头有缺损,且已露出铜套,此接头不能被接受,需要重新焊接(新焊点需远离原接头200mm以上)(铜接头与电缆部分联结,与钢轨接触面小于电缆面积)

第一次焊接失败,严禁在同一焊接点处进行第二次焊接作业,焊接失败点与新焊接点边沿点之间距离不小于200mm;切勿在钢轨钻孔表面进行放热焊作业,在钻孔附件进行焊接时,焊接点位置距离孔位应不小于200mm。

图 3.4-12 模具清理

7）收尾工作

缓冷完毕后，戴上防护手套，小心取下模具，使用手锤将多余焊渣敲除，确认焊接点是否饱满，电缆端头是否均在焊接半球内；作业人员趁热将模具清洁干净，清洁时严禁使用钢刷等坚硬工具进行清理，应使用耐高温毛刷轻轻对模具进行清扫，以便下次使用，如图3.4-12所示。

3.4.3 应用案例

南宁地铁2号线供电系统安装工程采用放热焊技术完成DC1500V牵引回流连接线焊接，提高了回流线的焊接成功率，保证了回流系统畅通，受到了建设单位、设计单位及监理单位的一致认可，取得了良好的社会效益和经济效益。

3.5 直流设备绝缘性能在线监测系统及控制技术

3.5.1 技术简介

城市轨道交通牵引供电系统中所有直流开关柜、整流器柜、负极柜以及逆变回馈装置柜均安放在绝缘板上，实现对地绝缘。直流设备框架泄漏保护由电流检测元件和电压检测元件构成，在牵引供电系统中负责切除故障，保护人员和设备的安全。但其动作影响范围大，易造成大面积停电事故，因此减少由于绝缘不足导致框架保护误动作事故对直流牵引供电系统稳定运行具有重要作用。

直流开关柜柜体绝缘性能对牵引供电系统稳定运行具有重要影响，并且保证设备绝缘性能又是施工过程及后期运营中的一大难点。现阶段对城市轨道直流设备绝缘性能的监测主要集中在施工时使用摇表进行测量，相对耗时费力。在地铁运营期间，对直流柜框架的绝缘性能无法在线监测。本技术提出的在线监测系统，主要包括绝缘性能采集系统IPAS、绝缘性能测量模块IPM、电动隔离开关系统EDS和控制中心CC。在线监测系统能有选择性地退出框架保护，以便在线监测所有整流器柜（含负极柜）、直流开关柜、逆变回馈装置柜的绝缘性能，替代了需要摇表测量直流柜框架绝缘性能的方法，提高了城市轨道交通直流供电的系统可靠性。

3.5.2 技术内容

（1）工艺流程

城市轨道交通直流设备绝缘性能在线监测系统运行流程，如图3.5-1所示。

（2）操作要点

1）城市轨道交通直流设备绝缘性能在线监测系统操作要点

① 绝缘性能测量模块IPM分别连接到整流器柜（含负极柜）RCT、直流开关柜ZDS、逆变回馈装置柜IDC的设备框架与接地母排之间，并分别连接到IPAS；EDS包括四个开关模块S1、S2、S3和S4，对应控制其启闭的四个开关控制模块Cm1、Cm2、Cm3和Cm4；其中开关模块S1、S2、S3分别连接

到RCT、ZDS、IDC的设备框架与对应的IPM之间，均处于常开状态；开关模块S4连接到框架电流保护元件FCP集中接地点与所有电气柜外壳之间，处于常闭状态；Cm1、Cm2、Cm3和Cm4之间有信号连接，S4与S1、S2、S3设置机械闭锁；通过闭合S1、S2、S3，使各IPM接入高电压监测信号测量RCT、ZDS、IDC外壳的绝缘电阻值；IPAS采集绝缘电阻数据并发送至控制中心CC；控制中心CC接收IPAS发送的绝缘电阻数据，并设置采集时间，根据整定值进行逻辑判断并发送响应控制信号至各开关控制模块，进而控制各开关模块的闭合与断开。

② 安装在整流器柜RCT、直流开关柜ZDS、逆变回馈装置柜IDC与接地母排之间绝缘性能测量模块IPM通过闭合开关模块S1、S2、S3，分别接入500V高电压进行绝缘电阻测量；控制中心CC在线接收绝缘性能采集系统IPAS传输的绝缘电阻数据并进行逻辑判断，与开关控制模块Cm进行信号传输；开关控制模块Cm接收控制中心CC传输的开关信号，控制各开关模块分合；在控制中心CC预先设置电气柜外壳的绝缘电阻整定值$R_{set}=1\text{M}\Omega$。地铁运营时，开关模块S4处于闭合状态时，S1、S2、S3均处于断开状态。

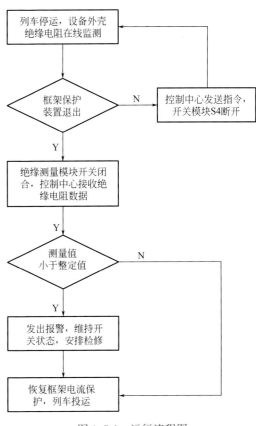

图3.5-1 运行流程图

进行绝缘监测需要在夜间地铁停运系统断电状态下，工作人员预先断开钢轨电位限制装置（OVPD），控制中心CC向开关控制模块Cm4发送退出框架保护电流元件FCP与框架保护电压元件FVP的控制信号，此时电动隔离开关模块S4断开，开关模块S1、S2、S3受机械闭锁影响，立即动作于闭合，控制中心CC按设定时间向各开关控制模块Cm发出维持开关动作状态的监测信号，绝缘性能测量模块IPM将分别向所有电气柜外壳与接地母排之间注入500V高电压U1、U2、U3进行绝缘电阻测量，绝缘性能采集系统IPAS采集绝缘电阻数据并发送至控制中心CC，控制中心CC对绝缘电阻数据进行逻辑判断：在设定时间内发出维持开关模块S1、S2、S3闭合，S4断开的监测信号条件下，若采集到的绝缘电阻数据R_{test}小于1MΩ，则监测期间，控制中心持续发出电气柜外壳绝缘损坏报警信号直至电动隔离开关控制系统恢复初始状态，工作人员安排电气柜绝缘系统检修工作；若采集到的绝缘电阻数据R_{test}大于或等于1MΩ，则控制中心CC向各开关控制模块Cm发送断开开关模块S1、S2、S3，闭合S4的恢复信号，列车系统可恢复投运，见图3.5-2。

2）在线监测系统的控制方法

① 控制方法

进行绝缘监测需要在地铁运行系统断电状态下，工作人员预先断开钢轨电位限制器装置（OVPD），控制中心CC向开关控制模块Cm4发送退出框架保护电流元件FCP与框架保护电压元件FVP的控制信号，此时S4断开，S1、S2、S3受机械闭锁影响，立即动作于闭合，CC按设定时间向Cm发出维持开关动作状态的监测信号，IPM将分别向所有电气柜外壳与接地母排之间注入500V高电压U进行绝缘电阻测量，CC对绝缘电阻数据进行逻辑判断，在线监测直流设备绝缘性能。

② 直流设备绝缘性能在线监测系统的控制方法步骤

a：在地铁断电停运状态下，断开钢轨电位限制装置（OVPD）。

b：CC向Cm4发送退出FCP以及FVP的控制信号，断开开关模块S4。

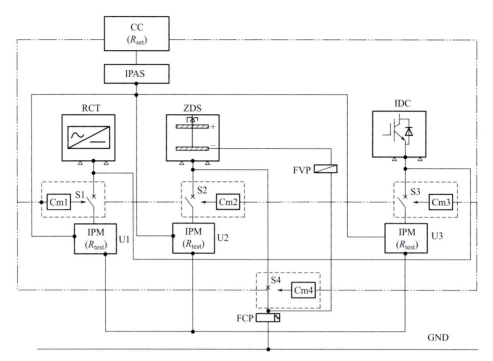

图 3.5-2　直流设备绝缘性能在线监测系统结构示意图

注：IPAS—绝缘性能采集系统；IPM—绝缘性能测量模块；Cm—开关控制模块；RCT—整流器柜；FCP—框架保护电流元件；ZDS—直流开关柜；CC—控制中心；IDC—逆变回馈装置柜；S1～S4—开关模块

c：控制中心 CC 设定时间向各开关控制模块发出维持开关动作状态的监测信号。

d：IPM 开始测量电气柜外壳绝缘电阻并发送绝缘电阻数据 R_{test} 至 IPAS，IPAS 采集绝缘电阻数据并发送至控制中心 CC。

e：在设定时间内发出维持开关模块 S1、S2、S3 闭合，开关模块 S4 断开的监测信号条件下，CC 对绝缘电阻数据进行逻辑判断。

③ 直流设备绝缘性能在线监测系统的结果反馈

若采集到的绝缘电阻数据 R_{test}＜电气柜外壳的绝缘电阻整定值 R_{set}，则监测期间，控制中心 CC 持续发出电气柜外壳绝缘损坏报警信号直至电动隔离开关控制系统恢复初始状态，以提醒工作人员安排电气柜绝缘系统检修工作。

若采集到的绝缘电阻数据 R_{test}≥电气柜外壳的绝缘电阻整定值 R_{set}，则控制中心 CC 向各开关控制模块发送断开关模块 S1、S2、S3，闭合开关模块 S4 的恢复信号，列车系统恢复投运。

3.5.3　应用实例

该项技术在重庆轨道交通 9 号线系统机电杂散施工及使用过程中得到了很好的应用，重庆轨道交通 9 号线一期（高滩岩-兴科大道）工程线路全长约 32.289km，其中地下线 29.91km，高架线 2.379km。共设 24 座车站，其中地下站 22 座，高架站 2 座，1 座停车场，1 座车辆段，牵混所（含停车场、车辆段）共计 19 座。本技术应用于重庆 9 号线 19 座车站的直流系统施工中。

通过对技术的改进，顺利优质地完成了直流系统的施工任务，提高了直流系统的准确性及稳定性，保证系统能够及时发现并提醒直流系统电气柜框架多点接地或整体绝缘下降等风险问题，避免由于直流系统出现绝缘损坏或发生对地短路等原因导致框架保护误动作，获得业主及监理单位的一致好评，取得了良好的社会效益和经济效益。

第4章

接触网工程关键施工技术

接触网是沿钢轨上空架设的,供受电弓取流的高压输电线路,其由接触悬挂、支持装置、定位装置等几部分组成。电客车受电弓与接触网直接接触取流,因此,接触网施工质量的好坏直接影响电客车的受流质量。

接触网作为电客车的直接电力来源,从安全、质量、精度等多个方面,都体现出其重要性,因而高效率、高精度、高质量的施工要求是接触网施工的标配,为了实现接触网"三高"的施工要求,就必须把握接触网施工过程中的关键技术。

本章从接触网测量、施工、调整、检测多个关键控制要点,总结了基于调线调坡的隧道内接触网无轨测量定位技术、刚性接触网安装一次到位施工技术、柔性接触网悬挂结构模拟计算技术、地铁疏散平台动态匹配区间限界施工关键技术、刚性接触网悬挂调整技术五个关键技术,为后续类似工程提供参考性依据。

4.1 基于调线调坡的隧道内接触网无轨测量定位技术

4.1.1 技术简介

传统接触网施工定测均以轨道为基准，要实现接触网无轨测量，就必须在无轨条件下获取轨道线路的信息，由于接触网安装于隧道顶部，隧道类型又分为圆形隧道、马蹄形隧道和矩形隧道，隧道类型及轨道线路参数众多，导致从中获取接触网无轨测量参数变得极为困难。

通过结合铺轨CPⅢ控制点以及线路中心坐标，计算出接触网定位点坐标信息，利用城市轨道交通全断面隧道仿真钢轨移动定位平台，配合高精度全站仪进行放样，确定出接触网悬挂点位置，从而实现接触网无轨测量施工。

4.1.2 技术内容

（1）工艺流程

接触网无轨测量定位施工工艺流程如图4.1-1所示。

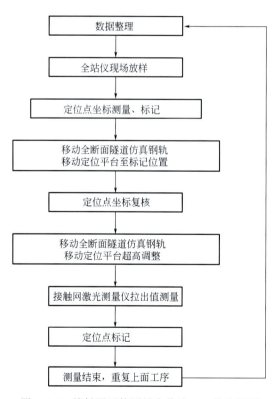

图 4.1-1 接触网无轨测量定位施工工艺流程图

（2）操作要点

1）数据整理

核对正线刚性接触网平面布置图中的跨距、拉出值及锚段长度，确认无误后，将正线刚性接触网平面布置图和铺轨综合图设置在同一坐标系和比例下，通过调线调坡中的里程坐标信息，确定出各个刚性接触网定位点的坐标信息，通过轨面标高及超高信息，标定出对应位置刚性接触网定位点处的高程信息，将坐标及高程信息填入无轨测量施工表（图4.1-2）。

圃田西站~营岗站接触网无轨测量数据表										
序号	定位点编号	X坐标	X偏差	Y坐标	Y偏差	轨面高程	轨面高程偏差	轨面超高	拉出值偏移	备注
1	Y-113-1	25998.1431		92937.4146		30.325		0	0	
2	Y-113-2	26000.0454		92938.032		30.349		0	0	
3	Y-113-3	26006.1328		92940.0076		30.373		0	0	
4	Y-113-4	26012.791		92942.1684		30.397		0	0	
5	Y-113-5	26020.4003		92944.6379		30.421		0	0	
6	Y-113-6	26028.0096		92947.1074		30.445		0	0	
7	Y-113-7	26035.6189		92949.5769		30.469		0	0	
8	Y-113-8	26043.2282		92952.0464		30.493		0	100	
9	Y-113-9	26050.8597		92954.5493		30.517		0	100	
10	Y-113-10	26058.4468		92956.9854		30.541		0	100	
11	Y-113-11	26066.0561		92959.4549		30.565		0	100	
12	Y-113-12	26073.6654		92961.9244		30.061		0	100	
13	Y-113-13	26081.2748		92964.3939		30.037		0	0	
14	Y-113-14	26088.8841		92966.8634		30.013		0	0	
15	Y-113-15	26096.4934		92969.3329		29.989		0	0	
16	Y-113-16	26104.1027		92971.8024		29.941		0	0	
17	Y-113-17	26111.712		92974.2719		29.917		0	0	
18	Y-113-18	26119.3213		92976.7414		29.891		0	0	
19	Y-113-19	26126.9306		92979.2109		29.869		0	0	
20	Y-113-20	26134.5399		92981.6804		29.845		0	0	
21	Y-113-21	26142.1492		92984.1499		29.821		0	-100	
22	Y-113-22	26149.7585		92986.6194		29.797		0	-100	
测量人员:			质检员:			施工负责人:				

图 4.1-2　刚性接触网无轨测量数据表

2）现场放样

① 全站仪自由设站

根据所要放样定位点的公里标、确认的隧道内控制基标位置及现场隧道通视情况，选择全站仪安放位置，通过隧道内控制基标前/后视确定全站仪本身基标，如图 4.1-3 所示。

② 坐标放样

根据无轨测量施工表，在隧道底部放样出接触网定位点对应线路中心点，使用红色记号笔标注。移动全断面隧道仿真钢轨移动定位平台至标记位置。将小棱镜放置在仿真轨中心，测量该中心的坐标。对比中心坐标与设计坐标差值，移动仿真轨至设计坐标位置。根据无轨测量施工表，调整仿真轨道的超高至设计数值。在仿真轨道上架设 DJJ-8 接触网激光检测仪，根据接触网平面布置图所示拉出值定位悬挂位置，见图 4.1-4。

图 4.1-3　全站仪自由设站

4.1.3　应用案例

郑州市轨道交通 3 号线一期工程 PPP 项目供电系统安装工程基于调线调坡的隧道内接触网无轨测量定位技术成功应用，极大地缩短了接触网施工耗时，受到了建设单位、设计单位及监理单位的一致认可，取得了良好的社会效益和经济效益。

图 4.1-4 城市轨道交通全断面隧道仿真钢轨移动定位平台

4.2 刚性接触网安装一次到位施工技术

4.2.1 技术简介

刚性接触网施工内容主要包括悬挂定测、打孔植栓、悬挂安装、线材架设、电连接安装等工序。刚性接触网通过各种悬挂零部件组成一个整体，运用刚性接触网定制安装技术，根据每个悬挂点的各项参数信息，在每道工序中对每个悬挂点的悬挂装置进行定制。通过分析接触网参数的影响因素，对这些影响因素进行层次递进的控制，同时保证在工序衔接时对影响因素的变动控制在误差范围内，通过对一道道工序，层层把关、条条控制，实现刚性接触网定制安装，最终达到刚性接触网安装一次到位的要求。

4.2.2 技术内容

(1) 工艺流程

工艺流程见图 4.2-1。

(2) 操作要点

1) 施工测量

根据设计图纸，以车站中心标、道岔岔心标或设计图纸标明的测量起点开始测量。根据起测点里程定测第一个悬挂点位置并注明锚段号和悬挂定位号。使用钢卷尺沿钢轨依次测量标记各悬挂点位置，曲线上沿曲线外轨进行测量，并按（式 4.2-1）适当增加跨距测量值，或通过曲线补偿表（表 4.2-1）快速查询。

$$\Delta L = LD/2R \qquad (式\ 4.2\text{-}1)$$

式中 ΔL——跨距补偿量；

R——曲线半径；

L——跨距；

D——两钢轨宽度。

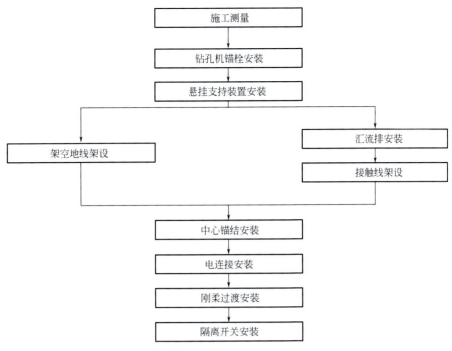

图 4.2-1　工艺流程图

曲线补偿表　　　　　　　　　　　　　　　　　　　　　　表 4.2-1

序号	线路中心半径 R_1	外轨半径 R_2	跨距(mm)	轨距(m)	外轨1m轨道差(mm)
1	300	300.7175	1000	1.435	2.385960245
2	350	350.7175	1000	1.435	2.045806098
3	400	400.7175	1000	1.435	1.790538222
4	450	450.7175	1000	1.435	1.591906238
5	500	500.7175	1000	1.435	1.432943726
6	550	550.7175	1000	1.435	1.302845833
7	600	600.7175	1000	1.435	1.194405024
8	650	650.7175	1000	1.435	1.102629021
9	700	700.7175	1000	1.435	1.023950451
10	750	750.7175	1000	1.435	0.95575233
11	800	800.7175	1000	1.435	0.896071336
12	850	850.7175	1000	1.435	0.843405713
13	900	900.7175	1000	1.435	0.796587165
14	950	950.7175	1000	1.435	0.754693166
15	1000	1000.7175	1000	1.435	0.716985563
16	1050	1050.7175	1000	1.435	0.682866708
17	1100	1100.7175	1000	1.435	0.651847545
18	1150	1150.7175	1000	1.435	0.623524019
19	1200	1200.7175	1000	1.435	0.597559376
20	1250	1250.7175	1000	1.435	0.573670713

测量过程中应合理避开隧道通风口、结构风管排风口、伸缩缝、明显渗水漏水处、隧道连接缝、盾构区间管片接缝等部位，按照设计要求进行跨距的调整，合理避让，跨距的允许调整值为±500mm。

为减少现场测量施工的工程量,在车站轨顶风道区域时,提前与土建专业沟通,根据土建专业轨顶风道孔洞的设计图纸,对于悬挂点与孔洞冲突的,提前进行跨距的演算调整,见图 4.2-2 轨顶风道下悬挂点演算图,调整至合适跨距后,将调整后的跨距做成施工表,便于现场测量施工。

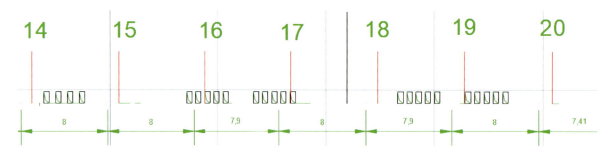

图 4.2-2　轨顶风道下悬挂点演算图

一个锚段测量完成后,对此锚段全长进行复核,无误后可按上述测量程序进行下一锚段测量。测量完毕后,用红油漆在钢轨侧面和轨枕上做出清晰的标记。将 DJJ-8 激光测距仪支架横向垂直于轨道中心线放置,根据设计限界、拉出值等来确定定位底座在隧道顶的位置,旋转 DJJ-8 激光测距仪,同时可测出隧道距轨面高度(即净空高度)、接触线拉出值,其中激光束垂直于两轨面连线,其垂直偏差不大于 1‰。激光束在隧道顶部定出一组孔位,梯车上人员使用专用模板在隧道顶壁上标记钻孔位置,标记为"×",在拉出值＞250mm 的悬挂点处,锚栓安装位置应朝拉出值方向偏移 50mm。

2）隧道内钻孔

作业人员根据施工表检查核对现场隧道壁上标明的悬挂类型数据无误后,按锚栓钻孔安装选型表选用钻头和模板,设置好深度尺,考虑到使用化学锚栓时,化学药剂在钻孔孔洞内会占用一定深度空间,根据施工经验,通常取该部分深度为 5mm,设定打孔深度时较设计深度深 5mm,以保证锚栓植入后有足够的锚栓外露。按照隧道顶壁的孔位标记,套用钻孔模板,在圆形隧道、轨顶风道及矩形隧道壁上保持钻头垂直于水平面,在斜面上保持钻头垂直于隧道壁钻孔,并使用吹风机将尘屑吹向无人侧。深度尺抵住隧道壁后停止钻孔,钻孔完毕后检查孔深,无误后接着钻下一个孔。成组钻孔完成后,测量检查孔深、孔距、孔径,填写钻孔记录。

3）锚栓安装

先用清孔毛刷、清孔气囊彻底清除孔屑。植栓前根据现场实测净空高度,进行锚栓计算选型。通过计算接触网悬挂的结构高度,保证锚栓外露在 15～30mm,选择合适长度的锚栓,并通过悬挂结构高度计算得出槽钢安装位置,将槽钢安装位置制作成预配施工表,施工人员在料库进行材料预配,在化学锚栓上做好预埋深度标记,锚栓埋深位置考虑 3mm 挡环厚度,为保证刚性接触网安装一次到位,在料库将槽钢上部两个螺母安装到位,并互相锁紧,见图 4.2-3。先将同个定位点的锚栓包装在一起,再将同个锚段的锚栓都包装成捆,方便现场运输安装。后扩底锚栓安装时,使用专用安装工具将螺栓敲击安装到位,通过锚栓上安装标记检查是否安装到位。锚栓拉拔测试的载荷应符合设计要求,持续时间为 5min。

4）悬挂支持装置安装

根据测量记录的隧道类型、隧道净空高度、曲线外轨超高等数据,选择相应的悬挂类型,计算吊柱、悬吊螺栓长度,由于曲线段超高存在,测量仪器基于轨面倾斜投影在隧道壁上的拉出值,由于悬挂竖直向下,与基于轨面的拉出值方向会有夹角,在悬挂安装之后会由于净空高度变化导致拉出值变化。偏移角公式为:

$$\Delta a = \frac{H}{d} \times h \qquad (式\ 4.2\text{-}2)$$

图 4.2-3　锚栓编号及锁紧图

式中　H——定位点接触线的高度；
　　　Δa——拉出值偏移量；
　　　h——外轨超高；
　　　d——轨距。

根据（式 4.2-2）计算出曲线处的拉出值偏移量和实际位置处的拉出值，见表 4.2-2。

拉出值偏差表　　　　　　　　　表 4.2-2

定位点	曲线超高（mm）	实测净空（mm）	实测拉出值（mm）	偏差角度（°）	拉出值（mm）	偏差（mm）
HHNY-1-24	23.9	4643.9	−111	0.016655822	−105.6054286	5.394571429
HHNY-1-25	32.4	4612.8	−148	0.022580316	−141.3890453	6.610954704
HHNY-1-26	41.7	4624.9	−185	0.029063325	−176.1398397	8.860160279
HHNY-1-27	50.2	4631.9	−217	0.034989717	−206.0889338	10.9110662
HHNY-1-28	48.1	4626.8	−250	0.033525444	−239.7163206	10.28367944
HHNY-1-29	49.9	4631.8	−212	0.034780531	−201.1576167	10.84238328
HHNY-1-30	50.9	4626.8	−182	0.035477825	−171.1176864	10.88231359

在每个槽钢上根据悬挂点进行统一编号，根据表 4.2-2 中的实际拉出值，在槽钢上标记好准确的设计拉出值位置（标记时，编号朝向均统一朝大里程侧），并在锚栓悬挂的孔位处标注好锚栓中心对应的位置。绝缘子安装时，螺杆中心线对齐悬吊槽钢标记处，两根锚栓固定位置均为槽钢孔位中心点处，不可偏移挪动。

5）汇流排安装

为了确保汇流排安装一次到位，需要对汇流排的布置方式进行验算（见图 4.2-4 汇流排布置方式验算），以确定数据与实际相贴合，将悬挂点跨距导入计算程序中，与汇流排接缝位置进行比对，通过计算程序计算，得出汇流排接缝位置距离悬挂点位置的距离，要求汇流排接缝到悬挂点距离不小于500mm，得出计算结果后，将需要切割的汇流排锚段号、位置编号以及切割长度等数据制作成施工表，交由施工人员在料库进行预配加工，料库可配备平整的加工平台，相对于现场加工更加便捷、加工精度更高。

汇流排计算						
定位点号	跨距	定位点位置	接头位置	差值	需更改数量	拉出值
75-1	1.8	1.8				-150
75-2	2	3.8				-135
75-3	6.4	10.2	7.5	2.7		-89
75-4	7	17.2	19.5	-2.3		-38
75-5	8	25.2				18
75-6	8.5	33.7	31.5	2.2		76
75-7	8	41.7	43.5	-1.8		134
75-8	8	49.7				192
75-9	8	57.7	55.5	2.2		250
75-10	7.5	65.2	67.5	-2.3		214
75-11	8	73.2				178
75-12	8	81.2	79.5	1.7		142
75-13	8	89.2	91.5	-2.3		107
75-14	8	97.2				71
75-15	8	105.2	103.5	1.7		35
75-16	6.7	111.9	115.5	-3.6		0
75-17	6.8	118.7				-35
75-18	7.5	126.2	127.5	-1.3		-71
75-19	9	135.2	139.5	-4.3		-107
75-20	8.9	144.1				-142
75-21	7.2	151.3	151.5	-0.2	1	-178
75-22	6.8	158.1	163.5	-5.4		-214
75-23	7	165.1				-250

图 4.2-4　汇流排布置方式验算

预配加工完毕，在汇流排侧面编写锚段号、位置编号及长度（见图4.2-5汇流排标记图），位置编号通常从小里程往大里程位置编写，以便现场人员核对安装。

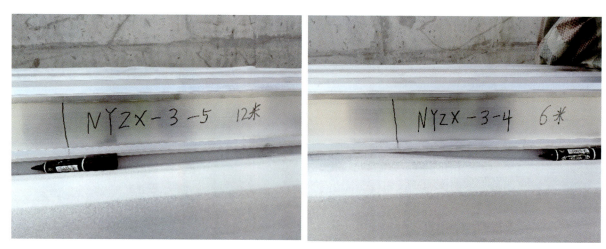

图 4.2-5　汇流排标记图

汇流排运输至现场后，通过实用新型专利《一种接触网汇流排对接装置》进行汇流排安装施工。汇流排对接装置可以通过转动调整旋钮来控制螺纹杆升降，并通过高度标尺确定调整高度，使汇流排固定在统一高度，且顶紧螺栓用于防止螺纹杆在工作状态时松动。将汇流排放入对接装置中，通过支撑滑轮对汇流排进行支撑及滑动，转动外壳转轴并锁紧固定插销，使稳固滑轮紧贴汇流排，防止汇流排晃动。

再将齿条线夹夹紧汇流排，并使齿轮条与紧固齿轮相啮合；转动紧固齿轮，使两根汇流排紧密贴合。所述螺栓快速紧固装置由螺栓套管和连动齿轮组合而成；连动齿轮组合包括一个主动齿轮和两个从动齿轮，转动主动齿轮带动两个从动齿轮，通过从动齿轮与螺栓套管的连接关系，使螺栓套管对汇流排中间接头紧固螺栓进行快速紧固。

6) 接触线架设

在汇流排终端处，用汇流排接地线夹卡住汇流排，使汇流排不能滑动。在汇流排上安装架线小车，将接触线从汇流排终端端头嵌入汇流排，紧固汇流排终端上的紧固螺栓。架线小车用拉线固定于前端牵引支架上，架线作业车以 5km/h 均速架线，并设专人对接触线均匀涂抹电力复合脂。接触线架设至汇流排末端时，在架线小车到达汇流排终端弯曲端前，放线车辆停车。拉动架线小车，接触线架设至汇流排终端末端时，用齿轮剪在锚段末端汇流排外 150～200mm 处剪断接触线，接触线沿汇流排终端方向向上弯曲，锁紧终端螺栓。

7) 架空地线架设

从线盘引出地线，在地线起锚端，按设计图纸和安装要求做好地线起锚连接。放线初张力调至 1.5kN 左右，车组平缓起动，以 5km/h 速度匀速行驶。在各悬挂点挂设放线滑轮，将地线放于放线滑轮上。架线过程中保持线盘出线张力，并根据现场实际情况通过放线车液压张力装置进行灵活调整，保证架空地线的弛度应符合设计安装曲线，其允许偏差为 $-2.5\%\sim5\%$。在最大弛度时，必须保证架空地线及其金具距接触网带电体的距离不小于 150mm。行至地线下锚点前平稳停车，并通知沿线巡视人员汇报全线检查情况。用手扳葫芦调整张力数值后开始紧线。在下锚处重新进行紧线至设计张力值，制作终端头，下锚底座连接。沿线逐点将架空地线导入地线线夹，安装紧固。

8) 中心锚结安装

按施工图纸中心锚结位置，现场沿汇流排测量定出中心锚结锚固线夹位置，测量汇流排至隧道顶的净空高度，确定中心锚结底座位置，保证底座位置处于汇流排中心线的正上方，施工允许偏移汇流排中心不大于 30mm。中心锚结底座应水平端正安装。在汇流排与中心锚结锚固线夹的接触面均匀涂抹电力复合脂，安装汇流排中心锚结线夹，连接安装中心锚结。调整中心锚结两端调整螺栓，使汇流排受力一致，并轻微拉住汇流排，检测导线高度，不能使汇流排出现负弛度。中心锚结绝缘子及拉杆受力均匀，与汇流排的夹角为 30°～45°。中心锚结绝缘子的带电部位至接地体距离不应小于 150mm，中心锚结接地体与带电部位距离不小于 150mm。

9) 电连接安装

根据电连接选型裁剪软铜绞线，裁剪前先在软铜绞线两端和中间缠实胶带。将软铜绞线两端剥去胶带，套入铜铝过渡夹内推入根部进行压接，两端线夹对正。在汇流排电连接线夹的接触面均匀涂抹电力复合脂。在汇流排上安装电连接线夹，安装端正，用力矩扳手紧固。在铜铝过渡线夹与汇流排电连接线夹接触面均匀涂抹电力复合脂。

10) 刚柔过渡安装

按照接触网作业指导书技术要求安装刚柔过渡处的柔性悬挂和刚性悬挂。按产品技术要求安装切槽式刚柔过渡元件，使其不承受水平力，用力矩扳手紧固切槽汇流排上的紧固螺栓。调整刚柔过渡元件安装处，两端的刚性和柔性悬挂点的接触线应等高，转换悬挂点处非工作支不得低于工作支，非工作支宜高出 1～3mm，拉出值布置应呈一条直线，保证刚柔过渡元件处接触线平滑过渡，拉出值应符合设计要求，施工允许偏差为 ±10mm。

11) 隔离开关安装

用墨斗弹定出固定底座钻孔孔位，垂直于隧道壁钻孔，安装螺栓。将隔离开关安装在固定底座上，调整隔离开关及操动机构至隧道壁的距离符合设计要求，隔离开关与操动机构处于同一垂直面上调整操动机构行程至闭合位，隔离开关闸处于闭合位，安装操纵杆，其安装角度符合设计要求。

调整三联隔离开关处于同一水平直线上，安装隔离开关间接线板。调试隔离开关和操动机构开合同步到位，隔离开关动触头和静触头中心线重合。安装隔离开关至接触网汇流排引线电缆，安装美观弯曲自然。在汇流排上安装汇流排电连接线夹，将电缆与汇流排电连接线夹、隔离开关相连接，所有接触面均匀涂抹导电油脂。

4.2.3 应用实例

在南宁地铁2号线工程、徐州地铁1号线工程、郑州地铁3号线工程均有应用，减少了后期调整的时间，保证了安装精度，摆脱了施工时间短的制约，提升了工艺水平。

4.3 柔性接触网悬挂结构模拟计算技术

4.3.1 技术简介

为了保证接触网施工精度，提升接触网整体观感质量，施工过程中需要对接触网进行一系列模拟计算，这些计算结果是施工现场安装的基础数据，接触网计算主要分为腕臂模拟计算、吊弦模拟计算、吊柱模拟计算。

精确的接触网预配安装是节约制造成本、提高工作效率、提高接触网施工质量、保证列车运行安全的重要前提。

采用柔性接触网悬挂结构模拟计算技术，解决了传统计算方法中无法直观显示计算结果的问题，提高了接触网计算的可视化程度，极大地降低了计算的错误率，从而减少了材料浪费以及人工工期损耗。

4.3.2 技术内容

（1）工艺流程

柔性接触网悬挂结构模拟计算流程图如图4.3-1所示。

（2）操作要点

1）腕臂模拟计算

腕臂是一种用于支持接触网悬挂装置的圆形钢管，其长度取决于接触网悬挂结构高度、支柱侧面限界和支柱的类型。腕臂的长度需满足现场的实际需求和设计规定的间距要求，因此腕臂计算是接触网计算的基础。

腕臂计算模型如图4.3-2所示。

① 平腕臂计算

计算总长： $CXZC = CX + H_s \times \& - M + 200$（腕臂头外露） （式4.3-1）

腕臂复核长度： $CXFH = CXZC - 200$（底座扣料） （式4.3-2）

腕臂下料长度： $PWBXL = CXFH - 320 + 85$ （式4.3-3）

承力索座位置： $CLSZ = WBXL - 200 - 30$（承力索座半宽） （式4.3-4）

腕臂套管双耳位置： $TG_{wb} = WBXL - 500 - 30$（套管双耳半宽） （式4.3-5）

支持套管双耳位置： $TG_{zc} = 150 - 30$（套管双耳半宽） （式4.3-6）

式中 $CXZC$——平腕臂计算总长；

H_s——腕臂上底座高度；

$\&$——支柱斜率；

CXFH——腕臂复核长度；
PWBXL——腕臂下料长度；
CX——支柱限界；
CLSZ——承力索座位置；
TGwb——腕臂套管双耳位置；
TGzc——支持套管双耳位置。

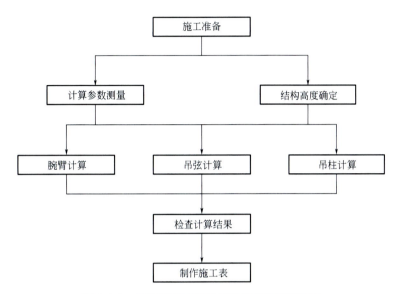

图 4.3-1 柔性接触网悬挂结构模拟计算流程图

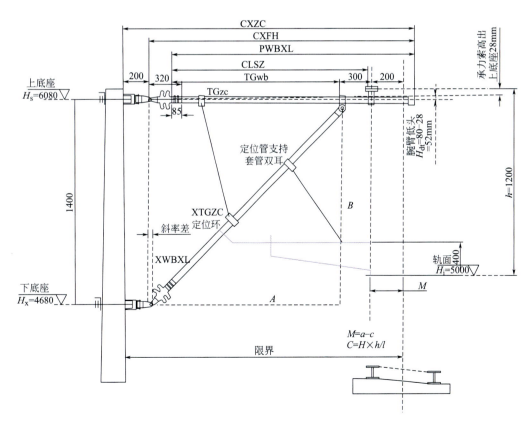

图 4.3-2 腕臂计算模型图

② 斜腕臂计算（图 4.3-3）

直角边 A：　　$A = TGwb + 30(套管双耳半宽) + JY - 85(套筒长度) - 1.75\&$　　（式 4.3-7）

直角边 B：　　$B = DZJZ - 80(套管双耳扣料长度)$　　（式 4.3-8）

斜腕臂复核长度：　　$XWBFH = SQRT(A^2 + B^2)$　　（式 4.3-9）

斜腕臂下料长度：　　$XWBXL = XWBFH - JY + 85$　　（式 4.3-10）

式中　A——斜腕臂计算水平直角边长度；

　　　B——斜腕臂计算竖直直角边长度；

　　　$\&$——支柱斜率；

　　$DZJZ$——接触网结构高度；

　$XWBFH$——斜腕臂复核长度；

　$XWBXL$——斜腕臂下料长度；

　　　JY——绝缘子长度。

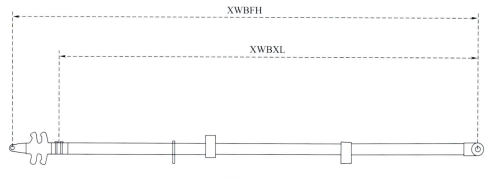

图 4.3-3　斜腕臂计算示意图

2）定位装置计算（图 4.3-4）

正定位定位管长度：　　$ZDWGC = CX + H_x\& - M - (H_s + 400 - H_x) \times$

$A \div B - 200(底座扣料) - 50(定位环扣料) +$

$600(防风拉线长度) + 200(定位管外露长度)$　　（式 4.3-11）

反定位定位管长度：　　$FDWGC = CX + H_x\& - M - (H_s + 400 - H_x) \times$

$A \div B - 200(底座扣料) - 50(定位环扣料) +$

$1200(1050 定位器长度) + 200(定位管外露长度)$　　（式 4.3-12）

正定位管上定位环位置：

$ZGSDWH = ZDWGC - 1200(1050 定位器长度) - 600 - 200$　　（式 4.3-13）

反定位管上定位环位置：　　$FGSDWH = FDWGC - 200$　　（式 4.3-14）

定位管卡子位置：　　$DWGKZ = 500$　　（式 4.3-15）

式中　$ZDWGC$——正定位定位管长度；

　　$FDWGC$——反定位定位管长度；

　　　　M——拉出值；

　$ZGSDWH$——正定位管上定位环位置；

　$FGSDWH$——反定位管上定位环位置；

　　$DWGKZ$——定位管卡子位置。

通过将接触网计算程序与 BIM（建筑信息模型 Building Information Modeling）软件相结合（图 4.3-5），直接将接触网计算结果通过 BIM 模型形式进行展示，进而达到计算结果的可视化（图 4.3-6）。

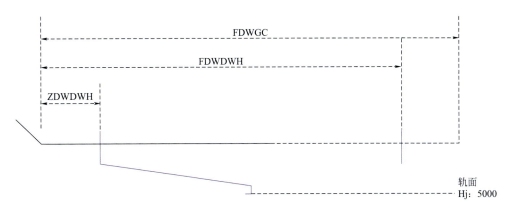

图 4.3-4　定位管计算示意

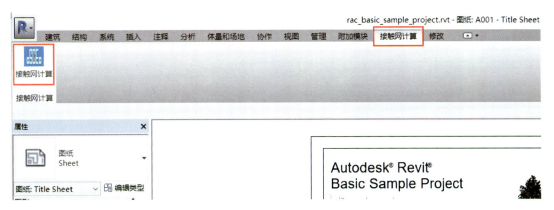

图 4.3-5　接触网计算软件与 BIM 软件结合

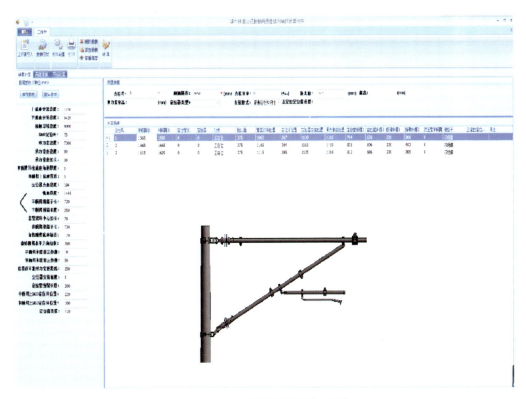

图 4.3-6　接触网计算结果可视化

3) 吊弦模拟计算

现场测量记录承力索高度和跨距，将承力索高度、导高、跨距等计算参数导入计算软件，可快速地计算出吊弦的布置数量、布置长度及布置间距。同时，为减低错误率，对于每跨吊弦的计算过程均可查看详细计算过程（图 4.3-7），供计算人员检查数据准确性。

将计算出的数据导出为施工表，现场施工人员按照施工表进行预制安装。

图 4.3-7　吊弦计算示意图

4) 吊柱模拟计算

吊柱分为顶部有坡度和无坡度两种类型，隧道顶部无坡度时用吊柱安装的净空高度减设计图纸要求的基准高度进行模拟计算。

$$L = H - 4600（根据设计图纸要求确定）\quad (式 4.3\text{-}16)$$

式中　L——吊柱计算长度；

H——吊柱安装位置的净空高度。

隧道顶部有坡度时，现场测量吊柱安装底座位置的净空高度，根据测出的水平等距 L_1，点 a 及点 b 处的净空高度 H_a 与 H_b 进行吊柱模拟计算，见图 4.3-8。

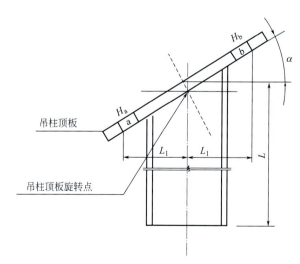

图 4.3-8　吊柱计算示意图

$$吊柱长度：L = (H_a + H_b)/2 - 4600 \quad (式 4.3\text{-}17)$$

$$坡度：\alpha = \tan^{-1}[(H_b - H_a)/2L_1] \quad (式 4.3\text{-}18)$$

式中　H_a——吊柱底板低端净空高度；

H_b——吊柱底板高端净空高度；

L_1——吊柱底板孔距。

将计算参数输入计算软件中，软件计算得出吊柱计算长度及坡度参数信息。同时通过软件可以清楚地查询吊柱每个参数的计算过程（图4.3-9），以便于计算人员核对数据是否准确。

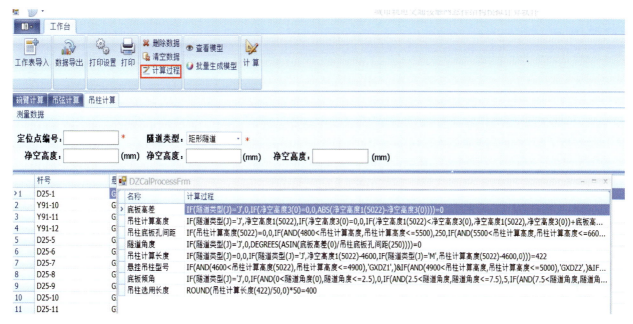

图4.3-9 吊柱计算过程核查

4.3.3 应用案例

南宁地铁2号线供电系统安装工程采用柔性接触网悬挂结构模拟计算技术进行接触网模拟计算，最终接触网施工整体观感质量好，得到了建设单位、设计单位及监理单位的一致认可，取得了良好的社会效益和经济效益。

徐州地铁1号线一期工程系统设备安装工程采用柔性接触网悬挂结构模拟计算技术进行接触网模拟计算，接触网施工的如期完成，为地铁开通运营提供了有力保障，工程质量评定优良，取得了良好的社会效益和经济效益。

4.4 地铁疏散平台动态匹配区间限界施工关键技术

4.4.1 技术简介

疏散平台不侵限是保证列车正常运行的必要条件，同时疏散平台也为紧急情况下的人员安全疏散提供了保障。隧道类型分为圆形隧道、马蹄形隧道及矩形隧道，且区间隧道有不同曲率半径的曲线，导致区间疏散平台限界值变化频繁，疏散平台施工还应考虑避开伸缩缝、盾构管片接缝、盾构管片手孔等部位的影响，本技术通过施工工序的控制，使疏散平台限界与区间设备限界相匹配，提高了疏散平台安装精度和工效。

4.4.2 技术内容

(1) 工艺流程

工艺流程见图4.4-1。

(2) 操作要点

1) 钻孔及锚栓安装

制作钻孔模板，根据支架A、B、C及钢梁a的孔位孔距要求，使用木板或钢板制作孔位模板，在支架定位处找出钻孔位置，做好标记。根据施工图纸要求的钻孔大小及深度进行钻孔，钻孔前应调整好孔深限位器，确保孔深符合设计要求。

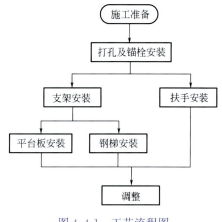

图4.4-1 工艺流程图

钻孔时，应先在孔位钻出3~5mm的凹槽，然后再持冲击电钻开始钻孔，钻孔完毕后进行清灰。清灰先用钢刷清扫，再用鼓风机将孔内灰尘清理干净。在打孔的施工过程中，如果出现打在盾构壁中钢筋上的现象，则采取移位的方法处理，同时要尽量减少位移大小。

根据厂家提供的化学锚栓植入手册要求进行锚栓植入，植入前应对孔洞再次清理，确保孔内无碎渣及灰尘，化学药剂使用严格按照产品说明书要求进行使用，化学药剂注入孔洞后，将化学锚栓缓缓旋入孔位。待化学锚栓达到强度后，按照图纸技术要求，对化学锚栓进行一定量的拉拔力试验。

2) 支架安装

化学锚栓拉拔试验完成后，制作锚栓校正模板，对锚栓孔距进行复核校正，方便后续安装支架。

支架的运输及安装：采用汽车运输到车站附近，经车站下料口采用材料吊装筐吊装至轨道平板车上，然后依据支架上的编号，将支架运至对应的区域。检查无误后，用小推车将支架运输到对应的安装位置进行安装。

根据施工表，在对应支架编号位置选用对应型号的支架。支架分为A、B、C及钢梁a四种形式。

支架长度根据区间隧道线路环境确定。疏散平台支架不得安装在结构拼缝和变形缝处，避开开孔、洞，并满足锚栓安装要求的最小边距，如不能满足时，通知技术人员和工程部到现场协调解决。钢梁安装时应注意避免钢梁直接撞击化学锚栓，导致化学锚栓产生损伤。

支架安装完成后及时进行复测，检查支架表面是否保持横向水平，纵向与线路坡度是否相同，支架中心间距误差不大于5mm，如果有轻微翘起或下倾的现象出现，可以采用橡胶垫块进行调整，以保证疏散平台平面与车厢门平面的一致性。支架安装完毕还需将支架安装的限界尺寸进行复核，确保每根支架都满足区间限界要求，并做好相关测量记录。固定上排锚栓，检查、校正平台支架，保证支架水平，并在同一平面上，然后固定下排锚栓，使疏散平台支架坡度与线路坡度一致。

3) 平台板安装

① 移动式疏散平台铺板机

利用轨道车平板平面平整的特点，在轨道车平板上设计走行槽道，使得铺板机可以在槽道中走行，以此满足在施工过程中的平台板挑选功能。移动式疏散平台铺板机包括底盘、走行装置、起重装置、遥控装置、电源。

② 移动式铺板机技术

将对应区段的施工表进行整理计算，使用吊车将相应数量的平台板吊装至轨道车平板上。装运完毕后，将轨道车行进至安装区段，根据施工表上对应里程的平台板型号，遥控移动式铺板机（图4.4-2）走行至对应型号平台板前方，旋转吊臂使吊钩位于所选平台板正上方，施工人员将吊钩上的吊带扣紧平台板两个对角，扣紧后遥控移动式铺板机缓慢抬升吊钩，直至平台板脱离平板车10~20cm后，旋转移动式铺板机吊臂，使平台板位于安装位置支架正上方，遥控吊钩下落，使平台板稳稳落在支架上，完成平台板的安装。

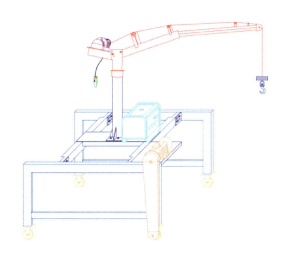

图 4.4-2　遥控移动式铺板机

4）扶手安装

疏散平台踏板安装完成后，可以使用水平尺和直角尺测量扶手的安装高度，并使用墨斗弹线，将两点之间的标记连接起来，平台扶手安装高度测量完成。

根据图纸设计的标准，扶手锚固件的间距为 2.4m，使用钢卷尺将扶手锚固件的安装位置依次做出标记，使用孔定位模具可以定测出锚固件上、下两个螺栓孔的具体安装位置。固件螺栓孔定位完成后，使用冲击钻在标记处打孔。开孔深度为 50mm，孔径为 14mm。螺栓开孔完成后，使用专用敲击工具和力矩扳手将螺栓安装完成。螺栓安装完成后，将扶手锚固件套在扶手上，对应定位安装好的螺栓，扶手与固定件中间应安装橡胶套管。将扶手锚固件安装在螺栓上，并用力矩扳手拧好螺栓，达到设计力矩值。

5）钢梯安装

疏散平台每个区间为两个钢扶梯，钢扶梯安装位置在区间疏散平台端头部位，除区间隧道两端外，在距区间联络通道中心 6m 位置也设置钢扶梯。

根据设计图纸的要求，现场测量钢扶梯的安装位置，尤其是钢扶梯限界必须满足要求。钢扶梯安装位置测量满足要求后，根据钢扶梯的尺寸对螺栓安装孔进行定位。定位完成后使用冲击钻钻孔，安装需满足设计要求和验收标准，将进行锚栓安装。螺栓安装完成后，对螺栓进行拉拔力试验，拉拔力试验合格后方可进行下一道工序。螺栓安装完成后，按照图纸，将平台钢扶梯和扶手进行安装，各部位安装要水平美观，螺栓拧力必须达到设计力矩 35N·m。钢扶梯采用 Q235B 钢材，焊条为 E43 型，所有焊缝均不小于 8mm。钢构件喷砂除锈（除锈等级 Sa3 级）后，采用整体热浸镀锌处理，镀锌厚度不小于 70μm。钢构件采用超薄型钢结构膨胀型防火涂料，涂层厚度 2mm，耐火极限 1.5h。

4.4.3　应用实例

在徐州地铁 1、3 号线工程、长沙地铁 4 号线工程、郑州地铁 3 号线工程中得到成功应用，疏散平台施工测量速度可达 600m/d，是原测量方式的 3 倍；平台板安装速度达 200m/d，是原安装方式的 2 倍，在施工效率方面有着可观的提升。同时相较于原安装方式，极大地减少了平台板破损的情况，确保了施工质量达标。

4.5 刚性接触网悬挂调整技术

4.5.1 技术简介

接触网悬挂调整是接触网施工过程中的重要工序，接触网调整的精度直接影响电客车在行驶过程中的弓网关系。目前地铁刚性接触网悬挂调整通常采用拉锯式调整工法，传统施工工法的施工工效极大地依赖于施工人员的经验。地铁正线刚性接触网悬挂调整技术是对传统梯车进行改进，使用悬挂调整专用梯车，实现了在调整施工的同时对接触网参数实时测量，有效解决了传统悬挂调整"测量-调整-再测量-再调整"的弊端。

4.5.2 技术内容

（1）工艺流程

工艺流程见图 4.5-1。

（2）操作要点

1）悬挂调整施工表编制

将设计提供的正线刚性接触网平面布置图进行审查，注意审查悬挂形式、接触网拉出值及接触网导高是否有误。确认无误后，将刚性接触网悬挂定位点参数信息制成施工表（表 4.5-1）。

2）悬吊角钢调整

悬挂调整前测量出各悬挂形式接触线与悬吊角钢距离钢轨轨面的高度，悬吊角钢距离轨面的高度通常为 4320mm，使用调整专用梯车进行悬吊角钢调整（图 4.5-2），在梯车下方放置接触网测量仪，测量出悬吊角钢一端部距离轨面的高度，并指挥梯车上部施工人员同时对悬吊角钢高度进行调整，测量人员实时对悬吊角钢高度进行测量，当悬吊角钢高度到达对应悬挂形式高度要求时，立即停止对悬吊角钢的调整。同理，对悬吊角钢另一端距离轨面高度进行测量、调整，调整完毕后，悬吊角钢粗调完毕，进行下一工序施工。

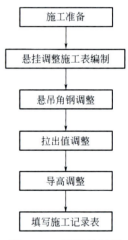

图 4.5-1 刚性接触网悬挂调整流程图

刚性接触网悬挂定位点施工表   表 4.5-1

序号	锚段编号	站区	隧道类型	直线曲线	设计导高（mm）	设计拉出值（mm）	悬挂安装图号
1	GZ49-1	××区间	圆形隧道	直线	4053	150	11-19
2	GZ49-2	××区间	圆形隧道	直线	4051	135	11-19
3	GZ49-3	××区间	圆形隧道	直线	4050	89	11-09
4	GZ49-4	××区间	圆形隧道	直线	4050	38	11-09
5	GZ49-5	××区间	圆形隧道	直线	4050	−18	11-09
6	GZ49-6	××区间	圆形隧道	直线	4050	−76	11-09
7	GZ49-7	××区间	圆形隧道	直线	4050	−134	11-09
8	GZ49-8	××区间	圆形隧道	直线	4050	−192	11-09
9	GZ49-9	××区间	圆形隧道	直线	4050	−250	11-09
10	GZ49-10	××区间	圆形隧道	直线	4050	−218	11-09

续表

序号	锚段编号	站区	隧道类型	直线曲线	设计导高（mm）	设计拉出值（mm）	悬挂安装图号
11	GZ49-11	××区间	圆形隧道	直线	4050	−187	11-09
12	GZ49-12	××区间	圆形隧道	直线	4050	−156	11-09
13	GZ49-13	××站	圆形隧道	直线	4050	−125	11-09
14	GZ49-14	××站	高净空	直线	4050	−93	11-15
15	GZ49-15	××站	高净空	直线	4050	−62	11-15
16	GZ49-16	××站	高净空	直线	4050	−31	11-15
17	GZ49-17	××站	高净空	直线	4050	0	11-15
18	GZ49-18	××站	轨顶风道	直线	4050	31	11-05/11-27
19	GZ49-19	××站	轨顶风道	直线	4050	62	11-05
20	GZ49-20	××站	轨顶风道	直线	4050	93	11-05
21	GZ49-21	××站	轨顶风道	直线	4050	125	11-05
22	GZ49-22	××站	轨顶风道	直线	4050	156	11-05

图 4.5-2 调整专用梯车使用图

3）拉出值、导高调整

将接触网测量仪放置于调整专用梯车下方，根据施工表查出对应悬挂点位置的设计拉出值，将接触网测量仪拉出值调整至设计拉出值位置，并用仪器"长光"功能发射出激光点（图 4.5-3），梯车上部施工人员通过调整 T 形头螺栓位置使接触线中心与激光点重合，确认重合后，施工人员将 T 形头螺栓上部螺母紧固至设计力矩，拉出值即粗调完毕。随后，测量人员对悬挂点处的导高进行测量，导高调整时，测量人员指挥梯车上部施工人员对 T 形头螺栓下部螺母进行紧固或松动，同时测量人员实时测量接触线导高（图 4.5-4），当导高达到设计导高位置时，立即停止导高调整。测量人员对悬吊角钢两端部高度进行复核，两高度不一致时，施工人员对悬吊角钢高度进行微调，确认两端部距离轨面高度一致后，测量人员将悬吊角钢高度、拉出值和导高数据进行记录。

图 4.5-3　拉出值调整

图 4.5-4　导高调整

4.5.3　应用实例

刚性接触网悬挂调整技术在徐州地铁 1 号线一期工程的成功应用，使得刚性接触网施工耗时大大缩短，进而保证了刚性接触网的施工质量，节约了人工成本。刚性接触网施工的如期完成，为地铁开通运营提供了有力保障，工程质量评定优良，取得了良好的社会效益和经济效益。

第 5 章

通信工程关键施工技术

通信系统作为地铁运营调度、企业管理、乘客服务、治安反恐、应急指挥的网络平台，是地铁正常运转的神经系统，为通信、综合监控、电力监控、自动售检票、火灾报警等重要系统提供可靠的传输通道。通信系统传输方式分为有线传输与无线传输。本章从提高传输光缆一次熔接率技术、降低地铁无线传输衰减及电压驻波比技术、天馈线系统安装技术、轨道交通通信机房综合布线技术、分歧电缆接续技术五个方面进行阐述，降低衰耗、驻波比等关键数据，提高光缆熔接、漏缆及天馈制作成功率，保证设备稳定运行。

5.1 提高传输光缆一次熔接率技术

5.1.1 技术简介

传输系统为通信系统在地铁通信中构建传输网络,传送一些快速、精准、可靠的信息,满足对图像、文字、语言、数据等相关信息的传输需求,对于地铁正常的运行起着极大的作用。传输系统以光缆网络作为信息传输的通道,光缆通道的稳定是信息传输的基础,光缆熔接质量直接影响信息传输质量。通过光缆熔接特性分析,光缆熔接设备、光纤端面切割、施工环境是影响光缆熔接质量的关键因素。本技术解决了光缆熔接过程中出现衰减过大、端面不良、熔接推进量过大的问题,为现场光缆熔接培训和施工提供了技术支持。

5.1.2 技术内容

(1) 工艺流程

工艺流程如图 5.1-1 所示。

(2) 操作要点

1) 光纤接续准备

① 根据施工图纸核对现场光缆规格、型号及起始端位置是否与设计相符。

② 有完整的光缆成端接续关系对照表。

③ 施工现场准备好临时用电,满足现场施工照明。

④ 根据设计要求光缆成端一般需要预留 15m 左右,留足光纤配线架接头所需长度后将多余的光缆剪掉。

⑤ 查看光缆配线架及托盘有无损坏,托盘内尾纤是否按要求配盘,尾纤端头与适配器连接是否良好,型号是否符合设计要求。

⑥ 清理施工场地,在施工地面上铺上纸板或彩条布,防止光缆的油膏污染地面。

⑦ 用透明塑料胶管从光纤配线架固定光缆开剥内护套处,模仿光纤的走向路径至光纤托盘内固定处,剪断透明塑料胶管,做上编号;其余托盘同理(模仿光纤走向路径时,应考虑到光纤的弯曲半径及托盘从里向外拉的预留弧度)。

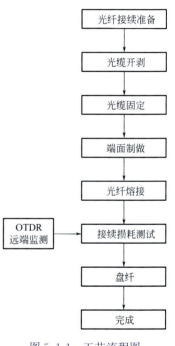

图 5.1-1 工艺流程图

2) 光缆开剥

① 根据配线架确定光缆开剥位置及光缆开剥长度,用专用切割刀环切外护套一周,然后轻折几次使环切处折断,往端口侧用力抽去,裸露内护套;距外护套切口 20mm 处用专用切割刀将内护套环切一圈,轻轻地将内护套折断抽出,如护套过紧,一次不易抽出,可分 2~3 段进行。

② 从光缆端头松解包层至内护套切口处,用美工刀将包层割除,裸露光纤束管以及加强芯和填充物,剪去填充物,根据光纤配线架固定光缆位置至固定加强芯的位置确定加强芯余留长度,剪断多余的加强芯;用酒精棉纱将裸露光纤束管及加强芯上油膏擦净。

③ 使用热吹风匀速地将弯曲的光纤束管吹直,不能长时间吹一个地方,防止烤坏光纤,光纤束管全部吹直后,将每根束管穿入对应剪好的透明塑料胶管中,束管露出透明塑料胶管 20cm 即可。

④ 根据光纤穿入托盘路径弯曲情况确定光纤束管开剥位置，一般在第一个弯曲的路径前开剥光纤束管，用束管专用切割刀将光纤束管环切一周，轻轻折断，拽住束管露出 20cm 处，将透明塑料胶管穿至内护套切口处，并顺着这个方向的用力抽出束管，露出光纤。依次将所有束管抽出后，在内护套切口与透明塑料胶管接口处用绝缘胶带缠绕密封使其对接固定好。

3）光缆固定

① 将已开剥保护好的光缆引入机架，加强芯弯曲一定的角度后穿入加强芯锁杆的固定孔，调整好光缆的位置，拧紧加强芯锁杆顶部的螺丝，固定加强芯，依次用喉箍固定光缆，用绑扎带固定开剥后的光纤透明塑料胶管直至收容盘。

② 光缆需要焊接地线时，选一处靠近接地点的缆身用美工刀剥光缆外皮，露出钢铠后，将钢装表面刮干净焊接地线，并套上热缩管热熔保护。

③ 将透明塑料胶管穿进收容盘，用绑扎带穿入收容盘的固定孔，将透明塑料胶管进行绑扎固定。

4）端面制作

光纤端面的制作包括剥除涂覆层、清洁和切割 3 个环节；端面质量直接影响到熔接质量，在进行光纤涂层的剥除前，先将热缩加强管套入光纤中。

光纤涂层的剥除：光纤由纤芯、包层、涂层三部分组成，光纤涂层的剥除，要掌握平、稳、快三字剥纤法。平：即持纤要平，左手捏紧光纤，使之成水平，防止打滑；稳：即剥纤钳要握得稳；快：即剥纤要快，剥纤钳应与光纤垂直，上方向内倾斜一定角度，然后用钳口轻轻卡住光纤，右手随之用力，顺光纤轴向平推出去。

裸纤的清洁：观察光纤剥除部分的涂覆层是否全部剥除，若有残留应重剥，如有极少量不易剥除的涂覆层，可用棉球蘸适量酒精，边浸渍，边逐步擦除。将棉球撕成平整的扇形小块，蘸少许酒精（以两指合捏无溢出为宜），折成 V 形，夹住已剥除涂覆层的光纤，顺光纤轴向擦拭，力争一次成功，一块棉球使用 2～3 次后要及时更换，每次要使用棉球的不同部位和层面，这样既可提高棉球利用率，又防止了纤芯的二次污染。

裸纤的切割：切割是光纤端面制作中最关键的部分，首先要清洁切刀和调整切刀位置，切刀的摆放要平稳；切割时，动作要自然、平稳，避免断纤、斜角、毛刺、裂痕等不良端面的产生；裸纤的清洁、切割和熔接的时间应紧密衔接，不可间隔过长，特别是已切割好端面的光纤移动时要轻拿轻放，防止与其他物件擦碰，具体详见图 5.1-2。

图 5.1-2 裸纤切割

5）光纤熔接

光纤熔接时应该遵循的颜色顺序为蓝、桔、绿、棕、灰、白、红、黑、黄、紫、粉、青。光纤熔接是接续工作的中心环节，熔接前，根据光缆的规格型号，进行熔接机的模式设置。

放电试验：熔接前先进行熔接机放电试验，重新设置熔接机的放电电压及放电位置，以及调整 V 形槽驱动器复位等，使熔接机自动调整到满足现场实际的放电条件。

光纤熔接：首先将 2 根同色标、端面制备完毕的光纤放入熔接机的 V 形槽中，保持 15～20μm 距离，盖好防护盖。

启动熔接机的自动熔接开关（SET）进行熔接。熔接过程中查看左右光纤切割端面角度要小于 1°，大于 1°时，端面需重新切割。光纤熔接后，查看接头处有无气泡、过细、过粗等不良现象。

熔接补强保护：由于光纤在连接时去掉了接头部位的涂覆层，其机械强度降低，因此，要对接头部位进行补强。在施工中采用光纤热缩加强管（热缩管）来保护光纤接头部位，将预先穿置光纤某一端的热缩管移至光纤接头处，让熔接点位于热缩管中间，轻轻拉直光纤接头，放入加热器内加热，使热缩管收缩后紧套在熔接好的光纤上，具体详见图 5.1-3。

图 5.1-3 熔接补强保护

6）接续损耗测试

加强 OTDR（光时域反射仪）测试仪表的监测，对确保光纤的熔接质量、减小因盘纤带来的附加损耗和封盒可能对光纤造成的损害，具有十分重要的意义，在整个接续工作中，必须严格执行 OTDR 测试仪表的监测。具体详见图 5.1-4。

图 5.1-4 接续损耗测试

7）盘纤

① 第一种方法，先中间后两边，即先将热缩后的套管逐个放置于固定槽中，然后再处理两侧余纤；此方法有利于保护光纤接点，避免盘纤可能造成的损害，在光纤预留盘空间小、光纤不易盘绕和固定时，常用此种方法。

② 第二种方法，从一端开始盘纤，固定加强管，然后再处理另一端余纤；此方法可根据一侧余纤长度灵活选择热缩管安放位置，方便、快捷，可避免出现急弯、小圈现象。

③ 第三种方法，特殊情况的处理，如个别光纤过长或过短时，可将其放在最后，单独盘绕。

④ 根据实际情况采用多种图形盘纤。按余纤的长度和预留空间大小，顺势自然盘绕，切勿生拉硬拽，应灵活地采用圆、椭圆、"CC"、"～" 多种图形盘纤（注意 $R \geqslant 40\text{mm}$），尽可能最大限度利用预留空间和有效降低因盘纤带来的附加损耗。

⑤ 光缆接头处的弯曲半径不应小于光缆外护套的 20 倍，具体详见图 5.1-5。

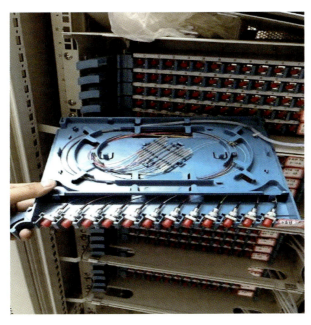

图 5.1-5　盘纤

5.1.3　应用实例

在深圳地铁 9 号线工程、南宁地铁 2 号线工程、徐州地铁 1 号线工程的成功应用，解决了光缆熔接过程中出现衰减过大、端面不良、熔接推进量过大的问题，为现场光缆熔接培训和施工提供了技术支持。

5.2　降低地铁无线传输衰减及电压驻波比技术

5.2.1　技术简介

城市轨道交通区间无线通信系统主要采用漏缆及区间无线直放站的方式进行信号覆盖。漏缆工作机理比较简单，在普通同轴电缆的外导体上周期性开设槽孔，电磁波在漏缆中纵向传输的同时还通过开设的槽孔向外辐射，形成连续的无线电磁波漏泄场，外界的电磁场也能通过槽孔感应到漏缆内部进而传输到接收端。因此漏缆既具有信号传输作用，又具有天线功能。正是基于漏缆的这种特性，使得它在无线电波难以传播的隧道内得到了广泛的应用。其中漏缆接头是漏缆与终端或与其他射频电缆连接的主要手段，接头制作的好坏直接影响传输衰减及驻波比等无线通信系统的性能指标。

本技术解决了传统工艺中存在的场强衰减严重、电压驻波比不达标的弊端，加强了制作过程中对缆线的保护、防水、除尘工艺处理。通过控制切割面的平整性，保证了断面同接头之间的连接紧密性，解决了信号衰减过大的问题。

5.2.2　技术内容

（1）工艺流程

工艺流程见图 5.2-1。

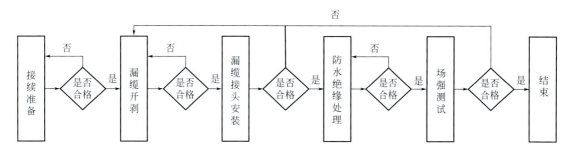

图 5.2-1 工艺流程图

（2）操作要点

1）漏缆开剥

① 使用锯弓沿着卡具端面匀速锯断电缆，界面要求平整、干净，内导体不带毛刺，且与漏缆轴向垂直。为保证漏缆切割面平整，在切割时需一手紧握漏缆固定在桌面，切割过程不能发生移动；另一只手将锯弓垂直放置在切割位置处，然后保持手臂在一条直线上匀速拉动锯弓，方可避免切割面不平整的问题发生，具体详见图 5.2-2、图 5.2-3。

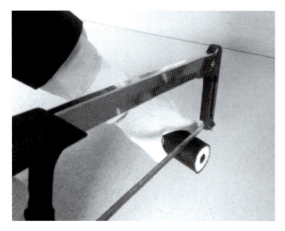

图 5.2-2 使用锯弓锯断漏缆

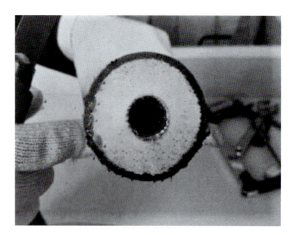

图 5.2-3 切割后界面

② 削去标志线 150mm，此工序关键点在于控制切割深度。在切除标志线时视线需与漏缆上表面平齐，当快切到漏缆圆环护套面时停止切割，然后朝接头方向平稳削去标志线。削去标志线时保证切口同漏缆外表面平齐，确保连接器外壳能紧贴漏缆，具体详见图 5.2-4。

图 5.2-4 削去 150mm 漏缆标志线

③ 环切外护套 25～30mm，用斜口钳剥去外护套。为保证切割面平整，需分两次进行护套切割，第一次朝顺时针方向，切割长度为断面圆的一半；第二次将美工刀从第一次开始切割处下刀逆时针方向进行，切割长度也为断面周长的一半。每次切割深度为外护套的 2/3 为宜，禁止大力切割导致护套内导体破坏，内导体中的碎屑及尘土必须清理干净，防止造成传输过程中的信号衰减，具体详见图 5.2-5、图 5.2-6。

图 5.2-5 环切外护套

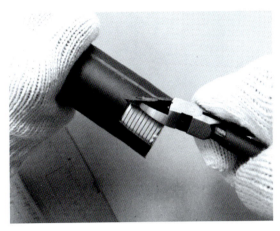

图 5.2-6 剥除外护套

2）接头安装

① 把连接器后壳体套入漏缆，将前壳体伞状内芯顺漏缆轴向插入内导体中，操作时严禁旋转前壳体，并使用扩孔工具对内导体进行扩孔，使内导体与连接器充分接触，具体详见图 5.2-7。

② 套入连接器前外壳，用橡皮锤轻轻敲击前壳体使壳体后端到达安装到位标记处。严禁来回插拔漏缆接头，造成导体卡簧损伤，具体详见图 5.2-8。

图 5.2-7 套入连接器后壳体

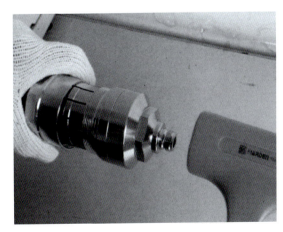

图 5.2-8 套入连接器前壳

③ 用扳手固定前外壳，拧紧后外壳。固定接头的关键点在于需保证前外壳固定不动，然后匀速旋转后外壳进行固定，以防止前外壳在旋转过程中导致内导体卡簧损坏。此工序为接续关键工序，紧固过程中严禁旋转前外壳，紧固后外壳时需匀速平稳进行，严禁晃动漏缆，具体详见图 5.2-9。

④ 连接器装配好后应进行安装质量检查，连接器安装应保证电性能指标，对于内、外导体短路或装配接触质量不合格的应重新安装。

3）防水绝缘处理

① 使用热缩管将连接器进行热缩处理，在给热缩管加热时应朝前外壳方向匀速移动热风机，严禁

图 5.2-9　连接器固定

热风机固定一个点位加热致使热缩管受热不均匀。热缩管加热完成后的最终状态应使热缩管贴紧漏缆与连接器，表面有热熔胶溢出，具体详见图 5.2-10、图 5.2-11。

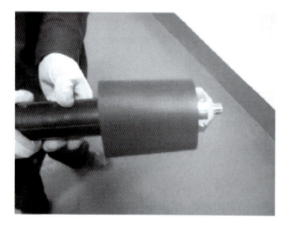

图 5.2-10　套入热缩管

图 5.2-11　热缩处理

② 正方向缠一层防水绝缘胶带。缠绕时应拉紧胶带，重叠进行绕包，重叠量为胶带宽度的 1/2。反方向缠一层胶泥，缠绕时应均匀拉伸胶泥，拉伸后宽度为原宽度的 3/4，绕包完毕，用手在绕包层上挤压胶泥，使层间贴附紧密无气隙以便充分粘结。正方向缠第二层防水绝缘胶带，每次叠压时需朝缠绕方向均匀拉伸胶带，并使胶带稍微发生形变，使其充分密贴，具体详见图 5.2-12。

图 5.2-12　胶泥、胶带缠绕成品

4) 场强测试

接头完成后,需对漏缆内外导体间绝缘电阻、线路传输损耗等电气特性及连接状态进行复测,对于阻值过大、绝缘不良、衰减过大的接头要锯断重做,具体详见图 5.2-13。

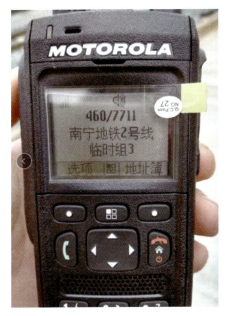

图 5.2-13　场强覆盖测试

经现场测试,使用此技术指导漏缆接续能提高漏缆接续的一次合格率,提高施工效率,降低因返工造成的材料浪费及成本增加,同时也降低了传输衰减和电压驻波比,提高区间无线场强的信号强度。

5.2.3　应用实例

在深圳地铁 9 号线工程、南宁地铁 2 号线工程、徐州地铁 1 号线工程、郑州地铁 3 号线工程的应用,降低了因返工造成的材料浪费及成本增加,同时也降低了传输衰减和电压驻波比,提高了区间无线场强的信号强度。

5.3　天馈线系统安装技术

5.3.1　技术简介

轨道交通无线通信系统作为高速运行的轨道列车与车下管理机构之间的通信手段,担负着提高运营效率、保障行车安全及车内乘客生命安全的重要使命。天馈线系统是无线系统中一个关键的组成部分,包括室外天线、馈线、避雷器及相关接地件,其安装质量直接影响着无线通信质量,高质量的安装天馈线系统对轨道交通无线通信系统有着十分重要的意义。

本技术通过对馈线安装、天线安装、接头制作、接地及避雷器等过程的控制,加强了对缆线、接头的保护、防水、除尘工艺处理以及天线角度的控制,解决了传统工艺中存在的场强衰减严重、电压驻波比不达标等问题,满足天馈线驻波比＜1.5 的技术要求。

5.3.2 技术内容

(1) 工艺流程

工艺流程见图5.3-1。

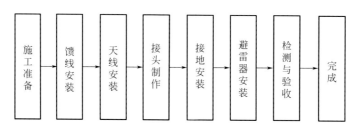

图5.3-1 天馈线系统安装流程图

(2) 操作要点

1) 施工准备

① 需要安装的天线、馈线运送到现场时,应先检查天线有无损伤,配件是否齐全,然后选择合适的组装地点进行组装。在组装的过程中,应避免天线表面着地受力,避免损伤天线表面。

② 检查抱杆和铁塔连接支架的所有螺栓,进行安装前紧固,以防止抱杆不牢固,造成安装测试后引起天线偏离固定位置,造成传输故障。

③ 风力达到5级以上时,禁止进行高空作业;风力达到4级时,禁止在铁塔上吊装天线。雷雨天气禁止上塔作业。

2) 馈线安装

① 馈线卡的安装

a.将卡具前部C形支架的专用螺栓松开,开口尺寸大于铁塔角铁边厚度后,将C形卡具插入铁塔角铁并拧紧螺栓。

b.将卡具尾部螺栓拧松至螺杆尾部,充分分开塑料卡具后,将馈线放进去,再将松开的螺栓拧紧至原来位置压紧即可,具体详见图5.3-2。

② 馈线安装要求

a.馈线的规格、型号、路由走向、接地方式等应满足工程设计的要求。馈线进入机房前应有防水弯,防止雨水进入机房。馈线拐弯应圆润均匀,弯曲半径应大于或等于馈线外径(d)20倍(软馈线的弯曲半径应大于或等于其外径的10倍),防水弯最低处应低于馈线窗下沿,具体详见图5.3-3。

图5.3-2 馈线卡的安装

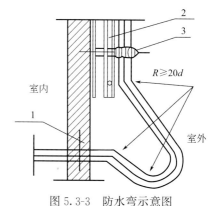

图5.3-3 防水弯示意图

1—机房孔洞;2—走线架;3—固定卡子

b. 馈线衰耗及电压驻波比应满足工程设计要求。

c. 馈线与天线连接处、与设备侧软跳线连接处应有防雷器，馈线在室外部分的外屏蔽层应接地，接地线一端用铜鼻子与室外走线架或接地排可靠连接，另一端用接地卡子卡在开剥外皮的馈线外屏蔽层上，应保持接出牢靠并做防水处理，电缆和接地线应保持夹角小于或等于15°。

3）天线安装

① 天线安装要求

a. 天线的安装位置及加固方式应符合工程设计要求，安装应稳定、牢固、可靠。

b. 天线方位角和俯仰角应符合工程设计要求。

c. 天线的防雷保护接地系统应良好，接地电阻阻值应符合工程设计要求。

d. 天线应处于避雷针下45°的保护范围内。

e. 天线安装间距应符合工程设计要求。

② 天线的安装

a. 天线底座的安装：拆除天线的外包装，按照安装示意图安装底座。

b. 系好安全带，按所需的方向安装好天线，调好角度，具体详见图5.3-4。

图5.3-4 天线安装完成图

4）接头制作安装

① 接头制作

使用环切刀环切外护套25～30mm并剥除外护套，挫平切口处导体毛刺。使用扩孔器扩孔，并挤压绝缘层边沿，使其与馈线外导体成45°，依次安装连接器前套与后套并拧紧，具体详见图5.3-5、图5.3-6。

图5.3-5 馈线开剥、扩孔

图5.3-6 接头制作成品

② 馈线与天线连接

接头制作完成后，将跳线的接口对准天线的接口拧上，利用扳手拧紧螺母。在刚安装好的接头表面按顺序使用防水胶带、胶泥、防水胶带，并在两端扎上防紫外线的扎带，并剪除多余的部分，防止胶带滑落，具体详见图5.3-7。

5）接地制作安装

① 将馈线所需接地处剥除55mm馈线外皮。

② 手持接地卡，顺向卡子上置，接地端子下垂，拨开扳紧簧，将卡子的开口嵌入剥皮的馈线中，然后关上扳紧簧，具体详见图5.3-8。

图 5.3-7 接头连接

图 5.3-8 接地卡的安装

③ 将胶带带头贴于卡接处的线端子外径上，从底部开始，在连接处缠胶带，当超过一半时，拧紧胶带。在连接处缠上多层胶带，每层胶带覆盖前一层的 25mm 处，并在底部预留一部分，每层结束倒转一个方向。

6）避雷器的安装

① 一端连接馈线接头，一端连接室内超柔跳线接头，拧紧。

② 做好接地线的两端铜鼻子，一端连接避雷器，一端连接接地架或直接接到室外的接地铜排。

7）天馈线系统的验收与检测

① 工艺验收

a. 馈线必须按照设计方案的要求进行布放，要求走线牢固美观。

b. 对于馈线要标识清楚。

c. 所有安装操作需按照操作要求及注意事项来进行。

② 性能检测

施工完毕后需用驻波比测试仪进行驻波比测试，看看能否达到要求。若不能达到要求，则需找出故障点，进行整改后继续测试直至达到要求。

5.3.3 应用实例

在南宁地铁 2 号线工程，徐州地铁 1 号线工程的成功应用，解决了传统工艺中存在的场强衰减严重、电压驻波比不达标等问题，满足天馈线驻波比要求。

5.4 轨道交通通信机房综合布线技术

5.4.1 技术简介

轨道交通通信机房为通信设备提供稳定、可靠、适宜的安装条件和运行环境，主要包括传输、无线、电话、信息网络、视频监视、广播、时钟、乘客信息、电源等系统设备。机房综合布线技术从线缆路由规划排布、固线器使用、线缆绑扎成端、封堵标识制作等环节进行优化把控，具有实用性、灵活性、可管理性、便于维护与升级等优点，可有效提升施工工效及工艺观感质量。

5.4.2 技术内容

(1) 工艺流程

工艺流程如图 5.4-1 所示。

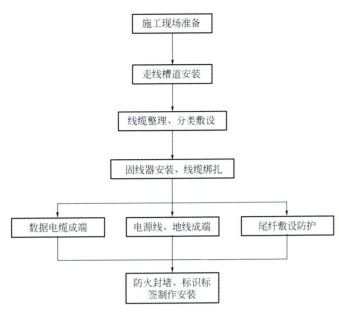

图 5.4-1 通信机房综合布线工艺流程

(2) 操作要点

1) 走线槽道安装

① 前置条件：确认机房地面已找平、防静电绝缘漆已涂刷完毕，顶面、墙面管线和吊顶施工已完成。并根据平面布置图完成机柜底座与设备机柜安装，根据系统图完成柜内设备、配线架安装工作。

② 机房走线槽道路径选择：主线槽道通常选择沿机房墙面的四周。分支槽道通常选择设备机柜间的间隔处，避免槽道横穿设备机柜或占用设备扩容的位置。

③ 每列机柜底座下安装一条 200mm×100mm 槽道用于各系统机柜之间相连的跳纤、网线、用户市话电缆、2M 线在机柜下方敷设，使机房走线槽道所布线缆均为进线无出线，既解决了柜间跳线对整体布线工艺影响这一难题，又保证线缆弯曲半径满足要求。

④ 主槽道宜分为信号线槽道、电源线槽道敷设安装。由于通信系统信号线比电源线更多，信号线槽道宜比电源线槽道更宽。绝大多数通信机房内，设备机柜为两列排布，且列间距离比列边距离更小。由此确定信号线缆为前后进线，电源线缆为中间进线，此举解决了房间内电源线与信号线的交叉问题，也解决了列间静电地板安装收口的问题。

⑤ 安装走线槽道时，使用水平仪、水平尺进行定位校准。槽道安装后横平竖直，与墙壁或机柜列应保持平行。槽道安装位置左右偏差不得超过 50mm，水平槽道应与列架保持平行或直角相交，水平度每米偏差不超过 2mm。垂直槽道应与地面保持垂直且无倾斜现象，垂直度偏差不超过 1‰。使用线槽作为走线槽道时，使用 40mm×4mm 热镀锌扁钢加工 30～50mm 高的"π"形支架与膨胀螺栓作为线槽支撑，支架与线槽连接面的宽度宜比线槽本体宽度大 50mm，间隔 2000mm 设置一处。宜选用成品线槽三通引入各个机柜下方；使用走线架作为走线槽道时，使用横铁卡子等部件时规格一致，膨胀螺栓固定牢固，并提供给列间互联的线槽足够的下穿空间。

⑥ 支撑加固用的膨胀螺栓余留长度保持一致（螺母紧固后余留 5mm 左右）。槽道连接处，保证可靠的电气连接，末端应与机房内等电位接地端子排做可靠接地。槽道穿墙洞处应加装保护框，线缆布放

完毕后应使用防水、防火材料（防火板、防火泥）密封。

2）理线布线

① 依据车站、区间管线图纸，确定机房内线缆数量、规格型号，合理规划路由与走向并做好临时标签。理线时，线缆必须采用整条材料，中间不得有接头，线缆的走向清晰、顺直，不得交叉、扭绞。

② 槽道内采用动力固线器每隔400mm进行一次分类固定（网线、市话电缆一同固定，电源线、接地线、光缆单独固定），并根据线缆线径选择相应高度的垫块和螺丝进行分层敷设，保证捆扎牢固且松紧适度。在槽道转角处，应留有足够大的空间以保证线缆有充分的弯曲半径，并使用固线器及扎带在转角两侧进行加固，保证线缆转弯平滑、弧度均匀。室内宜采用白色扎带，使用尼龙扎带辅助固线处，应剪平线扣处，线扣间距均匀美观并朝向一致。理线完成后线缆表面清洁，无施工记号，护套绝缘层无破损及划伤。理线布线见图5.4-2。

图5.4-2 理线布线

③ 电源线槽道理线时，应将设备电源线与机柜接地线保持50mm以上间距分开固定。信号线槽道中布放的双绞线应不超过3层，密度过大会影响底层双绞线的传输性能。同时也应避免固线过紧而压缩双绞线，压力过大会使缆线内部绞线变形，使回波损耗处于不合格状态。

④ 光缆的纤芯是石英玻璃材质，操作不慎极易弄断，因此在理线时绝对不允许超过最小弯曲半径，捆扎时至少为光缆外径的10倍，拉线时至少为光缆外径的15倍。另外，光缆的抗拉强度比铜缆小，因此在施工时应均速且适当用力，绝不允许超过抗拉强度（46N）。光、电缆曲率半径要求见表5.4-1。

光、电缆曲率半径要求　　　　　　　表5.4-1

序号	类型	曲率半径要求
1	硬馈线	≥20倍
2	软馈线	≥10倍
3	超五类/六类网线	≥7.5倍
4	光缆	≥15倍
5	电源线	≥10倍
6	铠装电缆	≥12倍

3）配线成端

① $10mm^2$及以下电源线采用打接头圈方式连接，打圈绕向与固紧方向一致；$10mm^2$以上的电缆采用铜鼻子连接，应使用与截面积及螺栓直径相符的铜鼻子，不得剪掉部分芯线以适应小型号的铜鼻子或者剪开铜鼻子以适应大型号的截面积。铜鼻子压接应牢固，芯线在端子中不可摇动，并安装齐备的平垫圈和弹簧垫圈。接线端子压接部分应加热缩套管或缠绕至少两层绝缘胶带，不得将裸线和铜鼻子露于外部。绝缘胶带或热缩套管的颜色需和电源线的颜色一致，正极为蓝色，负极为黑色，保护地线为黄色。配线成端见图5.4-3。

② DDF配线架（数字配线架：Digital Distribution Frame）侧制作缆线端头时应确保设备端与设备物理断开，芯线焊接应端正、牢固、焊锡适量，焊点光滑圆满，不成瘤形，露铜≤2mm。线缆进入机柜时使用尼龙扎带绑扎，绑扎间隔为150mm，扎带朝向一致。开剥位置采用热缩套管进行防护，热缩套管的长度一致。线缆进入DDF配线架时弯度一致，绑扎间隔宜为20mm，扎带朝向一致。网络配线架网络跳线敷设工艺要求与2M电缆类似，见图5.4-4。

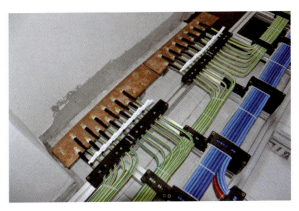

图 5.4-3 配线成端

图 5.4-4 DDF 成端

③ 光纤跳纤应直放避免弯曲，不得放置在其他线缆的下方，不得碰触到锋利的边缘。在机柜内布放应用尼龙粘扣带或 PE 螺旋缠绕管固定，绑扎均匀，固定应顺平，松紧适度。在机柜外（机柜下线槽内）应穿放波纹管或软管加以防护，保护管端头切口应整齐无毛刺，连接处或端头需用电工绝缘胶布缠绕做防割处理，以防割伤尾纤。若光纤跳纤为上走线，采用阻燃 ABS 塑料走线槽布放，走线槽栓接固定在上走线架侧方。多余尾纤应整齐盘绕于尾纤盒内或绕成直径大于 80mm 的圈后固定。

④ 缆线终接后，应有余量。机柜内所有线缆敷设完成后，对柜内进线孔采用铝条收边、防火涂料填充方式进行封堵，达到密实美观的工艺要求。最后，缆线两端应贴有标签，应标明编号，标签书写应清晰，端正和正确。标签应选用不易损坏的材料，标明电缆的编号、型号、规格、图位号、起始地点，见图 5.4-5、图 5.4-6。

图 5.4-5 机柜防火封堵

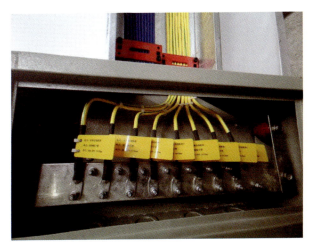

图 5.4-6 线缆标牌悬挂安装

5.4.3 应用实例

本技术在徐州地铁 1 号线工程成功应用,具有实用性、灵活性、可管理性、便于维护与升级等优点,可有效提升施工工效及工艺观感质量。

5.5 分歧电缆接续技术

5.5.1 技术简介

轨道交通轨旁电话(即区间电话、隧道电话)为安装在隧道内或高架线路旁的电话机,市话电缆接入车站专用电话及公务电话系统,是电话系统的重要组成部分,其作用是为轨道交通列车司机、有关作业人员,在区间与相邻站车站值班员或其他有关部门提供一般通信和紧急通信功能。区间内一般每隔 200m 设置 1 部轨旁电话和在区间其他专业有特殊要求地点如道岔等处设置。

一般情况下,区间左右线各敷设一条市话电缆,用于连接区间电话及站间电话,为其提供信息传输通道及为应急通信提供实回线备用通道。因此,市话电缆的接续质量是影响区间电话通信质量的关键因素,但因区间内施工条件受限,接续故障多、后期维护困难。本技术通过对施工工艺的过程控制,有效解决了分歧电缆接续过程中接续点不可靠、易受潮、通话质量差等问题。

5.5.2 技术内容

(1)工艺流程

工艺流程见图 5.5-1。

图 5.5-1 分歧电缆接续流程图

图 5.5-2 电缆预留

(2)操作要点

1)电缆预留

① 根据施工线路图、现场情况,找到分歧电缆接续位置。

② 分歧电缆应预留相应长度,盘圈应不小于电缆外径 15 倍,见图 5.5-2。

2)电缆开剥

① 量出电缆接头盒的长度后,在电缆相应位置使用电缆开剥刀进行纵向 360°旋转开剥,开剥长度与接头盒内的长度一致;用开剥刀横向将电缆外皮退除。

② 使用斜口钳将钢铠从中间剪开,分别往两边慢慢退至电缆开剥处。

③ 使用电缆刀将内护套从外皮断开处与断开外皮方法一样将内护套断开除去护套层。

④ 当电缆芯线露出以后,套上可热缩管进行收口,再仔细检查开剥时是否有芯线损伤。

3）电缆接续

① 将芯线根据芯线对数用自带色带将芯线每 10 对一束扎好。

② 将分歧线缆的芯线开剥出来，使用对数根据图纸与设计要求，将其中的分歧线缆芯线与干线电缆芯线使用专用不间断接线子进行连接。

③ 接续完成后，将电缆钢铠慢慢复位，中间断开处应使用焊锡丝焊接牢固，并做好防水工作，如图 5.5-3 所示。

4）线盒密封、挂标牌

① 电缆钢铠焊接完成后，将干线电缆与分歧线缆放入接头盒内，固定牢固。

② 用防水胶泥慢慢沿接头盒边缘注入，合上盖子，使用内六角将螺栓一一拧紧，使用 $4mm^2$ 地线将外壳接地处与区间接地扁钢或接地体进行连接。

图 5.5-3　分歧接续

③ 将接头盒固定牢固后在距接头盒两端 100mm 处的电缆上挂上对应标牌，具体如图 5.5-4 所示。

图 5.5-4　线盒密封、挂标牌

5.5.3　应用实例

在深圳南宁地铁 2 号线、重庆地铁 9 号线工程的成功应用，解决了传统工艺中存在的接续点不可靠、故障率高等问题，提高了工效，取得运营与监理一致好评。

第 6 章

信号工程关键施工技术

城市轨道交通信号系统通常由列车运行自动控制系统（ATC）和车辆段信号控制系统两大部分组成，用于列车进路控制、列车间隔控制、调度指挥、信息管理、设备工况监测及维护管理，由此构成一个高效综合自动化系统。城市轨道交通信号系统是保证列车运行安全，实现行车指挥和列车运行现代化，提高运输效率的关键系统。

本章针对信号系统工程的特点，从提高应答器安装精度技术、转辙机安装及调试技术、信号机械室施工技术、计轴设备安装技术、信号机安装及调试技术、信号联锁试验技术等方面，结合现场实际进行技术总结及创新，为后续类似工程提供参考性依据。

6.1 提高应答器安装精度技术（应答器高精度安装技术）

6.1.1 技术简述

应答器分为有源应答器和无源应答器，无源应答器用来向列车提供定位系统所需的固定信息，有源应答器向列车提供运行前方的可变信息（如临时限速、接车进路等）。由于线路上各位置安装的应答器输入储存的信息不同，所以每个应答器被赋予一个唯一的身份标识（ID号），应答器ID号与所处线路的位置的对应关系均存储在ATC数据库存储单元（DSU）内，因此应答器的ID号和实际安装位置，必须与设计图设置的坐标位置相符。应答器的安装高度，应符合设计图纸的安装标准，否则会影响列车的接收效果，因此应答器安装位置的准确性尤为重要。施工中通过精准定测、精确调整，提高应答器的安装精度。

6.1.2 技术内容

（1）工艺流程

城市轨道交通信号系统应答器安装流程如图6.1-1所示。

图6.1-1 应答器安装流程图

（2）操作要点

1）施工准备

了解应答器的工作原理并认真研究安装的具体要求。

安装应答器前，根据设计文件对现场进行一次全面的测量和调查，如精确测量各应答器的安装地点、具体安装位置的线路布置、承轨台平面布置各种尺寸、承轨台横断面各种尺寸、支撑块横截面的各种尺寸等情况，通过测量调查做好现场标识和记录。根据现场调查具体情况确定每处的安装方式。对安装位置不符合技术要求的，采取特殊措施处理，直至符合安装标准。

提前申报、安排施工用车计划。

2）设备定测

应答器安装前应组织进行定测，依据线路的基标和设计施工图的坐标确定应答器的安装坐标，测量确定后使用油漆笔在道床上标记好安装位置。测量时应准确，保证安装水平误差与垂直误差在2cm之内。

3）应答器安装

安装应答器时，根据具体情况选择不同的安装方式。安装于线路曲线段时，应答器固定托架调整至与道床和钢轨倾斜度一致。安装完成后要以基本轨为参照，检查应答器固定托架安装是否方正，调整应答器与轨面距离满足设计要求。应答器固定调节螺栓较多，安装时所有的固定螺栓一定要紧固牢靠，防止因列车经过时振动而松动，影响机车对地面信息的接收效果。应答器安装如图6.1-2所示。

① 支架安装

碎石道床地段安装：应答器安装位置确定后，首先确定该坐标点的轨道线路中心线，确定应答器的安装中心。用轨枕卡具将应答器固定支架固定于轨枕上，再安装托板式高度调节器，通过增加托板的厚

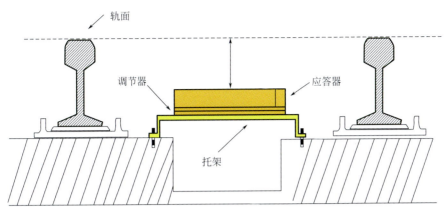

图 6.1-2 应答器安装示意图

度来调整应答器距轨面的高度，应答器的安装中心确定后，将固定支架底部的固定螺栓紧固好。托板与应答器间的固定螺栓紧固，按照设计标准尺寸固定好。

整体道床地段安装：应答器在整体道床上安装时，首先确定该坐标点的轨道线路中心线，确定应答器的安装中心。根据定测和复测的位置，用 T 形尺测量出对面钢轨的位置。将应答器固定托架放在整体道床，确定固定眼距，用冲击电钻在水泥道床钻孔，埋设直径 10mm、胀管长为 50mm 的胀栓，避免因打孔过深影响道床的防水层，如图 6.1-3 所示。

② 托板和应答器安装

托板与应答器间的固定螺栓紧固，调整应答器的高度调节器，按照设计标准尺寸固定好。

应答器安装在水沟处且安装托架长度不够时，可采用镀锌角钢加工支架，先将两根角钢按照应答器的安装位置固定在水沟上方，再将应答器的托架安装位置固定在水沟上方，再将应答器的托架安装在角钢上，安装如图 6.1-4 所示。

图 6.1-3 应答器支架安装

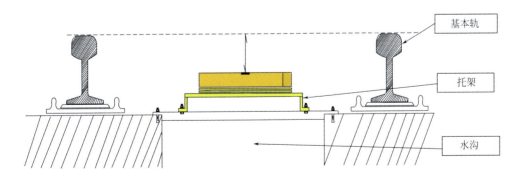

图 6.1-4 应答器托架位置

4）应答器调整

应答器安装完成后，必须进行检查调整。应答器中心至线路中线以及应答器顶面距离该处钢轨面距离，均要求严格按照系统供货商相关资料安装调整，应保证应答器顶部到钢轨上表面的距离在设计要求范围之内。

应答器的安装高度要求为距离轨面65~70mm，如图6.1-5所示。

图6.1-5 应答器安装

6.1.3 应用实例

应答器安装技术已广泛应用于南宁地铁2号线工程、徐州地铁1号线工程、重庆地铁9号线工程，并取得了业主和监理的一致好评。

6.2 转辙机安装及调试技术

6.2.1 技术简介

转辙机是指用以可靠地转换道岔位置，改变道岔开通方向，锁闭道岔尖轨，反映道岔位置重要信号的基础设备，它可以很好地保证行车安全，提高运输效率，改善行车人员的劳动强度。转辙机作为信号系统设备三大件之一，它的安装及调试在信号系统中起着至关重要的作用。本技术通过分析转辙机安装及调试的工作流程，总结转辙机安装及调试技术的关键点，提高转辙机安装工效，使转辙机运行安全可靠。

6.2.2 技术内容

（1）工艺流程

城市轨道交通信号系统转辙机安装及调试流程如图6.2-1所示。

（2）操作要点

1）施工前的准备工作

① 道岔初始状态：道岔铺设完成经过检测、验收后，检查各牵引点处转辙基坑深度、宽度，检查牵引点中心线（基本轨上两孔中心）距前一岔枕中心线距离，检查牵引点基本轨两孔中心与尖轨安装连接铁的两孔中心是否对中。若道岔初始状态不满足以上要求，需重新调整道岔及岔枕等，使其满足要求。

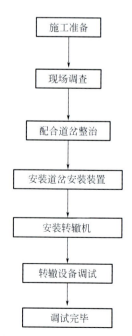

图6.2-1 城市轨道交通信号系统转辙机安装及调试流程图

② 轨距：应根据安装图纸调查各牵引点处的轨距。

③ 道岔初始密贴状态：在安装转换设备前，密贴段的直、曲尖轨原始状态分别与曲、直基本轨基本密贴；用撬棍拨动，尖轨应动作平顺，没有明显阻滞。若道岔原始密贴状态不满足以上要求，需重新调整至满足要求。

④ 密贴状态：在尖轨两个牵引点处用撬棍或钩锁器使直、曲尖轨分别与曲、直基本轨密贴，检查直、曲尖轨第一牵引点后整个密贴段的密贴情况，满足要求后，检查直、曲尖轨第一牵引点前与曲、直基本轨密贴。

2）转辙机安装技术

① 转辙机安装在直股侧

首先复核方钢是否方正，确认岔前轨距是否达到1445mm，道岔应无卡阻、无反弹力、不吊板和爬行现象，以及道岔基坑外边缘至钢轨中心距离不小于2800mm，基坑底部至轨面高度不小于390mm，若不满足，轨道专业调整道岔满足要求后方可进行安装。

在基本轨上方钢中心线处画一道竖线，以此线为始端向岔前655mm和岔后595mm处各画一道垂直于直股基本轨的竖线，然后用"L"形角铁中心放置于画线处，使角铁上 $\phi21mm$ 的孔中心位于竖线上，再顺内孔边缘画个圈标记钻孔位置，再用钢轨钻孔机在标记位置打 $\phi21mm$ 的孔，另一侧钢轨上"L"形角铁孔的画法和此相同，如图6.2-2所示。

用4个M20×70的螺栓、M20的防松垫、弹簧垫和螺母将4个"L"形角铁分别固定在基本轨腰部，M20×70的栓应从基本轨内侧向线路外侧穿。

将前后长基础角钢穿入预留的沟槽，保证转辙机靠近轨道侧的短角钢眼中心连线距离钢轨内侧的距离为1000mm，然后将与"L"形角铁的连接孔在长基础角钢上划出（长基础角钢尺寸125mm×80mm×12mm，其中小面80mm朝上），然后用直径为 $\phi28mm$ 台钻在每根长基础角钢上打4个与"L"形角铁连接的孔。

图6.2-2 道岔钢轨打孔

分别用2个M20×100的螺栓、角钢垫板绝缘管、绝缘板及螺母、防松垫和弹簧垫将长基础角钢与"L"铁固定。固定时，螺栓应从角钢底下往上穿，并保证基础角钢与铁垫板绝缘，绝缘管应置于两绝缘板之间，以保证基础角钢与"L"形角铁绝缘。

由于短基础角钢的孔以及长基础角钢上固定短基础角钢的孔出厂时均已打好，因此直接可以将长基础角钢和短基础角钢连接，然后用M20×65螺栓将转辙机安装在短基础角钢上，如图6.2-3所示。

用M20螺栓、平垫片、弹簧垫、螺母将锁闭框装于基本轨上，锁闭框装于基本轨外侧，螺栓从基本轨内向外穿。先安装一边锁闭框，将锁闭杆置于锁闭框中，同时将锁闭钩凹台放于锁闭杆凸台里，并在锁钩孔内涂润滑油。

拨动锁闭杆，当锁钩孔对上尖轨连接铁的孔后，穿上轴销，用M20的平垫圈、弹垫和螺母拧紧后，穿入开销，将锁闭铁插入锁闭框方孔内，固定螺栓一头钩住基本轨，另一头穿入锁闭框和锁闭铁孔内再用M20的平垫圈、弹垫和螺母固定。

图 6.2-3 道岔角钢打孔

撬动尖轨使装有锁闭铁侧处于密贴状态,另一侧处于自开状态,用手托起锁钩,拨动锁闭杆。按照上述方法安装另一侧锁钩、销轴、固定螺栓和锁闭铁。

通过左右拨动锁闭框调整锁闭杆和转辙机的动作杆,平行后拧紧固定锁闭框的螺母,并通过安装装置的动作拉杆将锁闭杆与转辙机的动作杆连接在一起。

通过在锁闭铁和锁闭框中间增减调整片保证基本轨和尖轨的密贴。

检测道岔开口,通过调整安装装置动作杆使两侧开口相差不超过 3mm,然后检查道岔开口是否符合有关规定,若开口大于规定最大值时,可通过减少密贴调整,同时在尖轨连接铁和尖轨间加调整垫调整。

在道岔动作杆中心插入 4mm 厚的铁片,外锁闭装置应不得锁闭且不得接通转辙机内表示接点,若不满足要求,可通过增减调整片调整,满足要求后紧固锁闭铁的螺母,如图 6.2-4 所示。

图 6.2-4 转辙机安装成品

② 转辙机安装在曲股侧

安装前基础角钢步骤同上,但是在安装后基础角钢时,后基础角钢至钢轨内侧的距离小于

1000mm，此时要让后基础角钢经过沟槽，基础角钢端头露出直股侧钢轨的距离与前基础角钢保持一致，然后再通过"L"形角铁来划与"L"形角铁连接的4个连接孔的中心，用直径为φ28mm台钻在基础角钢上打4个与"L"形角铁连接的孔，然后连接基础角钢与"L"形角铁，其余开程、密贴、表示的调整同上述。

3）转辙机调试技术

手摇或电动转辙机，检查道岔开口，两侧应基本相同，如相差较大时通过调整安装装置动作拉杆使两侧开口相差不超过3mm，然后检查道岔开口符合规定要求，若开口大于规定值时，在尖轨连接铁和尖轨间加调整垫调整。动作拉杆上每齿齿距为3mm。调整两锁闭框，使两侧锁闭框对正，调整基础托板位置使转辙机动作杆、连接杆、锁闭杆在同一直线位置，保证外锁闭装置在定反位转换过程中动作平稳，无别卡现象。

通过增减尖轨连接铁与尖轨之间的调整片，使尖轨开口满足要求。注意每增加（减少）1mm调整片，锁闭框与锁闭铁处相应（减少）增加1mm调整片。如果有尖轨虚开现象，则不计虚开口量进行调整，并通知道岔铺设方调整尖轨防调限位装置位置，防止虚开口过大损伤到转辙机表面缺口。

通过调整动作连接杆处齿型丝扣的量度，使两侧尖轨开口量偏差小于2mm，注意每齿的长度为3mm。

调整安装装置的长、短表示杆使密贴轨的锁闭柱与锁闭杆缺口间隙为2±0.5mm，密贴轨的检查柱与表示杆的缺口间隙为4±1.5mm。调整心轨转辙机缺口时，先调主口（伸出位置），后调副口（拉入位置）。使转辙机检测柱在定位、反位时落入表示（锁闭）杆缺口，并使缺口内两侧间隙相等，用螺母将无扣轴套紧固。

将限位块和可调限位块用M12螺栓和弹垫紧固在锁闭杆上，可调限位块与锁闭框间留有不大于3mm的间隙。

调整心轨动作连接杆接头螺扣的旋入量，使两侧锁闭量偏差小于2mm。

尖轨的密贴、表示调整完成后，调整密贴检查器两侧接头连杆，使密贴检查器在定位、反位的表示均符合要求。

手摇道岔往复动作检查缺口无误，道岔开口正确，定反位密贴良好后，拔出手摇把，合上遮断器。

6.2.3 应用实例

本技术在深圳地铁9号线、南宁地铁2号线工程、徐州地铁1号线工程中得到了广泛的应用，顺利地完成了转辙机安装及调试任务，并为后续工程的建设奠定了指导性基础。

6.3 信号机械室施工技术

6.3.1 技术简介

信号机械室是安装信号系统核心设备的主要机房，设备主要包括联锁机柜、ATS机柜、MSS机柜、组合柜、接口柜、分线柜、电源屏等，机械室施工内容主要包括设备安装及配线。通过设备安装及布配线等工序的标准化施工，可有效提高安装精度和质量，提升施工工效及工艺水平。

6.3.2 技术内容

（1）工艺流程

信号机械室施工流程如图6.3-1所示。

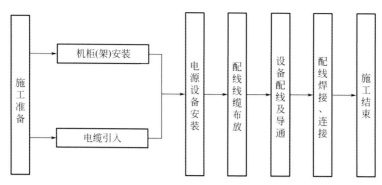

图 6.3-1 信号机械室施工流程图

(2) 操作要点

1) 室内施工前准备工作

首先熟悉施工图纸,了解不同机柜的安装位置,了解室内缆线的分类、用途、方向;进行现场复测,确定机柜位置是否与图纸有偏差。其次制订详细的施工作业计划,包括人员配置、机柜吊装及运输时间等,并报监理工程师,约定时间与集成商等单位进行机柜现场开箱,各方确认机柜无问题并签字确认。

2) 机柜的安装固定

① 首先用直柄电钻在机柜底座标记处钻孔,先用小号钻头引孔后,再选用比固定螺栓大 1～2mm 钻头进行钻孔。

② 清除钻孔后的铁屑,将机柜移动到底座上对准安装孔穿入固定螺栓并带上垫片、螺母。

③ 用激光水平仪发射出一条标准、平行的直线或手拉尼龙线,用橡皮锤轻敲机柜底部边框使机柜正面和侧面达到施工图纸设计位置。

④ 用水平尺和线坠检测机柜的水平度和垂直度偏差,在机柜底部加上金属垫块进行调整(严禁用橡胶木板进行调整),待水平度和垂直度偏差符合设计及验收规范要求后按照对角方式逐一旋紧固定螺栓,并固定牢固。

⑤ 用同样方法安装其余机柜,在安装其余机柜时用水平尺和水平仪反复检测每个机柜和整列机柜的水平、垂直偏差,并用塞尺检验柜间缝隙尺寸。

⑥ 安装完成后每个机柜喷漆应完好无损,柜间连接使用 M8×30 螺丝,柜间距离不大于 3mm,每个连接螺栓平垫、弹簧垫片和螺母齐全。应尽量使用呆扳手,以免对连接螺栓表面损坏,导致螺栓锈蚀。

⑦ 用水平仪和水平尺检测单个机柜和整列机柜的水平、垂直偏差,并进行调整,并对机柜底座进行防锈处理。

⑧ 安装完成后需仔细检查机柜内模块、连接线是否松动、脱落。收集好机柜内部随机资料和机柜钥匙等。

⑨ 所有机柜安装完成后锁好机柜门,立即使用防水防尘布对机柜进行保护,防止灰尘进入,如图 6.3-2 所示。

3) 线槽安装

① 线槽及其附件应采用经过镀锌处理的防腐钢槽,原则上厚度不小于 2mm。线槽内外应光滑平整,无棱刺,不应有扭曲、翘边等变形现象,各种附件齐全。

② 线槽的接口应平整,接缝处应紧密平直。槽盖装上后应平整,无翘角,出线口的位置准确。

③ 线槽直线段连接应采用连接板,用垫片、弹簧垫片、螺母紧固,接槎处缝隙应严密平齐。

④ 线槽不能直接与墙壁、地面接触,必须安装支撑,支撑用扁钢制作,高为 50mm。

图 6.3-2 机柜安装

⑤ 线槽内腔壁应打磨光滑，拐弯处加装橡胶垫，防止对线缆外皮造成损伤。

⑥ 线槽内不能有其他杂物，敷设完成后盖好盖板且牢固稳定。

⑦ 线槽转弯处的弯曲半径不小于线槽内电缆最小允许弯曲半径。

⑧ 线槽不得布置成环状，已构成闭合回路的可加装绝缘，在不构成闭合回路的前提下，必须保持线槽在电气上的连续性。线槽就近与接地干线相连接。

⑨ 线槽内的线缆应顺、平、直，并绑扎成束。

⑩ 线槽引入口处宜采取保护措施，防止线缆磨损；线槽内放置地板革，如图 6.3-3 所示。

图 6.3-3 线槽安装

4）线缆布放

在机柜安装好后进行机柜内部、机柜之间各种线缆的引入及配线。

① 各种电缆、电线的引入

检查确认从信号设备室外引入的各种电缆、电线应连接的机柜（架）编号和位置。

信号设备所用控制电缆从防静电屏蔽地板下部的防护线槽穿过防静电屏蔽地板引入到信号机械室分线柜内。

电缆、电线引入到信号设备室后,电缆、电线引入孔要进行封堵。

电缆备用量盘放在信号电缆间,原则上电缆室内储备量不小于 5m;分线柜的备用电缆芯线直接盘成圈绑扎于柜内下部固定电缆处。

② 各种电缆、电线的固定及配线

引入到信号机械室分线柜内的信号控制电缆从防静电屏蔽地板下部的防护线槽穿过防静电屏蔽地板引入到分线柜中后首先用固定卡在分线柜底层进行固定。

配线前首先检查配线的规格、型号是否符合设计规定,线条中间是否有接头或破损现象。

提前核对图纸,胶管提前用专业打号机打好(部分手写胶管,须书写整齐),配线时严格按照图纸施工,如图 6.3-4 所示。

图 6.3-4　线槽整齐布线

机柜间的各种配线从两侧底部上线,为避免配线下坠,每隔 20~30cm 用尼龙扎带将线把和塑料线槽出线孔对面的槽壁固定一次。每层的线应向上绑扎 10cm 后自然下垂至出线孔出线。

机柜配线端子采用万可端子,端子压接前必须检查工具性能是否良好,端子压接需根据不同线径使用配套的端子,压接端子不得外露导线铜芯、不得减短压针长度、不得污损或变形;端子芯线不得受伤或者少股;压接后必须检查外观压接是否牢固,线缆中间不得有绝缘破损和接头。

配线采用端子柱方式的,线径低于 1.5mm² 的线缆必须采用绕制线环。线环根部使用热缩套管热缩,线环应绕制均匀、紧凑、无毛刺。每个端子柱配 2 个压紧螺母,螺母间加不锈钢弹垫,所有螺母、垫片等采用铜质镀铬材料。

采用焊线方式时应使用大品牌的无铅焊锡丝。焊线前应清除焊片和连线头上的污垢,尤其是化学反应引起的脏物,焊接头的侧面和前部必须蘸锡,没有焊渣,焊点允许焊接时间不宜超过 2s;焊点面应呈扁凸形;焊接应牢固,焊点应光滑,无毛刺、假焊、虚焊现象。室内焊线采用穿焊,不采用炆焊。

室内线缆按信息、电源线分别放置,尽量避免交叉,线缆在线槽中按去向、类别分别绑扎整齐。如图 6.3-5 所示。

图 6.3-5 接口柜及组合柜配线

道岔启动线的室内组合内部、侧面配线的规格都不得小于 42×0.15mm。

综合防雷配电盘配线，Ⅰ、Ⅱ路电源的零线分开设置。配电盘Ⅰ、Ⅱ路电源零线须分别引入电源屏，不得共用端子及共用引接线。

室内各种屏蔽线，破开屏蔽层的配线不大于 300mm，线把与其他配线分开绑扎。

室内网线的水晶头护套应与网线同一种颜色；使用超 5 类屏蔽网线并配套使用屏蔽水晶头，屏蔽层应牢固压接。

分线盘电缆备用芯线需按最远距离余留并上空端子，同时标明于竣工图纸内；原则上电缆备用芯线应上在同样用途的分线柜某层。

组合柜及监测机柜侧面要求采用下垂式出线方式（上出线），所有配线（含组合内部配线）需加装标有线缆来去向的打字套管，如图 6.3-6 所示。

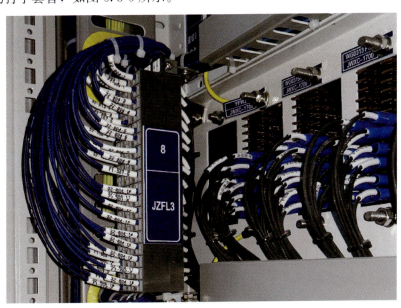

图 6.3-6 接口柜侧面配线

机柜、排架、层及应用情况须具备标识，单一设备（如继电器、计轴板卡）也应具备标识，光电缆、芯线等需有明确去向标识。

引入到信号设备室分线柜内的光、电缆先用固定卡在底层进行固定，剥去外护套，利用卡箍完成屏蔽接地，硬线由每层下部引入，软线由每层上部引入，电缆线在侧面槽需回弯做好余量，如图 6.3-7 所示。

图 6.3-7　室外电缆成端制作

放线时要确保放线到相应的位置，留足余量，同时两端套上相应的线芯套管并打结，以确保套管不丢失。放线时要做到：先本架后架间，先短后长，先软线后光电缆，架间或架内线缆分类用绑扎带固定。

软线敷设通过走线槽时，须注意防护，避免在拉线过程中，损伤软线。

接口电缆一律从接口柜左侧引入端子，组合线从右侧引入端子。

压接时，软线剥头 8mm，将所有芯线插入压针，压接牢固。

电缆、电线引入设备室后，其引入孔要进行封堵。

5）电源设备安装及配线

① 外观检查：电源屏、UPS 安装前要检查电源屏外观尺寸、颜色、盘面配置和断路器容量是否符合设计要求。

② 确定安装位置：按照设计图确定安装位置。

③ 设备安装。

在电源屏、UPS 等机柜支架安装完毕后，将电源屏、UPS 按照设计要求进行安装，首先将电源屏机柜直接坐于支架上，然后采用连接螺栓进行固定。将各个电源设备机柜排列整齐，并做到横平竖直，如图 6.3-8 所示。

图 6.3-8　电源系统设备安装

④ 电源屏、UPS 的绝缘测试和导通。

断开机柜内的地线连接，用绝缘兆欧表对输入端子进行测试，所有端子对地绝缘均应满足产品技术规格要求。

采用万用表对机柜内部配线进行导通测试。

⑤ 各种电缆、电线的固定及配线。

引入到电源设备内的信号电缆、电线从防静电屏蔽地板下部的防护线槽穿过防静电屏蔽地板引入到电源屏中后在电源屏适当位置进行固定。

配线前首先检查配线的规格、型号是否符合设计规定。线条中间是否有接头或破损现象。

各种电缆、电线在配线时要做到电缆排列绑扎整齐、美观，走线到位准确，如图 6.3-9 所示。

图 6.3-9 电源屏配线

⑥ 注意事项。

电源屏安装时要做到平直、牢固，排列整齐。电源屏外壳无变形，无损伤，面板、侧板的漆层光滑、无脱落，按钮、电表、表示灯无裂纹、伤痕。元器件连接牢固。

电源屏配线时要注意各种电缆、电源线的规格、型号、敷设径路应符合设计规定。

配线电缆有去向标志，引入三相四线制电源时，要注意其相序与电源屏、UPS 的相序必须相符。

6）设备接地

① 根据施工图纸要求，对不同机柜采用不同线径的地线（16mm² 或 25mm²）连接到地线箱的接地铜排，地线统一绿色面朝外。

② 接地线两端必须用线鼻子压接，线鼻子固定在机柜接地端子上，加上平垫、弹簧垫片和螺母拧紧，连接可靠牢固。

③ 机柜的可开启柜门均应用接地线与机柜的金属框架进行连接，并连接到机柜的接地端子上。

④ 所有室外电缆引入室内时需进行屏蔽接地，如图 6.3-10 所示。

图 6.3-10 接地线引入地线箱

6.3.3 应用实例

本技术应用于南宁地铁 2 号线工程、郑州地铁 3 号线工程、徐州地铁 1 号线工程中，使信号机械室施工工效得以提升，取得业主和监理单位的好评和推广。

6.4 计轴设备安装技术

6.4.1 技术简介

计轴又称微机计轴，利用安装在钢轨的闭环传感器检测列车车轮对经过数，即列车经过计轴磁头时，会切割磁头的磁力线圈。同时室外电子单元实时采集列车切割次数，并通过电源数据线传输给室内计轴机柜。计轴机柜经过逻辑计算，计算出列车在计轴区段中的占用、出清情况，并反馈给联锁，以达到对正线列车的监控。

本技术通过总结计轴设备安装技术，有效地解决了安装中所存在的各类问题，提高了计轴设备安装的精度，保证了计轴设备的可靠性。

6.4.2 技术内容

（1）工艺流程

城市轨道交通信号系统计轴设备安装流程如图 6.4-1 所示。

图 6.4-1 城市轨道交通信号系统计轴设备安装流程图

图 6.4-2 安装隔垫及衰减板固定

（2）操作要点

1）车轮传感器安装

① 用铜套将选择好的隔垫和衰减板固定在轨腰上，如图 6.4-2 所示。

隔垫、衰减板及铜套的位置与随后安装的车轮传感器的孔位（上位/下位）均是一一对应的；

确定隔垫、衰减板及铜套的方向和安装孔位（与车轮传感器安装孔位对应）；

将隔垫、衰减板用铜套压铆固定在轨腰上。

② 采用专用工具将铜套翻折并与轨腰密贴。

将铜套压铆工具穿过固定孔（必要时加润滑油，避免铜套的弯曲变形）；

用 15N·m 的力锁紧压铆工具，将穿过的铜套压紧平贴到轨腰，如图 6.4-3 所示。

③ 车轮传感器固定孔（上位/下位）与衰减板孔位一一对齐。

在衰减板侧对齐车轮传感器（两对安装孔位一一对齐），如图 6.4-4 所示。

④ 在外侧轨腰安装固定螺栓和铆钉安装板，如图 6.4-5 所示。

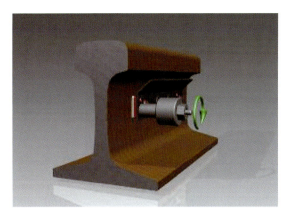

图 6.4-3 压铆铜套

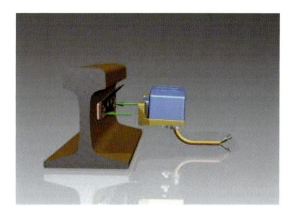

图 6.4-4 车轮传感器安装

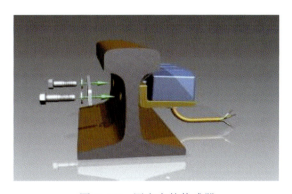

图 6.4-5 固定车轮传感器

在另一侧用两颗 M12（DIN609）的螺栓、弹垫（BN208012）及铆钉安装板锁住车轮传感器，如图 6.4-6 所示。

图 6.4-6 铆钉安装板的方向示意

⑤ 用 50～60N·m 的扭力扳手绞紧螺栓。

⑥ 安装车轮传感器尾缆防护胶管及安装机构。

车轮传感器的尾缆增加防护胶管；

防护胶管根据车轮传感器到轨旁电缆终端盒的距离来截取，综合考虑电缆走线的布局；

防护胶管两端用卡箍（直径 22～38mm 即可）卡紧；

在车轮传感器端合理地布局电缆的走向，并将防护胶管与钢轨轨底用安装机构固定，安装机构的放置以便于电缆走向为宜，一般置于车轮传感器两侧端；

电缆经过沟壑时，防护胶管外再套一根钢管做防护，钢管用 Ω 形卡与地板卡紧。

2）计轴箱盒安装及配线

轨旁电缆终端盒采用的型号为 KAD-6，一般有 2 种安装方式：地面安装和挂墙安装。

地面安装采用支架安装固定，如图 6.4-7 所示。

挂墙安装采用滑槽支架进行安装，利用膨胀螺丝固定，如图 6.4-8 所示。

图 6.4-7　地面安装

图 6.4-8　挂墙安装

开启进线孔：KAD-6 电缆终端盒采用挂墙安装方式时，需要预先开启侧面的计轴电缆和车轮传感器尾缆进线孔。

电缆盒配线：KAD-6 电缆终端盒内配有 6 个接线端子，满足车轮传感器 4 芯电缆接线的需求，备用 2 个，如图 6.4-9 所示。

图 6.4-9　电缆终端盒内部配线

6.4.3　应用实例

本技术应用于深圳地铁 9 号线工程、南宁地铁 2 号线工程、徐州地铁 1 号线工程中，使计轴设备安装工效进一步提高，并使得计轴设备安装更加标准化。

6.5　信号机安装及调试技术

6.5.1　技术简介

信号机是指利用不同颜色和数量的灯光显示指挥行、调车命令的信号设备，是信号系统的重要组成部分之一。通过信号机基础及支架安装、机构安装及配线、设备调试等工序的标准化施工，提升信号机安装工艺水平，确保信号机安全可靠地运行。

6.5.2 技术内容

（1）工艺流程

城市轨道交通信号系统信号机安装及调试流程如图 6.5-1 所示。

图 6.5-1 城市轨道交通信号系统信号机安装及调试流程图

（2）操作要点

1）信号机基础安装

信号机基础是由混凝土及钢筋材料加工制作而成的基础。信号机基础又叫信号机混凝土基础，一般安装在地铁车辆段和停车场内，车辆段与停车场内安装的信号机属于矮型信号机，大多数信号机基础安装在碎石道床处。信号机混凝土基础的尺寸为 1100mm×300mm×220mm，其内部预制有引线管，用于信号机软线的引入，预埋螺栓外露约为 50mm，用于信号机机构的固定。

基坑施工：基坑的大小根据信号机的基础尺寸确定，基础顶面高于信号机所属股道轨面 200～300mm。

信号机基础安装：确定好信号机基础的基准点，基础顶面高出所属线路轨面 200～300mm，倾斜量不大于 60∶1。基础不得侵入设备限界，基础埋深 400～500mm。基础埋设时应使引线管朝向与显示方向相反，基础边缘距线路中心的距离不小于 1875mm。回填土要分层夯实，如图 6.5-2 所示。

2）信号机支架安装

正线信号机支架为金属支架，根据隧道类型的不同分为圆形、矩形、马蹄形。安装时，首先根据限界图来设定信号机支架的安装高度和安装方式，支架的顶面距离轨面 1000mm，用膨胀螺栓将信号机支架固定牢固，如图 6.5-3 所示。

图 6.5-2 信号机基础安装

图 6.5-3 信号机支架安装

3）信号机安装

安装机构前应将机构线把上好，用铁线或线绳将线把由引线管引入电缆盒或 XB 箱，机构入口、引入管管口线把应做好防护。穿好线把后，将机构套入基础螺栓加弹簧圈及平垫拧紧螺母。机构安装牢固后，利用角度测量仪检查其仰角是否合适，若不合适则将信号机基础加以调整至最佳水平位置用以满足最佳的仰角角度。利用卷尺测量检查机构最突出边缘距所属及相邻线路中心是否侵限，不符合要求时采取调整基础的方法加以纠正。信号机构及配件的紧固件应平衡拧紧，螺杆露出螺母2~3个螺距。信号机支架顶面水平，配件完整，安装牢固。户外立柱顶端及电线引入管入口应封堵严密，机构接地良好，如图6.5-4所示。

图6.5-4 信号机安装

图6.5-5 信号机配线

4) 信号机配线

信号机的配线分机构配线和设备配线。信号机构采用 $7×0.52mm^2$ 的多股铜芯阻燃绝缘线配线，线条两端用 $\phi0.52mm$ 的裸铜线绕环，套 $\phi4mm$ 长 $5~10mm$ 的塑料管。配线时要求用与灯位一样的。按配线表将线条标号绑紧，高柱信号机穿线以棉布带或软线下面栓一螺母做引线。

线条上、下引入孔出口用粗塑料管防护，线条不要拉得过紧。

配线线把要求粗细均匀，横平竖直，美观大方，中间线条无交叉现象，配线端子用冷压环压接，如图6.5-5所示。

5) 信号机调试

在LED信号机点灯变压器的输入端子1或2（1和2是双联端子）和3或4（3和4是双联端子）输入交流电压110V，此时输出电压应接在46V档，用数字万用表（VC9807A+）交流电流档测量变压器一次侧交流总电流应该在128~135mA（如超出范围，偏高或偏低分别调低或调高变压器二次侧输出电压）；如果LED信号机离信号楼距离远，此时LED信号机的输入交流电压偏低，用数字万用表测量，假设输入交流电压为100V时，此时数字万用表测量变压器一次侧交流总电流为124mA，增加输出电压挡位1V，交流总电流将增加4~6mA，所以这时应把输出接在47V的挡位上，确保LED信号机交流总电流达到128~135mA范围内。

6.5.3 应用实例

本技术应用于深圳地铁9号线工程、南宁地铁2号线工程、徐州地铁1号线工程中，顺利完成了信号机安装及调试任务，保证了信号机运行的稳定性及可靠性，得到了业主及监理的一致好评。

6.6 信号联锁试验技术

6.6.1 技术简介

联锁是指通过技术方法，使信号、道岔和进路必须按照一定程序并满足一定条件，才能动作或建立起来的相互关系。为完成联锁关系而装设的信号设备称为联锁设备，是保证行车安全，提高运输效率的基础设施。信号联锁设备必须符合"故障-安全"原则。设备安装及配线完成后，通过对联锁设备的试验，确保信号设备机械强度和电气特性满足设计要求，保证信号系统联锁设备运行安全、稳定、可靠。

6.6.2 技术内容

（1）工艺流程

信号联锁试验流程如图 6.6-1 所示。

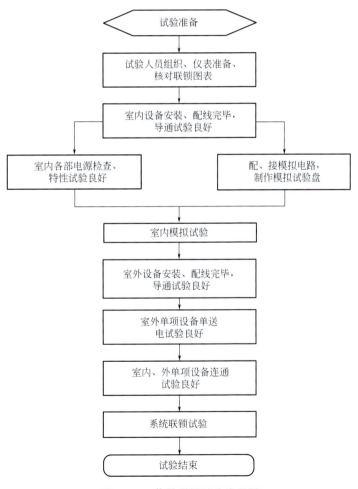

图 6.6-1 信号联锁试验流程图

（2）操作要点

1）前提条件

室内各部设备间配线连接已全部完成并导通，设备已经过性能检测良好并全部安装完毕。

2) 准备工作

① 成立信号联锁试验小组，组长由项目总工程师担任，组员由工程技术主管及相关技术人员担任。

② 按照设计联锁图表规定内容拟订试验项目；制备联锁试验表格，配备有关试验用检测仪表。

③ 核对导通室内各部配线，检查室内各类电源是否送到相关电源端子，并分别进行电压测试、对地和混电测试、电源环线断线测试，检查全部正确无误后，插接继电器并进行试送电试验。

④ 根据站场实际情况制作轨道电路模拟盘、单项设备试验用临时送电装置，以及信号机模拟电路、道岔转辙机模拟电路及与试车线联系模拟电路。

3) 试验方式

① 模拟试验时，室内采用操作工作站按钮、观察有关继电器动作状态、观察工作站有关表示器显示，以及使用仪表测量复核等方式。

② 单项设备送电试验及室内外设备连通试验时，采用室内利用相关设备试验临时装置对外送电，室外现场选派配合人员对被试验设备状态进行确认、复核的方式。

③ 开通联锁试验时，首先须按照批准的施工计划，拟订周密的试验方案；然后根据开通施工时的实际进展情况，采取室内进行实物操作、室外确认复核的方式。

4) 试验步骤

① 室内模拟联锁试验

室内模拟联锁试验由联锁试验小组全面负责。利用各种模拟电路按拟订的试验项目，对所有联锁设备逐项进行以下功能试验，以验证是否符合设计要求。

a. 工作站各种按钮基本功能试验；

b. 列车、调车进路选排、锁闭、取消功能试验；

c. 列车、调车进路正常、非正常解锁功能试验；

d. 列车通过及自动通过进路功能试验；

e. 列车引导信号电路相关功能试验；

f. 股道中间出岔电路相关功能试验；

g. 非进路调车电路功能试验；

h. 轨道电路功能试验；

i. 与试车线联系等电路功能试验。

② 室外设备单独送电试验

室外设备单独送电试验须在室内外人员配合下进行。

信号机试验：利用临时信号点灯送电装置进行试验，逐架确认信号机的灯位、显示颜色与设计一致；灯丝报警功能。

电动转辙机试验：利用临时道岔试验装置进行试验，逐组确认转辙机伸出、拉入位置符合设计规定；核对道岔表示与室外转辙机伸出（拉入）位置、道岔第2启动继电器动作位置、道岔表示继电器位置相一致。

轨道电路试验：利用临时轨道送电装置进行试验，确认与复核每个轨道区段的送、受电端相关变压器的电源端子配线到位。

③ 室内外设备连通试验

室内外设备连通试验须在室内外人员配合下进行。

信号机试验：通过室内外连通操作试验，复核信号机的显示与实际进路要求一致；试验信号机灯丝报警功能；进行信号机电气参数的测试与调整。

电动转辙机试验：通过对转辙机动/静接点、安全接点、移位接触器，以及组盒熔丝的通路/断路试验，复核每组道岔转辙机配线的正确性及挤岔报警功能；确认在轨道区段占用时该区段内道岔的锁闭功能；有条件的道岔转辙机可进行密贴调整和电气参数的测试（无条件时可在开通施工时据情进行）。

轨道电路试验：当道岔测试完毕即可拆除轨道模拟盘，在分线盘上将引入电缆连上相应端子正式送出轨道电源，测量各种电源正确无误，无混电及接地现象；有条件的轨道区段可进行轨道电路电气参数测试调整（无条件时可在开通施工时据情进行）。

④ 开通联锁试验

开通联锁试验须在室内外人员配合下进行。

道岔试验：倒装后的道岔转辙机试验须待所属轨道区段处于调整状态时进行。

轨道电路试验：轨道电路试验须在已排除设备干扰及无车辆占用的情况下进行，重点是检验轨道电路的调整状态、分路状态的电气参数符合规定要求，验证每个区段的室外状态与室内继电器动作、工作站表示一致。

一送多受或被分割的轨道区段，须对每一个分支轨道区段分别进行分路有效性试验，确认任何一个分支轨道区段被短路时，相应的分支轨道继电器和主轨道继电器均应失磁。

复核全站的轨道电路极性交叉。

信号机试验：在道岔安装调试结束、轨道区段调整完毕，即可进行排列接发列车及调车进路、开放信号机的试验。

试验重点是复核信号机的显示与操纵目的一致，并核对该信号机与相关道岔、轨道电路实际设备之间的联锁关系。

室内联锁试验：依据施工进度及时在现场施工人员的配合下，进行相关项目的联锁试验，重点是对模拟试验或连通试验中未进行的项目进行检验，以及对全场设备联锁关系的全面复核。

完成对关设备结合电路的试验，确认全部符合设计要求。

5）注意事项

① 全部试验工作必须在联锁试验小组的统一领导下进行。

② 试验程序应按照事前拟订的试验方案，逐项进行，不得漏项。

③ 试验工作应严谨彻底，每项试验数据或结论须记录在案，并由试验人员确认签字。

④ 当试验过程中发现问题时应立即组织查找处理。如系设计原因时，应形成书面记录，及时联系设计部门请求核查处理。经设计修改过的部分应重新进行相关的联锁试验。

⑤ 全部试验结束，应将所有试验用临时设施拆除干净，并检查复核。

⑥ 联锁试验记录应妥善保存，并作为竣工资料的一部分在工程验收时移交设备接管单位。

6.6.3 应用实例

本技术应用于深圳地铁 9 号线工程、南宁地铁 2 号线工程、徐州地铁 1 号线工程中，保证了信号系统顺利实现，节约了施工工期及成本。

第 7 章

车站机电工程关键施工技术

城市轨道交通机电安装工程主要包含通风与空调工程、给水排水及消防工程、建筑电气工程。

通风与空调工程：负责行车左右线区间排风及列车排热，通过电动组合风阀进行正常、事故工况模式转换；为车站公共区及设备区进行换气及火灾排烟；为整个车站提供冷量，是整个车站制冷系统"中枢神经"。

给水排水及消防工程：车站采用生产、生活与消火栓相对独立的给水系统。车站冲洗等的用水均由生活给直接供给；消火栓及自喷系统的消防给水管供水经过消防泵房加压后，形成管网，消防给水管由站台层两端进入区间。车站污水排水系统通过密闭装置及潜污泵、排水管道将污水、废水排放至城市排水系统。

建筑电气工程：为车站及区间提供各种工况，各种模式的照明用电。为车站内各类设备的使用，各种使用功能的实现提供充足、稳定的能源，堪称车站系统运行的"血液"。为车站各级系统，在特殊工况下的设备安全，使用安全提供保障，是车站系统运行的"保护伞"。

本章针对轨道工程施工特点，从复合风管与阀部件"斤"字形法兰连接技术、地铁车站设备区走廊抗震支架综合布置技术、基于 BIM 的工厂化预制及模块化安装技术、物联网消防水泵安装关键技术等方面，结合现场实际进行技术总结及创新，为后续类似工程提供参考性依据。

7.1 复合风管与阀部件"斤"字形法兰连接技术

7.1.1 技术简介

空调风管根据选用的材料可分为三大类：镀锌铁皮风管、无机玻璃钢风管和复合型轻质保温风管，其中复合型轻质保温风管具有高效保温、抑菌防水、吸声降噪、重量轻、强度高、节省净空、制作快捷、绿色环保等诸多优点，是地铁工程的最佳选择。然而复合风管本身已包含保温层，复合风管原材料厚度将近 30mm，致使复合风管与阀部件及镀锌铁皮风管连接时会存在尺寸差，无法直接进行螺栓连接。

本技术解决了传统工艺中存在的不可拆卸性、严密性及稳固性较差的弊端，调整了连接处法兰的施工工艺。通过增设"斤"字形法兰，保证了风管内径与阀部件内径相同且满足螺栓安装距离，解决了不可拆卸性、严密性及稳固性的问题。

7.1.2 技术内容

（1）施工工艺流程

施工工艺流程见图 7.1-1。

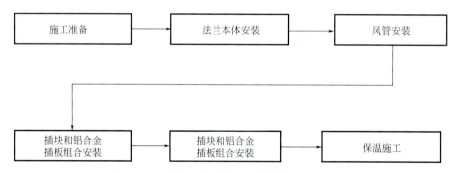

图 7.1-1 "斤"字形法兰连接技术工艺流程图

（2）操作要点

"斤"字形法兰结构示意见图 7.1-2。

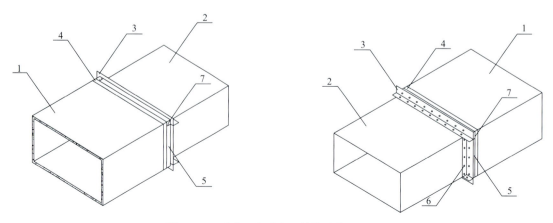

图 7.1-2 "斤"字形法兰结构示意图（一）

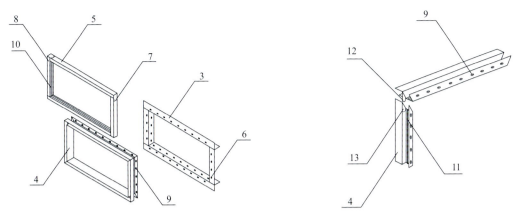

图 7.1-2 "斤"字形法兰结构示意图（二）

1—镀锌铁皮风管；2—复合风管；3—角钢法兰；4—"斤"字形法兰；5—铝合金插板；
6、7、9—螺栓固定孔；8—PVC插块；10—尾型滑槽；11—尾型滑条；12—插条；13—插槽

1）施工准备：搭设操作平台，材料、工具及辅助材料准备齐全，施工现场临时用电就位。

2）法兰本体安装：根据镀锌铁皮风管 1 规格选择配套的"斤"字形法兰 4，将四周的"斤"字形法兰通过插条 12 和插槽 13 连接固定，合成一个整体的"斤"字形法兰，将整体的"斤"字形法兰与复合风管固定连接，见图 7.1-3。

图 7.1-3 "斤"字形法兰安装图

3）风管连接：风管安装到位后，将带有"斤"字形法兰的复合风管与角钢法兰镀锌风管（阀部件）通过螺栓孔固定连接。

4）PVC 插块和铝合金插板组合安装：先将配套的铝合金插板 5 通过燕尾型滑条和滑槽安装到 PVC 插块 8 上合成一体，按相同的步骤将四面的铝合金插板 5 和 PVC 插块 8 均组合好，再将四个组好的配件通过燕尾型滑条和滑槽安装到"斤"字形法兰 4 四周，并通过螺栓孔固定连接。

"斤"字形法兰与阀部件连接见图 7.1-4。

5）严密性试验。

风管安装完成后，其强度和严密性要求需符合下列规定：

风管在试验压力保持 5min 及以上时，接缝处应无开裂，整体结构应无永久性的变形和损伤。试验压力应符合下列规定：

① 低压风管应为 1.5 倍的工作压力；

② 中压风管应为 1.2 倍的工作压力，且不低于 750Pa；

③ 高压风管应为 1.2 倍的工作压力。

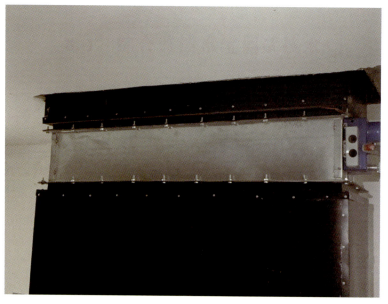

图 7.1-4 "斤"字形法兰与阀部件连接图

矩形金属风管的严密性检验，在工作压力下的风管允许漏风量应符合表 7.1-1 规定。

风管漏风量试验表　　　　表 7.1-1

风管类别	允许漏风量[m³/(h·m²)]
低压风管	$Q_l \leq 0.1056 P^{0.65}$
中压风管	$Q_m \leq 0.0352 P^{0.65}$
高压风管	$Q_h \leq 0.0117 P^{0.65}$

注：Q_l 为低压风管允许漏风量；Q_m 为中压风管允许漏风量；Q_h 为高压风管允许漏风量；P 为系统风管工作压力（Pa）。

6）保温：对复合风管 2 和"斤"字形法兰 4 进行保温施工。

7.1.3 应用实例

本技术已在徐州地铁 1 号线、徐州地铁 3 号线、郑州地铁 3 号线等项目开展应用，对通风空调工程风管严密性、稳固性及可拆卸性都有巨大改进，应用效果良好。

7.2 地铁车站设备区走廊抗震支架综合布置技术

7.2.1 技术简介

为贯彻执行《中华人民共和国建筑法》和《中华人民共和国防震减灾法》，实行以"预防为主"的方针，使建筑给水排水、通风、空调、电力等机电工程经抗震设防后，减轻地震破坏，防止次生灾害，避免人员伤亡，减少经济损失，做到安全可靠、技术先进、经济合理，建筑机电抗震技术应运而出。

《建筑机电工程抗震设计规范》GB 50981—2014 中明确要求所有抗震支吊架应和结构主体可靠连接；侧向、纵向抗震支吊架垂直角度宜为 45°，且不得小于 30°。地铁车站设备区走廊狭窄，管线非常密集，支架宽度与走廊基本等宽，侧向抗震支架布设无法满足规范要求。

本技术通过调整抗震支吊架布设位置，在满足规范要求的间距内，与设备房混凝土构造柱进行"对模"处理,从而满足了抗震支吊架必须安装于结构主体及角度要求的强制性条文要求,解决了侧向支架无法生根的问题。

7.2.2 技术内容

(1) 施工工艺流程

施工工艺流程见图 7.2-1。

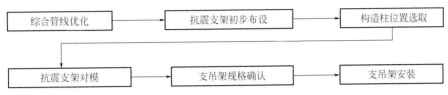

图 7.2-1 抗震支吊架布置工艺流程图

(2) 操作要点

1) 综合管线优化:管线综合就是将所有管线都集中到同一张平面图上,目的是方便管线排布及深化。管线综合排布的原则是电气管线排在最顶层,风管在中间,最下面是水管;从上到下遵循先大管后小管、先强电后弱电、小管让大管、有压管道让无压管道的原则,管线之间的层间距符合图纸及规范要求。通过碰撞检测,合理调整管线路径,并根据不同节点出具各位置详细剖面图,见图 7.2-2。

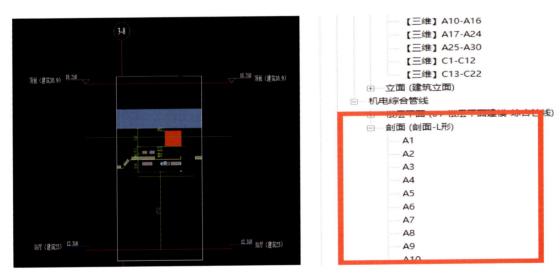

图 7.2-2 出具不同位置剖面图

2) 抗震支架初步布设:

① 抗震支吊架布置间距(表 7.2-1)。

管线抗震支吊架布置间距　　　　表 7.2-1

管道类别		抗震支架最大间距(m)	
		侧向	纵向
给水、排水及消防管道	新建工程刚性连接金属管道	12	24
	新建工程柔性连接金属管道,非金属管道及复合管道	6	12
燃气热力管道	新建燃油、燃气、医用气体、真空管、压缩空气管、蒸汽管及其他有害气体管道	6	12

续表

管道类别		抗震支架最大间距(m)	
		侧向	纵向
通风及排烟管道	新建工程普通刚性材质风管	9	18
	新建工程普通非金属材质风管	4.5	9
电线套管及电缆梯架、电缆托盘和电缆槽盒	新建工程刚性材质电线套管、电缆梯架、电缆托盘和电缆槽盒	12	24
	新建工程非金属材质电线套管、电缆梯架、电缆托盘和电缆槽盒	6	12

② 抗震支吊架布设范围。

a. 吊杆计算长度大于等于 300mm 的吊杆悬挂管道，多根管道共用支吊架。

b. 冷水机房环控机房内的空调水管支吊架。

c. 矩形截面积大于等于 $0.38m^2$ 的通风空调风管。

d. 防排烟管道、为气体灭火房间服务的空调系统管道及相应的吊装设备。

e. 重力大于 1.8kN 的吊装空调机组及风机等设备。

f. 重力不小于 150N/m 的电缆梯架、电缆槽盒、母线槽。

g. 内径不小于 60mm 的电气配管。

h. 给水、热水和消防管道管径大于或者等于 DN65 的水平管道。

③ 抗震支吊架布设原则。

a. 水平直管段两端设置侧向抗震支吊架，见图 7.2-3。

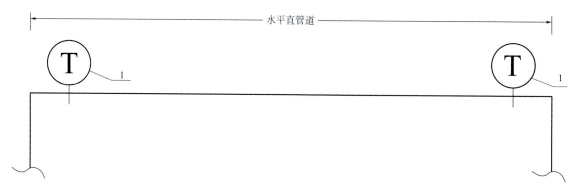

图 7.2-3　水平直管段抗震支吊架布设示意
1—侧向抗震支架

b. 当两个侧向抗震支吊架间距大于等于最大设计间距时，在中间增设侧向抗震支吊架，见图 7.2-4。

c. 每段水平支管道应至少设置一个纵向抗震支吊架，当两个纵向抗震支吊架距离大于最大设计间距时，按要求间距依次增设纵向抗震支吊架，见图 7.2-5。

d. 水平管线在转弯处 0.6m 范围内设置侧向抗震支吊架。若斜撑直接作用于管线，可作为另一侧管线的纵向抗震支吊架，见图 7.2-6。

3）抗震支架对模：结合设备区走廊构造柱位置及各专业抗震支架间距要求，选取管线规范要求抗震间距最小值，使抗震支架实际布设间距小于规范要求值，见图 7.2-7。

4）支吊架规格确认：依据经过 BIM 深化后的管线综合图纸以及现场结构复核后进行方案设计和承载计算、校核。合理优化成品支吊架的形式及选材，确定最终支吊架形式。

5）支吊架安装：

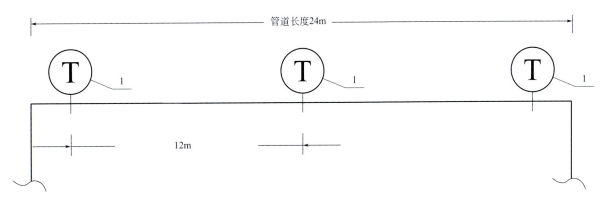

图 7.2-4 水平直管道中部增设抗震支吊架示意
1—侧向抗震支架

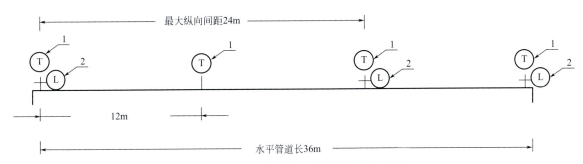

图 7.2-5 水平直管道纵向抗震支吊架示意
1—侧向抗震支架；2—纵向抗震支架

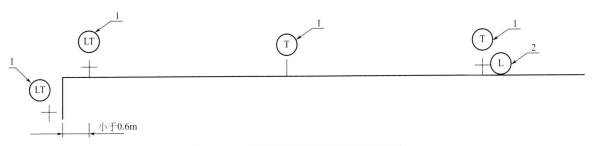

图 7.2-6 水平管道转弯处抗震支吊架示意
1—侧向抗震支架；2—纵向抗震支架

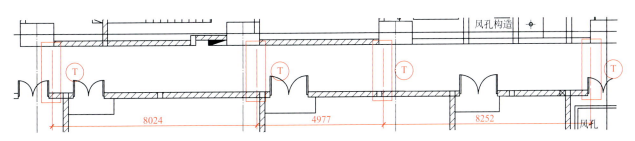

图 7.2-7 设备区走廊抗震支吊架布设

① 槽钢及螺杆切割

切割槽钢和螺杆时采用无齿锯或砂轮锯，切割槽钢按照实际长度（槽钢上有 5cm 和 10cm 的刻度）进行切割，无特殊情况不能切破背孔，以保证后续安装的精确度。

切割时应保证槽钢断面的垂直度，开口面朝下切割，注意切割温度不能太高，否则会引起切割截面变形。

切割结束应及时清除吸附在型钢表面及内侧的铁屑,并将切割端的毛刺打磨平滑并涂防锈漆。

② 定位放线

a. 测量仪器经校检完好齐备。

b. 根据图纸算出各物特征点与红线控制(点)间的距离、角度、高差等放样数据。

c. 依据线控制的桩(点),确定并布设施工控制网。

d. 依据施工控制网,测设建筑物的主轴线。

e. 最后进行安装点的细部放样,见图 7.2-8。

图 7.2-8 支吊架测量放线

③ 锚栓安装作业

a. 先使用电锤配合限位钻头钻孔(孔径 ϕ18mm),钻孔过程中,限位钻头限位盖碰到混凝土表面时即可提起钻头,以免破坏混凝土,见图 7.2-9。

图 7.2-9 锚栓钻孔

b. 利用小型鼓风机吹灰,将孔内灰尘吹出,见图 7.2-10。

图 7.2-10　钻孔灰尘吹扫

c. 利用电锤配合扩孔工具扩孔,扩孔过程中不得搅动扩孔工具。

当扩孔工具上的活动缝隙闭合,表明扩孔工序已完成,应停止扩孔并取出扩孔工具,不得继续扩孔,见图 7.2-11。

图 7.2-11　扩孔处理

d. 扩孔结束后,再用小型鼓风机吹出孔内灰尘。将扩底锚栓放入扩孔好的孔洞内,使用敲击安装工具套在锚栓上,用手锤敲击锚栓,见图 7.2-12。

e. 最后将需要紧固的支吊架放在扩底锚栓上,上好平垫及螺母,用活动扳手紧固,安装完成,见图 7.2-13。

④ 支架拼装作业

图 7.2-12　后扩底锚栓安装

图 7.2-13　支吊架底座安装

a. 槽钢锁扣的安装方法

锁紧扭矩分别如下：

槽钢锁扣 M8，20N·m。

槽钢锁扣 M10，40N·m。

槽钢锁扣 M12，45N·m。

重型槽钢 M12，80N·m。

槽钢锁扣安装见图 7.2-14。

b. 管束扣垫的安装方法

管束扣垫安装见图 7.2-15。

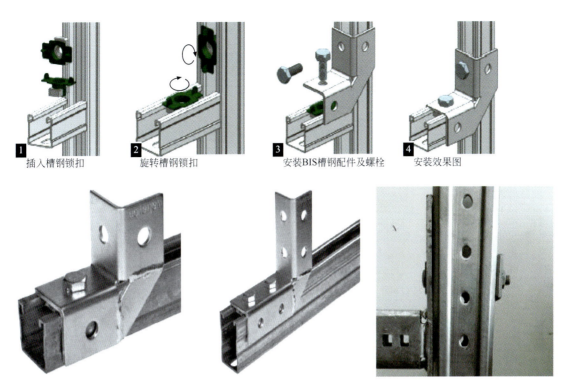

图 7.2-14 槽钢锁扣安装图示

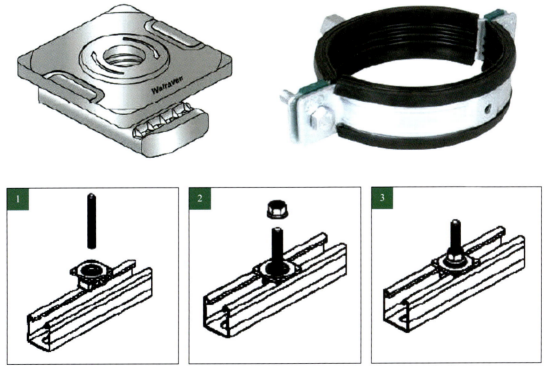

图 7.2-15 管束扣垫安装图示

c.槽钢底座的安装

槽钢底座安装见图 7.2-16。

单面槽钢立杆的安装　　　　双拼槽钢立杆的安装侧面　　　　双拼槽钢立杆的安装正面
(2螺栓+2锁扣+2垫片)　　　(2螺栓+2锁扣+2垫片)　　　(2螺栓+2锁扣+2垫片)

图 7.2-16　槽钢底座安装图示

⑤ 横档的安装

横档安装见图 7.2-17。

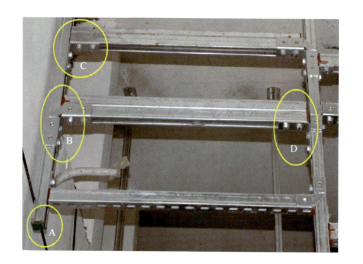

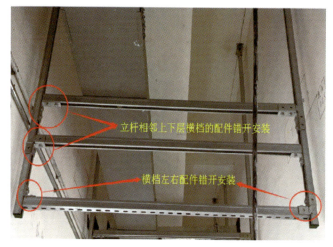

图 7.2-17　横档安装图示

注：A 节点—预留一定的安全余量（50mm）；B 与 C，B 与 D—角连接件的翼板分别错开安装；

D 节点—所有与 BIS-21D 双拼槽相连时，螺栓必须加平垫。

7.2.3 应用实例

本技术已在徐州地铁 1 号线、徐州地铁 3 号线等项目开展应用，完美解决了狭窄空间内抗震支架无法生根安装问题，对今后类似工程提供一定借鉴意义。

7.3 基于 BIM 的工厂化预制及模块化安装技术

7.3.1 技术简介

城市轨道交通工程是一个涉及多专业的复杂系统工程，除建筑、结构、风水电外，还涉及诸如轨道、机车、信号、环控、消防和自动售检票等多个系统。地铁大部分线路均在市区地下有限空间或较狭隘的地面环境中运行，对设备如何放置和各种管线如何铺设要求极其严格。如果在设计时不能较好地解决这些问题，一旦在施工阶段发现设备无法安装或管线碰撞，一方面会延误工程工期，另一方面将会浪费大量的人力、物力。

通过 BIM 技术的应用，在未施工前根据施工蓝图进行图纸"预装配"。经过"预装配"，可以直观地发现施工中各专业之间设备管线的位置冲突和标高重叠。根据模拟结果，结合原有的设计规格和走向，进行综合考虑后，再对施工图纸进行深化，达到实际施工图纸深度。

本技术使泵组、冷水机组等设备形成自成支撑体系的、便于运输安装的单元模块，改变了传统施工现场放样、加工焊接连接作业，根据管道连接方式的不同，建立运行不同的预制加工模块，以工厂式的生产管理方式，用以满足不同站点的不同要求。本技术大大减少了施工时对现场环境的影响，诸如焊接产生的烟气，符合目前发展低碳经济、节能减排、绿色施工要求。

7.3.2 技术内容

（1）BIM 预制机房施工工艺流程（图 7.3-1）

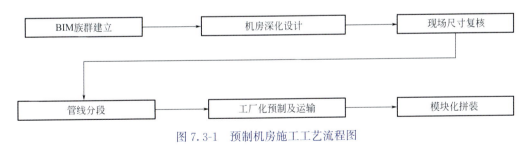

图 7.3-1 预制机房施工工艺流程图

（2）操作要点

1）机房深化原则

冷水机房的主要设备有：冷水机组、冷冻水泵、冷却水泵、水处理仪器、小球在线清洗装置。排布时需考虑因素如下：

① BIM 模型中所有构件的几何尺寸必须与实际产品一致；

② BIM 模型在方案调整过程中必须考虑实际施工的可操作性（如支吊架空间、保温空间、电缆敷设空间、特殊部件的空间需求等），后期运维时的人员检修空间、设备检修通道等；

③ BIM 模型在方案调整过程中，在保证功能满足需求的情况下尽可能地使得整体建筑、机电管线空间排布具有美观性。

2）模型族建立

① 根据实际设备尺寸创建设备族（图 7.3-2）。

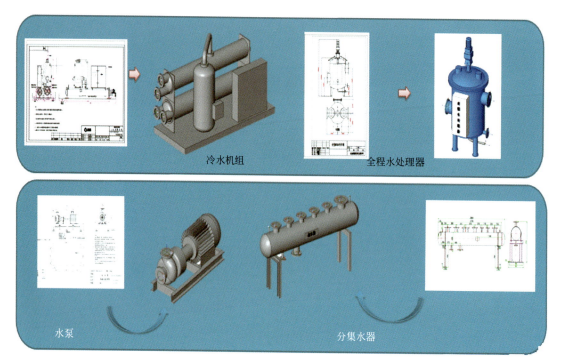

图 7.3-2　设备族建立

② 根据实际尺寸创建部件族（图 7.3-3）。

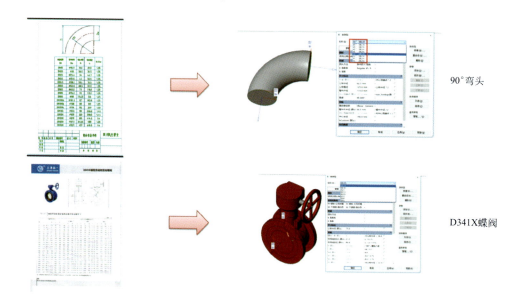

图 7.3-3　各部件族建立

3）机房深化设计

根据各专业施工蓝图、施工现场情况及现行国家相关规范对机房内管线进行排布，见图 7.3-4。

4）现场尺寸复核

在设备进场安装完成后对其相关位置、设备尺寸、管口位置、进出口方向等进行复核，根据现场测量尺寸精确调整 BIM 模型，确保模型"1∶1"放大，做到所见即所得，为拼装进度进行有力保证。

5）管线分段

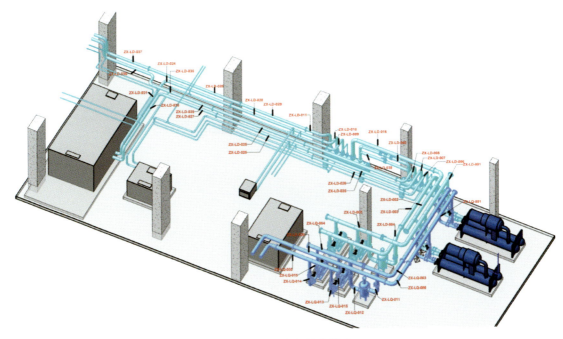

图 7.3-4 机房内管线排布

对模型进行校核后，结合各站点运输条件进行管段分段并出具管道预制图，见图 7.3-5。

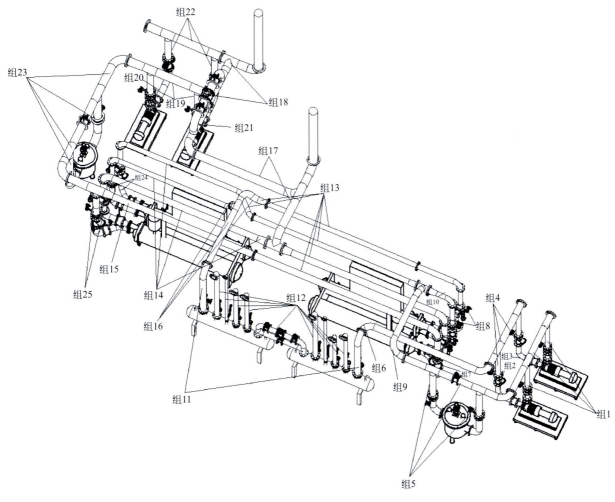

图 7.3-5 机房总分段图

管道分段后，出具平面、立面、剖面图纸，以及轴测三维，便于工厂预制加工，同时提供备料表。见图 7.3-6。

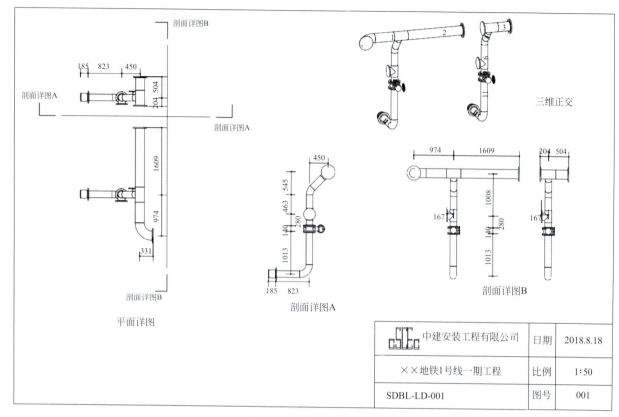

图 7.3-6　管道分段详图

6）工厂预制加工及运输

加工厂依据出具的加工图纸，在生产车间直接完成下料、组拼、焊接，检验合格后运送至现场进行整体拼装。

7）模块化安装

施工现场结合 BIM 模型，按照已标定管道分段编号，抛弃传统"先干管后支管"施工工序，采用倒转方式"先支管后干管"形式，优先进行设备接口处管路拼装，将累计误差控制在干管处，集中消除误差，从而保证拼装整体精度，见图 7.3-7。

图 7.3-7　管线拼装完成

7.3.3 应用实例

本技术已在徐州地铁1号线、徐州地铁3号线等项目开展应用。通过对基于BIM的工厂化预制及模块化安装的综合应用,形成了一套成熟的施工安装方法和技巧,总结了整个施工过程中应注意的问题,为今后的施工管理和作业提供了依据。

7.4 物联网消防水泵安装关键技术

7.4.1 简述

在城市轨道交通发生火灾时,时常出现消防设备监督难、电话报警效率低、消防水源状况不良、火灾现场情况不明、调度指挥盲目的问题,为解决以上问题,本技术可通过安装传感器技术感知和控制消防设施状态,通过烟感和温感设备及时发现火灾并自动报警,实时了解储水状态和消防水压,并实施显示,方便发生火灾时及时采集水源,采用宽窄带融合方案,实现语音和视频的可靠传输。

7.4.2 技术内容

(1)工艺流程

工艺流程见图7.4-1。

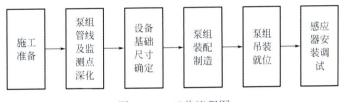

图7.4-1 工艺流程图

(2)操作要点

1)施工准备

消火栓系统及自动喷水灭火系统施工蓝图已下发;现场消防水泵房已施工完成。

2)泵组管线及监测点位深化

根据现行国家标准《消防给水及消火栓系统技术规范》GB 50974,消防水泵房要求进行管线及阀组深化整合。

根据低压配电及FAS施工图进行双电源柜(自动切换)、消防泵控制箱、稳压泵控制箱、自动巡检柜、机械应急启动柜、物联网系统进行优化整合,由原设计的6台控制柜整合为一台落地控制柜。

依照管线施工平面图,将末端试水装置、水泵总出水流量检测装置、管网压力传感装置、消防水池水位检测装置的安装位置确定,控制信号线缆在FAS专业桥架中敷设。

3)设备基础尺寸确定

深化完成的消防泵组经设计单位确认后,重新下发设备基础施工图纸。交相关单位进行浇筑。卧式和立式泵的纵横向水平度不超过0.1/10m。测量时,应以加工面为准,并与底座连接牢固。

4)泵组装配制造

依据设计要求进行阀组、管件组装。

进水阀组应包括消防专用的软密封明杆闸阀、大流量过滤器、可曲挠橡胶管软接头、偏心异径管等部件。出水阀组应包括消防专用的同心异径管、可曲挠橡胶管软接头、防水锤专用止回阀、软密封明杆闸阀等部件。测试巡检阀组应包括消防专用的蝶阀、消防泵组性能自动测试装置等部件；主动轴与从动轴以连轴节连接时，两轴的不同轴度两半联轴节端面间的间隙应符合设备技术文件的规定。电机安装应保持水泵与电机两轴同心，弹性联轴器两端面间隙应符合要求（2～6mm）；若设备技术文件无规定时，应符合现行国家标准《机械设备安装工程施工及验收通用规范》GB 50231 要求；主动轴与从动轴找正连接后，盘动检查是否灵活。

除可曲挠橡胶管接头外，过流管道、管件、阀门及附件当公称直径大于等于 $DN25$ 时，其外表面应喷涂颜色为 62R03（大红）的面漆，面漆干膜厚度不应低于 $50\mu m$，光泽度应为 25～40。

专用控制柜应设置双电源自动切换、机械应急启动、自动控制、手动控制和系统实时运行信息采集、就地显示及上传消防专用数据平台功能，其防护等级不应低于 IP55。

螺纹紧固件的外表面应有锌铬涂层，其性能等级不应低于 8.8 级。

橡胶密封垫片的材质应为丁腈橡胶，且其外观质量、尺寸、物理机械性能、热空气抗老化性能、耐液体浸渍性能等应符合现行国家标准。橡胶密封垫片的厚度不应小于 3mm。

5）泵组吊装就位

整体泵组进场验收合格后，采用汽运下吊的方法，消防泵组吊装至站厅层，再从站厅层运输至消防水泵房；利用地面拖板车将水泵组移动至设备基础后，调整固定。

6）感应器安装调试

依照施工蓝图位置进行末端试水装置安装、末端主机和 DC24V 电源箱安装、供电和通信线缆敷设。室内消防水池的液位显示装置应安装在消防泵房内，反馈信号线缆单独配管敷设。

流量开关水平安装在高位消防水箱的出水管上，且标定的水流方向应与实际水流的方向保持一致，进水法兰的上游直管段和出水法兰的下游直管段的长度分别不应小于 10 倍和 5 倍的流量开关的公称直径。消防泵组吸水管上的压力传感器应水平安装，测试巡检管道上的压力传感器应垂直安装。

车站消防系统调试完成后，水泵出口处流量开关信号源、管网低压压力开关信号源、消防水池液位显示信号源、末端试装装置信号源、自动巡反馈信号源等共同传输至系统软件，利用物联网系统实现以下功能：

实时监控消防给水系统各个重要节点的实时信息，确保消防给水系统时刻处于准工作状态，同时一旦发生火灾，消防给水系统会在第一时间自动喷水灭火，将火灾消灭在初期阶段，确保监控单位的安全。

物联网系统会将火警信息、水泵运行状态、火灾发生部位等信息通过无线终端（手机APP/电脑PC端等），及时推送至相关单位负责人，让其第一时间获知火情，及时布置安排救援。另外物联网消防系统可为消防队出警提供信息支持，相当于加了一个双保险。

消防实时监控功能、自动巡检功能、自动末端试验功能，全程免人工介入，减少企业运营过程中消防维护成本，提高维护效率。

单位法人、企业负责人、保安部经理可以通过手机 APP，随时检查消防系统情况、控制室值班情况、单位消防系统完好情况。系统提供智能巡更功能，企业可以规范物业人员每日防火巡查工作。

7.4.3 应用实例

该技术应用于郑州地铁 3 号线；重庆五里店综合交通换乘枢纽；杭黄高铁线；渝湘高铁；渝昆高铁；深圳地铁十三号线；成都大邑轻轨项目。

第 8 章

综合监控系统调试关键技术

综合监控系统是城市轨道交通一个功能强大的分布式控制系统，可以集成环境与设备监控系统（Building Automation System，简称 BAS 系统）、火灾自动报警系统（Automatic Fire Alarm System，简称 FAS 系统）、门禁系统（Access Control System，简称 ACS 系统），并互联自动售检票系统（Automatic Fare Collection System，简称 AFC 系统）、广播系统（Public Address System，简称 PA 系统）等多个子系统，形成以电调、环调、行调为一体的综合监控系统集成模式。通过综合监控系统调试关键技术可使各系统各专业满足车辆运行和设计要求及各系统间的接口一致、联动。通过环境与设备监控系统调试关键技术实现了风水电等专业中央级、车站级、现场级三级监测与控制功能。通过车站及区间火灾工况调试关键技术使空调通风排烟系统在火灾发生后能够及时动作，切换至事故排烟模式，有效地排除烟气，控制烟气流向，减缓烟气沉降，提供可用安全疏散时间；疏散通道（扶梯、闸机等）需要在火灾发生后及时切换至紧急疏散状态，以供给乘客疏散使用。

8.1 综合监控系统调试技术

8.1.1 技术简介

综合监控系统是一个功能强大的分布式控制系统，可以集成 BAS 系统、FAS 系统、ACS 系统、闭路电视系统（Closed Circuit Television，简称 CCTV 系统）、乘客信息系统（Passenger Information System，简称 PIS 系统）、电力监控（Power Supervision Control And Data Acquisition，简称 PSCADA 系统）等多个子系统，综合监控系统调试技术是从 ISCS 系统向下至各个受控系统的调试，是检测自身与受控系统设备以及布线、接线、标签的手段，通过不同的接口协议进行各系统之间互联互通的接口测试，为实现各专业设备信息互通、资源共享，提升自动化水平，提高地铁运营的安全性、可靠性和响应性。

8.1.2 技术内容

（1）ISCS 系统与 PSCADA 系统调试

1）调试目的：验证综合监控系统与 PSCADA 系统之间的接口功能是否符合设计要求；验证综合监控系统通过 PSCADA 系统实现对供电设备的监控功能，见图 8.1-1。

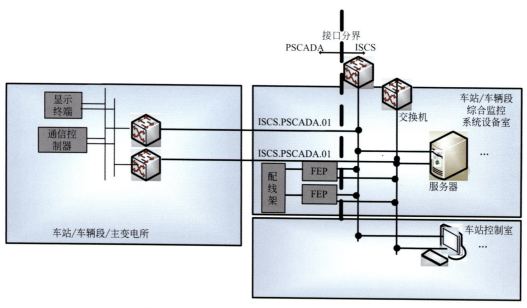

图 8.1-1 ISCS 系统与 PSCADA 系统接口分界图

2）调试内容及方法：

① 遥控（单控）功能调试：根据点表对可控断路器及隔离开关进行分合操作；

② 遥控（程控）功能调试：根据模式表对其编辑好的模式，逐一进行验证；

③ 遥信功能调试：根据点表对所有供电设备逐一进行远方/就地、分合闸、模拟故障信号、通信中断等操作，核对 PSCADA 系统工作站与就地设备状态信息一致性；

④ 遥测功能调试：根据点表逐一核对现场供电设备数据与 PSCADA 系统工作站数据一致性，通过综合监控系统对遥测数据进行统计分析，并能通过图形正确反映；

⑤ 保护功能调试：模拟相关开关动作保护，控制闭锁，综合监控与 PSCADA 系统分别遥控相关开关保护复归，控制闭锁解除；

⑥ 双通道冗余功能测试：模拟通信一路中断，检验电力监控系统与综合监控系统通信是否正常。

3）技术指标：电力监控系统遥控、遥信和遥测功能正常，现场供电设备动作状态与电力监控平台显示一致。

（2）ISCS 系统与 CCTV 系统调试

1）调试目的：验证综合监控系统与 CCTV 系统设备之间的接口功能、ISCS 系统对车站 CCTV 画面和摄像机状态的监视功能及对车站内的 CCTV 控制功能是否与设计相符，见图 8.1-2。

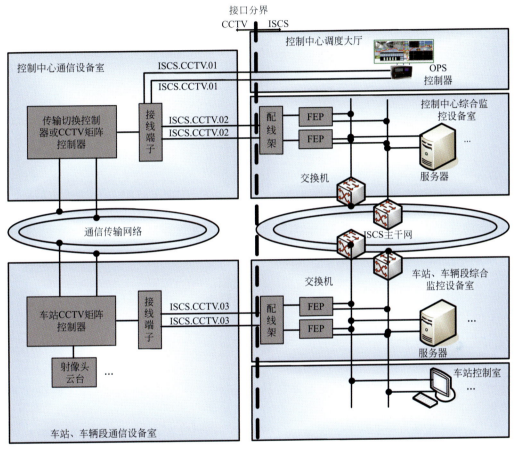

图 8.1-2　ISCS 系统与 CCTV 系统接口分界图

2）调试内容及方法：

① 界面的显示及设备的控制：根据点表，选择可控的摄像机，设置转动方式、调节变焦、光圈、聚焦，查看画面显示并记录；重复直至测完所有可控摄像机为止；

② 连续 PTZ 指令：通过设置 PTZ 指令，采用不同的播放速度，验证相应摄像机画面变化显示是否与设定一致；

③ 控制优先权：在中心和车站分别对摄像机进行控制，现场查看摄像机是否执行优先级高的控制命令；

④ 画面分割：逐一查看摄像机单/四画面显示及切换功能；选择单画面模式，查看是否能正确显示；选择四画面模式，查看是否能正确显示；

⑤ 自动循环监察：选择自动循环监察模式，定义模式名称、轮询时间、描述，添加摄像头，分别设定单画面、四画面显示，查看显示画面是否正确；

⑥ 摄像机预设位置：选择预置位管理，重启 CCTV 系统，查看预设区域内的摄像机位置与综合监控是否一致；自定义设置某个区域内的摄像机的位置，选择恢复该区域摄像机为预设位置，检查现场摄像机是否正确执行并将情况反馈给综合监控；

⑦ 摄像机状态监视：打开摄像机状态信息，查看信息内摄像机的状态是否与实际情况相符。

3）技术指标：ISCS 系统与 CCTV 系统设备之间的接口功能、ISCS 系统对车站 CCTV 画面和摄像机状态的监视功能及对车站内的 CCTV 控制功能应与设计相符。

（3）ISCS 系统与 PIS 系统调试

1）调试目的：验证综合监控系统与 PIS 系统之间的接口功能是否与设计相符；验证在正常及火灾模式下，综合监控系统对 PIS 系统终端设备的监控功能是否正确，见图 8.1-3。

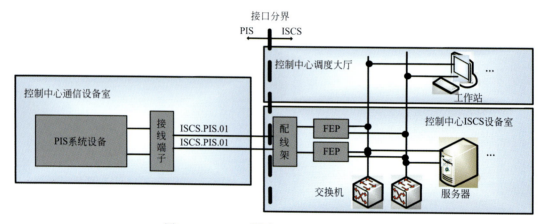

图 8.1-3 ISCS 系统与 PIS 系统接口分界图

2）调试内容及方法：

① 正常文字编辑和发布：在操作界面上编辑一组文字内容，并在车站所有 PIS 屏上进行发布，现场人员核对；

② 中心级紧急信息发布：在综合监控中心级系统发布预设的紧急信息，现场人员检查 PIS 屏上是否能正确显示；

③ 车站级紧急信息发布：在综合监控车站级系统发布预设的紧急信息，现场人员检查 PIS 屏上是否能正确显示；

④ 隧道火灾模式联动：模拟隧道火灾报警，验证火灾信息能否在相关车站和车载的 PIS 终端上正确显示，解除火灾报警，PIS 终端不再显示火灾信息；

⑤ 车站火灾模式联动：模拟车站火灾报警，验证火灾信息能否在车站的 PIS 终端上正确显示，解除火灾报警 PIS 终端不再显示火灾信息；

⑥ 列车阻塞模式联动：触发列车阻塞模式，验证相关信息能否在车站和车载的 PIS 终端上正确显示，解除列车阻塞模式，PIS 终端上不再显示阻塞信息。

3）技术指标：ISCS 系统与 PIS 系统之间的接口功能应与设计相符，正常、列车阻塞及火灾模式下，ISCS 统对 PIS 系统终端设备的监控功能正确。

（4）ISCS 系统与 PA 系统调试

1）调试目的：验证综合监控系统与 PA 系统之间的接口功能是否与设计相符，验证在正常及火灾模式下，综合监控系统通过 PA 系统对广播现场设备的监控功能是否正确，见图 8.1-4。

2）调试内容及方法：

① 监察设备状态：现场模拟广播区设备故障，在车站和控制中心分别验证故障信息是否正确上传；

② 单选模式：在综合监控界面编制一条广播信息，选择任意车站内任一区域、多个区域、全部区

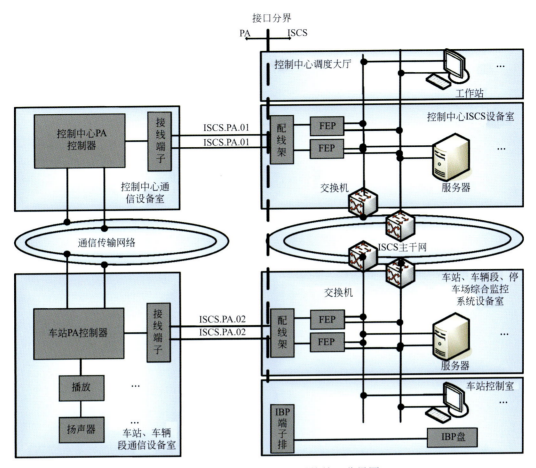

图 8.1-4　ISCS 系统与 PA 系统接口分界图

域进行广播，检查广播信息是否正确并反馈至综合监控；

③ 编组模式：在综合监控系统选择任一条预设信息进行广播，现场人员核查编组内的车站以及广播区的广播信息是否正确并能反馈至综合监控系统；

④ 实况广播：在综合监控系统选择任一广播区进行实况广播，现场人员核实听到的广播信息是否正确并反馈至综合监控；

⑤ 监听广播信息：在综合监控界面上选择一条预录信息进行广播，检查监听到的广播信息是否与播放广播的信息一致；

⑥ 信息广播优先权：综合监控选取两条优先级不同的广播信息在站内的某个广播区进行广播，现场人员验证 PA 系统是否正确播放优先级高的广播信息；

⑦ 火灾报警与广播系统的联动：模拟车站火灾信号，核对综合监控是否收到火灾信息并弹出火灾广播窗口，现场人员核实播放信息是否正确；

⑧ 预设时间广播：在综合监控界面设置广播时间、广播信息、广播区域，现场人员检查广播信息是否正确；

⑨ 线路广播：在综合监控界面上任意选择车站以及广播区进行广播，现场人员检查广播信息是否正确。

3）技术指标：综合监控系统与 PA 系统之间的接口功能应与设计相符，在正常及火灾模式下，综合监控系统通过 PA 系统对广播现场设备的监控功能正确。

（5）ISCS 系统与 ACS 系统调试

1）调试目的：验证综合监控系统与 ACS 系统之间的接口功能是否与设计相符，并满足运营要求。通过综合监控系统与 ACS 系统设备的测试，确保实现综合监控系统对 ACS 设备的监控功能，通过模拟联合联调，对运营操作及维修人员进行培训，提高检修人员技能，确保地铁线路的安全运营，见图 8.1-5。

2）调试内容及方法：模拟门禁设备故障、强行开门、门常开、通信中断等相关状态，验证 ACS 系统信号与 ISCS 系统平台显示是否一致。

3）技术指标：ISCS 系统应实现的 ACS 系统的接口功能应包括但不限于以下内容，具体实现功能应根据运营的实际需要在设计联络阶段由接口双方经过协商后确定。

监视全线每车站 ACS 系统总故障、系统运行模式信息，并通过综合监控系统对门禁系统进行设备监控。通过综合后备盘（Integrated Backup Panel，简称 IBP 盘）实现紧急状态下门锁电源释放。监视本车站（含相邻主所）ACS 系统总故障、系统运行模式信息，并通过综合监控系统对门禁系统进行设备监控。

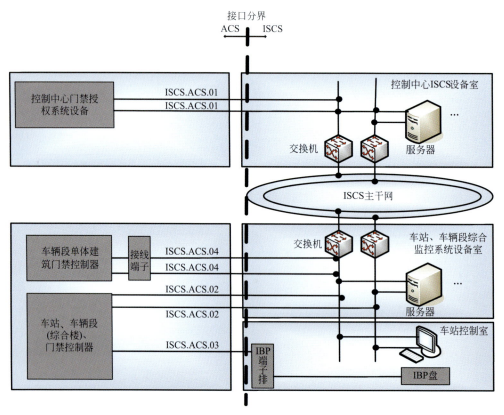

图 8.1-5　ISCS 系统与 ACS 系统接口分界图

（6）ISCS 系统与 PSD 系统调试

1）调试目的：主要验证综合监控系统（含 IBP 盘）对 PSD 系统的监视控制功能，确保综合监控系统能够按照规定协议正确接收和反馈 PSD 系统设备运行状态，并且确保 IBP 盘能够按照设计要求正确控制 PSD 系统设备并正确显示。联调的具体功能及目的如下：

① 验证综合监控系统与 PSD 系统设备之间的接口功能是否与设计相符，并满足运营要求。

② 验证综合监控系统对 PSD 系统设备的监视功能，同时验证 IBP 盘对 PSD 系统设备的监控功能，确保综合监控系统与 PSD 系统之间的接口功能完全满足设计要求。

③ 通过模拟联合调试，对运营操作及维修人员进行培训，确保地铁线路安全运营。

2）调试内容及方法：

① PSD 专业检查供电系统、驱动电源、控制电源、中央控制器 PLC 的状态并反馈给综合监控，综合监控核实人机界面上的状态是否与现场一致；

② 模拟供电系统故障检查 PSD 系统设备运行状态，在 ISCS 人机界面上查看是否收到故障报警信息，故障恢复，检查 PSD 系统设备运行状态，在 ISCS 人机界面上查看故障状态是否解除，依次给出驱动电源、控制电源、中央控制器故障状态，查看 PSD 和人机界面是否符合预期结果，恢复正常状态；

③ 在 PSL 操作盘上，将旋钮设置到允许状态，分别对滑动门进行开、关操作，并反馈给综合监控，综合监控检查人机界面上的显示是否与现场相符；

④ 模拟列车到发信号，检查 PSC（主控机）是否收到相关信息并下发开、关门命令，在 ISCS 人机界面上查看门的状态是否与现场相符；

⑤ 模拟滑动门故障，综合监控检查人机界面是否为故障状态；

⑥ 在就地控制盒上设置滑动门为自动、隔离、手动状态，检查执行结果是否达到预期效果，综合监控人机界面显示是否正确；

⑦ 将应急门打到隔离状态，检查综合监控是否收到报警信息，恢复正常，检查报警是否消除，对应急门进行开关操作，检查综合监控界面显示是否与现场相符；

⑧ 对端门进行开关操作，检查综合监控人机界面状态显示是否正确，模拟端门故障，检查是否有报警信号反馈至综合监控界面上；

⑨ 综合监控修改系统时间并下发至 PSD 系统，PSD 查看收到的时间，综合监控核查时间是否一致。

3) 技术指标：综合监控系统与 PSD 系统设备之间的接口功能应与设计相符，综合监控系统对 PSD 系统的监视功能正确。见图 8.1-6。

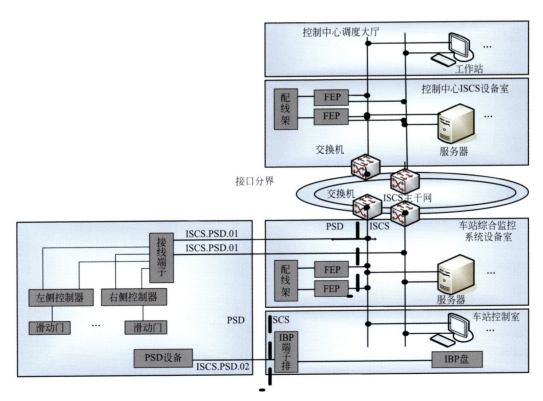

图 8.1-6　ISCS 系统与 PSD 系统接口分界图

(7) ISCS 系统与 AFC 系统调试

1) 调试目的：验证综合监控系统与 AFC 系统之间的接口功能是否与设计相符，并满足运营要求。通过综合监控系统与 AFC 系统设备的测试，确保实现综合监控系统对 AFC 系统的监控功能，保证地铁线路区段各站运营工作的顺利进行。通过综合联调，对运营操作及维修人员进行培训，提高检修人员技能，确保地铁线路区段各站安全运营。见图 8.1-7。

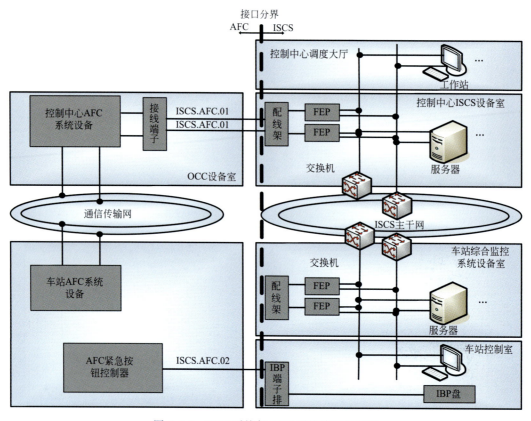

图 8.1-7　ISCS 系统与 AFC 系统接口分界图

2）调试内容及方法：

① 监视 AFC 全线客流信息：模拟乘客进出站，在综合监控界面选择客流统计，查看客流信息是否与现场相符；

② 监视自动售检票设备状态及故障报警：分别模拟闸机、售票机、半自动售票机、自助查询机及车站服务器的非正常、正常工作状态，检查综合监控是否正确显示；

③ 监控 AFC 运行模式：紧急模式、正常模式及关闭模式下，查看 AFC 现场设备状态是否与综合监控系统显示一致。

3）技术指标：综合监控系统与 AFC 系统之间的接口功能应与设计相符，综合监控系统对 AFC 系统设备的监控功能正确。

（8）ISCS 系统与 BAS 系统调试

1）调试目的：主要验证综合监控系统（含 IBP 盘）通过 BAS 系统对机电系统各设备的监视控制功能，确保综合监控系统能够按照规定协议正确接收和反馈机电系统各设备运行状态，并且确保 IBP 盘能够按照设计要求正确控制机电系统各设备并正确显示。联调的具体功能及目的如下：

① 验证综合监控系统与 BAS 及机电系统各设备之间的接口功能是否与设计相符，并满足运营要求。

② 通过综合监控系统、BAS 对车站和区间的环控、给水排水、低压、电扶梯、照明配电、导向标识等系统设备的测试，验证综合监控系统（含 IBP 盘）与 BAS 系统对上述机电系统各设备的监控功能，确保各系统之间的接口功能完全满足设计要求。

③ 通过模拟联合调试，对运营操作及维修人员进行培训，确保地铁线路安全运营。

2）调试内容及方法：

① ISCS 系统和 BAS 系统通信、冗余、对时功能：通过 ISCS 系统查看 BAS 系统设备信息，中断一

路通信，检测两系统通信是否正常，核对 ISCS、BAS 系统时间是否一致。

② ISCS 系统与 BAS 系统对通风空调系统的监控功能：现场人员对手动防火阀进行开/关操作并反馈至综合监控；综合监控人员确认手动防火阀开/关反馈信号是否与现场一致；现场人员对电动风阀进行开/关、故障信号模拟、就地/远方控制切换操作并反馈至综合监控；综合监控人员确认电动风阀开/关、故障、就地/远方反馈信号是否与现场一致，并对电动风阀进行开/关遥控；与现场人员核对电动风阀开/关状态是否正确；现场人员对电动防火阀进行开/关操作并反馈至综合监控；综合监控人员确认电动防火阀开/关反馈信号是否与现场一致，并对电动防火阀进行开/关遥控；与现场人员核对电动防火阀开/关状态是否正确；现场人员对电动风量调节阀进行故障信号模拟并反馈至综合监控；综合监控人员确认电动风量调节阀故障反馈信号是否与现场一致，并对电动风量调节阀进行开度控制；与现场人员核对开度是否正确；现场人员分别于风机按钮箱、环控柜对新风/送风/排风机进行启/停关控制、故障信号模拟、就地/远方控制切换操作并反馈至综合监控；综合监控人员确认风机开/关、故障、就地/远方反馈信号是否与现场一致，并对风机进行开/关遥控；与现场人员核对开/关状态是否正确，并验证与相应风阀的联锁功能是否实现；现场人员于控制面板对 VRV 空调进行启/停控制、温度控制、过滤网报警模拟、故障信号模拟等操作并反馈至综合监控；综合监控人员确认 VRV 空调启停状态监视、温度监视、过滤网报警、故障信息等监视信号是否与现场一致；现场人员分别于按钮箱、环控柜对空气处理机组进行启/停控制、转速控制、工频/变频转换控制、过滤网报警模拟、故障信号模拟、就地/远方控制切换等操作并反馈至综合监控；综合监控人员确认空气处理机组启停状态监视、转速监视、变频运行电流监视、过滤网报警、故障信息监视、就地/远方信号是否与现场一致，并对立式空气处理机组进行工频启/停遥控、变频启停遥控、转速控制操作；与现场人员核对是否与设备状态一致，并验证与相应风阀的联锁功能是否实现；现场人员分别于风机按钮箱、环控柜对回排风机进行启/停控制、转速控制、工频/变频转换控制、故障信号模拟、就地/远方控制切换等操作并反馈至综合监控；综合监控人员确认回排风机启停状态监视、转速监视、故障信息监视、变频运行电流监视、就地/远方信号是否与现场一致，并对回排风机进行工频启/停遥控、变频启停遥控、转速控制操作；与现场人员核对是否与设备状态一致，并验证与相应风阀的联锁功能是否实现；现场人员分别于风机按钮箱、环控柜对区间隧道事故风机进行启/停控制、正/反转控制、故障信号模拟、就地/远方控制切换操作并反馈至综合监控；综合监控人员确认区间隧道事故风机启/停状态监视、正/反转状态监视、故障信息监视、轴承温度监视、绕组温度监视、就地/远方反馈信号是否与现场一致，并对区间隧道事故风机进行启/停、正/反转遥控；与现场人员核对启/停、正/反转动作是否正确，并验证与相应风阀的联锁功能是否实现；验证综合监控系统与 BAS 系统对温湿度传感器温度、湿度监视等功能是否实现。

③ ISCS 系统与 BAS 系统对冷水群控系统监控功能：验证综合监控系统与 BAS 系统对群控系统冷水机组、冷冻水泵、冷却水泵、冷却塔风机、水处理器、电动压差旁通阀、冷冻水电动蝶阀、冷却水电动蝶阀等设备的运行状态；冷冻水进/出水温度、冷却水进/出水温度、冷冻水流量、冷却水流量等状态的监视功能，并累积记录冷水机组、冷冻水泵、冷却水泵、冷却塔的运行时间功能是否实现；验证群控系统是否可按照预录制时间表；自动开启或停止冷水系统设备；验证群控系统对冷水系统的冷水机组、冷冻水泵、冷却水泵、冷却塔、冷冻水阀、冷却水阀联锁功能是否实现；必须按照正确的顺序启动或停止设备，启动顺序：冷却塔风机—冷却水阀—冷却泵—冷冻水阀—冷冻泵—冷水机组，停止顺序：冷水机组—延时 5min 关闭冷冻水泵—冷冻水阀—冷却水泵—冷却水阀—冷却塔风机（过程中如遇故障，群控系统应自动停泵以保护设备，同时系统运行返回初始状态，并且将故障报警信息上报群控监控电脑和 BAS 监控平台）。

④ ISCS 系统与 BAS 系统对给水排水及消防系统监控功能：现场人员对雨水排水泵/污废水泵进行启/停控制、故障信号模拟、超高水位/超低水位报警信号模拟等操作并反馈至综合监控；综合监控人员确认水泵启/停状态监视、故障状态监视、超高水位/超低水位报警监视信号是否与现场一致；现场人员

对区间排水泵进行启/停控制、故障信号模拟、超高水位/超低水位报警信号模拟、就地/远程控制切换等操作并反馈至综合监控；综合监控人员确认区间排水泵启/停状态监视、故障状态监视、超高水位/超低水位报警、就地/远方监视信号是否与现场一致，并对区间排水泵进行启/停遥控；与现场人员核对启/停状态是否一致；验证综合监控系统与 BAS 系统对电伴热故障监视、高低温报警监视等功能是否能实现；验证综合监控系统与 BAS 系统对消防水池液位仪数据监视功能是否实现；

⑤ ISCS 系统与 BAS 系统对动力照明系统监控功能：验证综合监控系统与 BAS 系统对各区域配电柜双电源运行状态及数据监视功能是否实现；验证综合监控系统与 BAS 系统对应急电源运行状态及数据监视功能是否实现；验证综合监控系统与 BAS 系统对智能电表数据监视功能是否能实现；现场人员对智能照明相应分区进行开/关、故障信号模拟、就地/远方控制切换操作并反馈至综合监控；综合监控人员确认智能照明相应分区开/关、故障、就地/远方反馈信号是否与现场一致，并对智能照明相应分区进行开/关遥控；与现场人员核对开/关状态是否正确；现场人员对广告/管理用房照明进行开/关、故障信号模拟、就地/远方控制切换操作并反馈至综合监控；综合监控人员确认照明开/关、故障、就地/远方反馈信号是否与现场一致，并对广告照明进行开/关遥控；与现场人员核对开/关状态是否正确；验证综合监控系统与 BAS 系统对照明开关控制、运行状态监视、就地/远方控制切换等功能是否能实现；现场人员对区间照明进行开/关、故障信号模拟、就地/远方控制切换操作并反馈至综合监控；综合监控人员确认区间照明开/关、故障、就地/远方反馈信号是否与现场一致，并对区间照明进行开/关遥控，与现场人员核对开/关状态是否正确。

⑥ ISCS 系统与 BAS 系统对电扶梯系统监视功能：现场人员对自动扶梯进行上/下行控制、紧急停止控制、左/右扶手带故障模拟、盖板防盗报警模拟、一般故障模拟、检修状态切换等操作并反馈至综合监控；综合监控人员确认扶梯上/下行状态监视、扶梯左/右扶手带故障监视、一般故障监视、盖板防盗报警监视、紧急停止信号监视、检修信号监视等反馈信号是否与现场一致；现场人员对电梯进行上升/下降控制、紧急停止控制、一般故障模拟、检修状态切换、消防联动复位等操作并反馈至综合监控；综合监控人员确认电梯运行状态、故障、警铃、所在楼层以及消防返回信号等反馈信号是否与现场一致。

⑦ ISCS 系统与 BAS 系统通风模式监控功能：验证隧道风系统正常运行模式：早晨运行前开启隧道通风机通风半小时，夜间收车后开启隧道通风机通风半小时，并确认风机风阀状态均符合设计要求；验证车站通风系统正常运行模式：根据预制模式时间表自动运行大、小系统小新风模式并确认风机风阀状态均符合设计要求；验证车站通风系统乘客高峰运行模式：根据预制模式时间表自动运行大、小系统全新风模式并确认风机风阀状态均符合设计要求，以上模式完成车站级验证后进行中心级复验。

3）技术指标：

① ISCS 系统与 BAS 系统通信、冗余、对时功能与设计相符；

② 风机、风阀就地/远程，开、关状态，故障报警状态正确上传至 ISCS 平台，BAS 系统对风机、风阀设备的远程控制功能正常；

③ BAS 系统对群控系统冷水机组、冷冻水泵、冷却水泵、冷却塔风机、水处理器、电动压差旁通阀、冷冻水电动蝶阀、冷却水电动蝶阀等设备的运行状态及冷冻水进/出水温度、冷却水进/出水温度、冷冻水流量、冷却水流量等状态的监视等功能正常，群控系统可按照预录制时间表，自动开启或停止冷水系统设备；

④ ISCS 系统与 BAS 系统对雨水排水泵、废水泵、污水泵、区间排水泵、电伴热、消防水池液位仪的启/停控制、故障信号、超高/超低水位报警信号、故障监视、高低温报警、数据监视等监控功能正常；

⑤ 各区域配电柜双电源、应急电源、智能电表、智能照明、广告照明、区间照明等设备的数据监视、遥控开/关、开关状态、就地/远方、故障/报警等功能正常；

⑥ ISCS 系统与 BAS 系统对电梯、扶梯上/下行、紧急停止、左/右扶手带故障、盖板防盗报警、一般故障、检修等状态监视功能正常；

⑦ 在车站、中心分别验证隧道风系统正常运行、车站通风系统正常运行、车站通风系统乘客高峰运行等模式，见图 8.1-8。

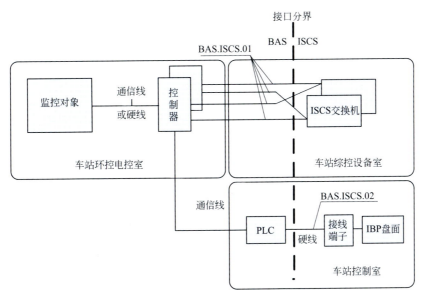

图 8.1-8 ISCS 系统与 BAS 系统接口分界图

（9）ISCS 系统与 FAS 系统调试

1）调试目的：验证综合监控系统与 FAS 系统之间的接口功能是否与设计相符，验证 FAS 系统对各系统相关设备的监控功能是否正确。

2）调试内容及方法：

① 综合监控系统和 FAS 系统通信功能：检查 ISCS 系统是否可以正常监控 FAS 系统的设备信息；综合监控系统与 FAS 系统对防排烟系统监控功能：现场人员对消防风阀进行开/关操作并反馈至综合监控；综合监控人员确认消防风阀开/关反馈信号是否与现场一致；FAS 人员对电动排烟口进行开/关遥控，并与现场人员、综合监控人员核对开/关动作是否正确；FAS 人员对电动风口进行开/关遥控，并与现场人员、综合监控人员核对开/关动作是否正确；现场人员分别于风机按钮箱、环控柜对排烟风机进行启/停关控制、故障信号模拟、就地/远方控制切换操作并反馈至综合监控；综合监控人员确认排烟风机开/关、故障、就地/远方反馈信号是否与现场一致；FAS 人员对排烟风机进行开/关遥控；与现场人员、综合监控人员核对开/关动作是否正确，并验证与相应风阀的联锁功能是否实现；模拟熔断阀熔断状态时，验证对应风机是否立即停止运行；现场人员分别于风机按钮箱、环控柜对排烟风机进行启/停关控制、故障信号模拟、就地/远方控制切换操作并反馈至综合监控；综合监控人员确认排烟风机开/关、故障、就地/远方反馈信号是否与现场一致；FAS 人员对排烟风机进行开/关遥控，与现场人员、综合监控人员核对开/关动作是否正确；

② ISCS 系统与 FAS 系统对气体灭火系统监控功能：现场人员模拟房间内一次火警信号，确认该保护区域内的警铃是否报警，综合监控系统与 FAS 系统是否收到预警；模拟二次火警信号，确认综合监控系统与 FAS 系统是否收到二级火警信号，该保护区域内外的蜂鸣器是否闪灯是否动作并进入延时状态，气灭风阀及相关的空调、照明等是否自动关闭；模拟压力开关动作后，气体释放指示灯是否亮起，综合监控系统与 FAS 系统是否收到气体释放与关阀信号。

3）技术指标：

① 验证 ISCS 系统可正常监控 FAS 系统的设备信息；

② 验证风机、风阀就地/远程开、关状态，故障报警状态能正确上传至 ISCS 平台，FAS 系统对风机、风阀设备的远程控制功能正常；

③ 验证气体保护房间的联动功能正常；

④ 验证 ISCS 平台显示消火栓泵、喷淋泵、稳压泵、电动蝶阀等启/停控制、巡检、故障信号、就地/远方状态等功能正常；

⑤ 验证细水雾防护分区的联动功能正常；

⑥ 验证 ISCS 系统与 FAS 系统对感温电缆高温报警、点式感温光纤高温报警、极早期探测器报警等状态显示正常；

⑦ 验证 FAS 系统对应急照明开/关监控功能正常，见图 8.1-9。

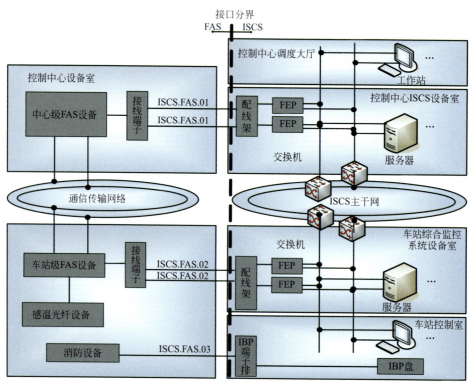

图 8.1-9　ISCS 系统与 FAS 系统接口分界图

8.1.3　应用实例

本技术已在南宁地铁 2 号线、徐州地铁 1 号线、郑州地铁 3 号线等项目开展应用，提前验证了综合监控系统与受控系统设备、布线、接线、标签的可靠性和工作性能，为后期设备的正常运行提供了保障。

8.2　环境与设备监控系统调试技术

8.2.1　技术简介

环境与设备监控系统调试技术是指由 BAS 系统上位机发出指令，命令某控制点所控设备（如水泵）

开启、停止，同时该设备的相关工作状态点反馈给上位机并在图形界面上显示的系统测试手段。这样的调试可以直接验证 BAS 系统以及受控设备的工作性能，需要弱电专业和机电安装专业配合完成。通过对全线车站、区间设备进行全面、有效的自动化监控及管理，确保系统设备处于安全、可靠、高效、节能的最佳运行状态，从而提供一个舒适的乘车环境，并能在火灾等灾害或阻塞状态下，更好地协调系统设备的运行，充分发挥各种设备应有的作用，保证乘客的安全和设备的正常运行。

8.2.2 技术内容

（1）BAS 系统通信接口调试

BAS 系统调试前应对现场总线网络进行通信测试，测试内容见表 8.2-1。

测试内容　　　　　　　　　　　　　　　　　　　　　表 8.2-1

序号	调试内容	合格技术指标	备注
1	检查 PLC 柜、环控柜、BAS 箱模块接线是否正确	线缆端接与点位表一致	
2	上电测试模块工作状态是否正常	模块点位指示与设备实际状态相符	
3	检查通信模块工作指示是否正常	通信模块工作指示正常	
4	观察子站模块与监控工作站通信是否正常	子站模块与监控工作站通信正常	
5	检查在线模块指示与监控工作站数据库定义状态是否相符	在线模块指示与监控工作站数据库定义状态相符	

（2）根据 BAS 系统特点及调试技术可分为 DI/DO/AI/AO 4 种单点类型，其中每种类型又可根据其采集方式分为多种情况，而每种情况须采用不同的调试方式。

1）DI 的调试方法

DI 点也就是数字量或者说是开关量的输入点。根据点表及设计图纸，DI 点主要包括如下几种情况：

① 设备运行状态

水泵、风机、空调机等几乎所有用电的设备都可以取到该信号，该信号取自用电设备用电控制箱内接触器的辅助触点，一旦接触器吸合设备就即可得电运行，同时辅助触点也随之吸合从而给出一个无源的干触点信号。

调试方法：开启设备，观察上位机是否接收到该信号。

② 设备故障报警

该信号取自用电设备的热保护继电器，设备若发生故障使热保护继电器过热而动作，一方面切断电源，一方面给予 BAS 一个无源干触点信号。

调试方法：人为模拟一个设备故障的信号，观察上位机是否接收到该信号。

③ 手/自动转换

该信号取自设备的手/自动开关，手/自动开关使经过的电路一分为二，一路只接受本地控制，一路接受远程控制。该信号要求配电箱制作商提供无源信号。

调试方法：转动手/自动开关，观察上位机是否接收到该信号。

这 3 个种类的 DI 点需要在用电设备二次回路上采集，二次回路需要按照要求设计，必须提供无源干触点信号。

④ 初效、中效、高效过滤网压差报警

信号取自空调、新风机组的滤网（滤网网格大小影响其过滤杂质的颗粒大小，对应不同大小的颗粒分为初效、中效及高效滤网），在滤网上安装滤网压差开关，滤网压差开关采集滤网两端的压差，当滤网堵塞达到一定程度，该传感器就会输出一个无源开关量信号。

调试方法：调试滤网压差开关的开关值，一般在200～400Pa，使其在滤网有一定堵塞时动作。在风机开启时用纸或布贴住滤网模拟一个报警信号，观察上位机是否收到该信号。

⑤ 温度报警

信号取自热回收新风机组，该信号须是一个无源干触点信号。

调试方法：人为模拟一个设备故障的信号，观察上位机是否接收到该信号。

⑥ 风阀与水阀状态

当阀开/关到位时，会触动一个触点，该触点输出信号可作为风阀与水阀状态。

调试方法：开启/关闭阀直到行程到位，观察上位机是否接收到该信号。

⑦ 变频故障

有变频器直接输出，须为无源干触点，可采用虚拟信号的方式调试。

⑧ 液位报警

可采用浮球或者超声波液位传感器来探测水位，当水位到达一定高度使浮球漂浮即可获得该信号。

⑨ 水流开关

水流开关是检测水管内流体是否流动的传感器，在本工程中主要用于检测空调循环泵工作是否正常。

调试方法：人工手动推动水流开关挡片，在上位机观察是否收到信号。

⑩ 电梯上下行状态

该信号取自电梯本身，须是无源干触点，在调试时开启电梯上下楼层观察上位机是否收到信号。

2) AI的调试方法

AI点也就是模拟量的输入点，一般情况下模块可接收0～10V或4～20mA，或者接收电阻信号。该类型点对传输精度要求高，对安装质量要严格把关，在调试时发现有误差的，通过重新敷设线缆或加强接地措施，来屏蔽干扰。根据点表及设计图纸，AI点主要包括如下几种情况：

① 水管温度

水管温度是指水管内流体温度的采集，通常使用水管温度传感器来采集，水管温度传感器又分为进入式与捆绑式，根据现场情况选用合适的传感器。在本项目中水管温度传感器采集冷热源供回水总管温度以及板式交换机一二次侧温度。这类传感器输出的信号一般为电阻信号，如PT1000型温度传感器，在室温下电阻接近1000Ω。

调试方法：将传感器内芯取向，人为加热，在DDC观察其阻值变化，在上位机根据现场实际温度和在该温度下的阻值判断该传感器的灵敏程度，并作一定调试。

② 水管压力及水管压差

水管压力主要用于采集空调系统供回水管水压，一般在压差旁通阀左右30cm各安装一个，根据两端压力差值调节阀门开度。

采集手段：使用水管压力传感器，该传感器为有源设备，一般接收8VDC、15VDC、24VDC电源，其输出为0～10V或4～20mA可选。

调试方法：该设备与水管接合处需安装缓冲管，并且缓冲管带有水动阀门，通过开关该阀门，在DDC端观察信号变化从而选择合适的量程，如0～10V，当输出为0时代表500PA，输出10V时代表1000PA。通过调试选择最合理的量程，使旁通阀两端差值与旁通阀开度调节之PID调节最优化。

③ 流量

流量是一个不断累积的量，根据冷冻机产生冷量等于供回水总管流量×截面积来采集水管内流体流量。

调试方法：与水管压力传感器相似，根据水流量不断地累积，观察DDC收到信号的变化来选择合理量程。

④ 室外温湿度

该量通过室外温湿度来采集，室外温湿度传感器是有源设备，通常接收 24VDC 电源，输出的温度信号通过电阻表示，输出的湿度信号通过 0~10V 或 4~20mA 表示。

调试方法：同温度传感器和水管压力传感器。

⑤ 新风温湿度

采用风管温湿度传感器。调试方法同室外温湿度传感器。

⑥ 回风温湿度

采用风管温湿度传感器。调试方法同室外温湿度传感器。

⑦ 送风温度

采用风管式温度传感器，该设备为无源设备，根据温度变化输出变化的阻值。调试方法同水管式温度传感器。

⑧ 二氧化碳浓度传感器

二氧化碳浓度是检测室内空气质量的重要指标，当二氧化碳浓度超标则说明室内需要补充新风。调试方法同水管压力传感器。

⑨ 风阀及水阀反馈

该类信号直接由阀门执行机构输出，调试时反复开关阀门并使形成到位，在上位机观察期信号变化。

⑩ 变频反馈

该信号来源于设备变频器需为 0~10V 或 4~20mA 标准温控协议。调试方法同阀门形成反馈。

3）DO 点的调试方法

DO 点即数字量输出点，主要用于启停水泵风机等设备，一些开关量的阀门也通过 DO 点来进行控制，专业承包商提供的 DDC 箱内，每一个 DO 点都配备一个继电器，这样可将外围强电信号隔离，使 DDC 设备运行更加安全可靠。根据点数表及设计图纸，DO 点主要包括如下几种情况：

① 设备启停

主要用于控制水泵、风机、空调、冷热源等机电设备开关。调试方法：从上位机发出命令，在现场观察设备是否随命令启停。

② 水阀、风阀开关控制

调试方法同上。

4）AO 点的调试方法

AO 点即数字量输出点，DDC 的 AO 输出可以为 0~10V 或 4~20mA，受控执行机构根据该电压、电流变换而调节，主要用于阀门执行机构调节。根据点数表及设计图纸，AO 点主要包括如下几种情况：

① 旁通调节

根据旁通阀门两端压差调节旁通阀门开度。调试方法：该调节为 PID 调节，首先需设定一个标准工况阀门开度值，该值为一个设定值，DDC 通过该设定值以及压差值来进行 PID 运算，从而使压差旁通调节阀始终保持最优化的自控状态。调试时须反复开关阀门并使其形成到位。

② 水阀及风阀控制

调试方法同上。

(3) 低压配电系统调试

1）低压配电系统调试包括回路分、合闸控制，转换开关状态返信，开关或接触器分、合状态返信，开关的脱扣返信等。其调试内容如下：

① DO 点测试

将转换开关打到远程位，监控工作站远程控制接触器，PLC控制继电器动作，相关接点闭合（或打开），接通接触器合闸（或分闸）控制回路，接触器合闸（或分闸），此时DO点测试合格。

② DI点测试

转换开关状态：将转换开关打到就地/远程位，观察PLC指示灯及监控工作站上转换开关状态变位信息。若PLC指示灯及监控工作站上转换开关状态变位信息一致，此项即为合格。

接触器状态：手动控制或遥控接触器，接触器动作（合闸或分闸），其辅助触点闭合（或断开），观察PLC指示灯及监控工作站上接触器状态变位信息。若PLC指示灯及监控工作站上接触器状态变位信息一致，此项即为合格。

QF开关状态：手动控制开关分、合闸，观察PLC指示灯及监控工作站上开关状态变位信息。若PLC指示灯及监控工作站上开关状态变位信息一致，此项即为合格。

2）技术指标：实现远程回路分、合闸控制，转换开关状态返信，开关或接触器分、合状态返信，开关的脱扣返信等。

(4) 给水排水系统测试

调试内容及方法：

给水排水系统包括排污系统、排雨系统、生活给水系统、污水处理系统等，工作原理基本相同。以污水处理系统为例，污水处理由调节池、污水处理装置及排放池三个部分组成。车站废水经污水管道排放至调节池，当调节池内存水达到中球（浮球）液位时，调节池主泵启动排水。废水经污水处理装置处理后送至排放池中存放，当排放池中水位达到中球（浮球）液位时，排放池主泵启动将存水排放至市政排水管道中。

给水排水系统BAS系统主要监控功能有：

① 水位自动控制

污水处理系统工作原理如图8.2-1所示。

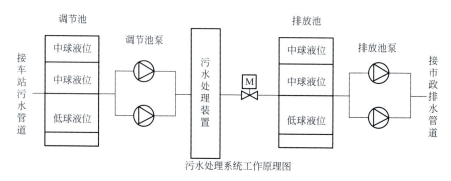

图8.2-1 污水处理系统工作原理图

在水池内不同水位（低、中、高）装设液位传感器（浮球），当水池水位高于中球液位时自动启泵排水；水位低于低球液位时自动停泵；水池水位高于高球液位时启动备用泵。

② 设备启停控制

自动统计设备工作时间，提示定时维修。根据每台泵运行时间，自动确定主、备用泵。

③ 参数检测与报警（以雨水泵为例）（表8.2-2、表8.2-3）

DI点测试　　　　　　　　　　　　　　　　表8.2-2

序号	测试内容	测试方法	合格指标
1	水泵工作方式自动/手动	转动水泵控制屏上自动/手动开关，观察PLC指示及监控工作站监测数据	PLC指示及监控工作站监测数据一致

续表

序号	测试内容	测试方法	合格指标
2	水泵运行/停止状态	转动水泵控制屏上自动/手动开关至手动,启停水泵,观察 PLC 指示及监控工作站监测数据	PLC 指示及监控工作站监测数据一致
3	水泵故障报警状态	按压水泵控制箱故障按钮,观察 PLC 指示及监控工作站监测数据	PLC 指示及监控工作站监测数据一致
4	超高水位报警信号	短接高液位浮球接线端子,观察 PLC 指示及监控工作站监测数据	PLC 指示及监控工作站监测数据一致
5	超低水位报警信号	短接低液位浮球接线端子,观察 PLC 指示及监控工作站监测数据	PLC 指示及监控工作站监测数据一致

DO 点测试 表 8.2-3

序号	测试内容	测试方法	合格指标
1	水泵启动/停止	将转换开关打到自动位后,监控工作站远程控制水泵启停	相应设备应正确动作,监控工作站监测返信正确
2	紧急停止	将转换开关打到自动位后,监控工作站远程控制水泵紧急停止	相应设备应停止运行,监控工作站监测返信正确

（5）节能水系统群控调试

调试内容及方法：

BAS 对节能控制系统进行监控,节能控制系统所辖设备类包括：冷水机组、冷冻水泵、冷却水泵、冷却塔、冷冻阀、冷却阀、冷却塔进水阀、冷却塔出水阀、水系统节能控制子系统中的传感器（含压差传感器、温度传感器、流量传感器）、大系统节能控制子系统中的传感器（新风井内、空调箱入口和送风干管处的温湿度传感器、站厅和站台公共区的温湿度及二氧化碳传感器）、冷冻水电动压差旁通阀、水系统节能控制子系统、大系统组合式空调器、大系统空调机组动态平衡电动阀、大系统回排风机、与大系统组合式空调器和回排风机联锁的电动风阀。

1）冷水机组联锁控制

水冷机组启动：开冷冻水泵→开冷却水泵→开冷却塔→开冷水机组。

水冷机组停机：停冷水机组→关冷冻水泵→关冷却水泵→关冷却塔。

风冷冷水机组开启：开冷冻水泵→开风冷冷水机组；停机顺序相反。

2）冷却水温度控制

在冷却水供水管、回水管上装设温度传感器,根据冷却水温度设定值与测量值,自动控制冷却塔出水管阀门开启角及冷却塔风机启停。

3）冷冻水压差控制

在冷冻水供水管、回水管道上装设压力传感器,在冷冻水供水管及回水管道上间装设旁通阀及压差控制器,根据供回水差压,自动调节动态平衡调节阀,维持供回水压差平衡。

4）参数测定及自动控制

在冷却水供水管装设温度传感器及流量开关,回水管道装设温度传感器；在冷冻水供水管道装设温度传感器,回水管道装设温度传感器及流量开关。系统根据设定值与测量值之比反馈给冷水机组,由冷水机组自设控制系统控制压缩机启动台数,达到设定值要求。

5) DI 点测试（表 8.2-4）

DI 点测试　　　　表 8.2-4

序号	测试内容	测试方法	合格指标
1	冷却塔风机手/自动选择	切换冷却塔电控柜手动/自动选择开关	现场指示及监控工作站监测数据一致
2	冷却塔风机运行状态运行/停止	将冷却塔电控柜手动/自动选择开关打到手动位，在电控柜上启停冷却塔风机或短接其运行状态继电器返信开出接点	现场指示及监控工作站监测数据一致
3	冷却塔风机过负荷	短接冷却塔风机热继电器常开接点	现场指示及监控工作站监测数据一致
4	冷却水泵手/自动选择	切换冷却水泵电控柜手动/自动选择开关	现场指示及监控工作站监测数据一致
5	冷却水泵运行状态运行/停止	将冷却塔电控柜手动/自动选择开关打到手动位，在电控柜上启停冷却水泵或短接其运行状态继电器返信开出接点	现场指示及监控工作站监测数据一致
6	冷却水泵过负荷	短接冷却水泵热继电器常开接点	现场指示及监控工作站监测数据一致
7	水冷机组供电柜手/自动选择	切换水冷机组电控柜手动/自动选择开关	现场指示及监控工作站监测数据一致
8	水冷机组供电柜 QF 合闸位置	将水冷机组电控柜手动/自动选择开关打到手动位，在电控柜上合 QF 开关，QF 合闸返信或短接 QF 合闸位置继电器返信常开接点	现场指示及监控工作站监测数据一致
9	水冷机组供电柜 QF 分闸位置	将水冷机组电控柜手动/自动选择开关打到手动位，在电控柜上分 QF 开关，QF 分闸返信	现场指示及监控工作站监测数据一致
10	水冷机组手/自动选择	切换水冷机组自带控制箱手/自动选择开关	现场指示及监控工作站监测数据一致
11	水冷机组运行状态	水冷机组投入运行后，在上位机上观察其运行状态返信或在水冷机组自带控制箱内短接其运行状态继电器返信开出接点	现场指示及监控工作站监测数据一致
12	水冷机组故障	在水冷机组自带控制箱内短接其接地故障继电器返信开出接点	现场指示及监控工作站监测数据一致
13	流量开关	短接流量开关触点 1、3(或 Y、R)	现场指示及监控工作站监测数据一致
14	风冷机组供电柜手/自动选择	切换风冷机组电控柜手动/自动选择开关	现场指示及监控工作站监测数据一致
15	风冷机组供电柜 QF 合闸位置	将风冷机组电控柜手动/自动选择开关打到手动位，在电控柜上合 QF 开关，QF 合闸返信或短接 QF 合闸位置继电器返信常开接点	现场指示及监控工作站监测数据一致
16	风冷机组供电柜 QF 分闸位置	将风冷机组电控柜手动/自动选择开关打到手动位，在电控柜上分 QF 开关，QF 分闸返信	现场指示及监控工作站监测数据一致
17	风冷机组手/自动选择	切换风冷机组自带控制箱手/自动选择开关	现场指示及监控工作站监测数据一致
18	风冷机组运行状态	风冷机组投入运行后，在上位机上观察其运行状态返信或在水冷机组自带控制箱内短接其运行状态继电器返信开出接点	现场指示及监控工作站监测数据一致
19	风冷机组故障	在风冷机组自带控制箱内短接其接地故障继电器返信开出接点	现场指示及监控工作站监测数据一致
20	水泵手/自动选择	切换水泵电控柜手/自动选择开关	现场指示及监控工作站监测数据一致

续表

序号	测试内容	测试方法	合格指标
21	水泵运行状态	在电控柜上启停水泵,在上位机上观察其运行状态返信或在短接其运行状态继电器返信开出接点	现场指示及监控工作站监测数据一致
22	水泵过负荷	短接热继电器返信常开接点	现场指示及监控工作站监测数据一致
23	补水泵手/自动选择	切换补水泵控制箱手/自动选择开关	现场指示及监控工作站监测数据一致
24	补水泵运行状态	在控制箱上启停补水泵,在上位机上观察其运行状态返信或在短接其运行状态继电器返信开出接点	现场指示及监控工作站监测数据一致
25	补水泵过负荷	短接热继电器返信常开接点	现场指示及监控工作站监测数据一致

6) DO 点测试

监控工作站远程控制 QF 断路器合、分闸,风机、水泵、机组启停,阀门开、关,设备正确响应且与工作站反馈状态相同。

7) AI 量测试

系统投入运行后,在监控工作站上观察冷却水、冷冻水供回水温度及压力测量值,应在正常设定范围内。

8) AO 量测试

系统根据现场温度、压力、二氧化碳测量值及程序设定值,自动调整冷却塔出水管阀门、空调盘管阀门开启角,且现场开启角度与工作站上显示一致。

8.2.3 工程案例

本技术已在南宁地铁 2 号线、徐州地铁 1 号线、郑州地铁 3 号线等项目开展应用,提前验证了 BAS 系统与受控系统设备、布线、接线、标签的可靠性及工作性能,为后期设备的正常运行提供了保障。

8.3 车站及区间火灾工况调试技术

8.3.1 技术简介

地铁火灾工况模式,一般分为车站火灾工况模式和区间火灾工况模式两类,其中车站火灾工况模式具体实现方式如下:当地铁车站发生火灾时,由车站 FAS 系统设置在车站大、小系统等处的火灾探测器或手动报警按钮上传火灾信号,通过车站控制室的 FAS 系统报警主机将火灾模式发送给 BAS 系统、PIS 系统、CCTV 系统、AFC 系统,由各系统协同工作,BAS 系统联动参与防、排烟的非消防专用设备;开启疏散指示灯;PIS 系统显示灾情及疏散指示;PA 系统转为应急广播状态;CCTV 系统切换灾情画面,以实现排烟和疏散乘客,减少灾害产生的影响。车站级火灾联动功能由本车站内各系统协作即可实现,一般不需要相邻车站系统参与联动。区间火灾工况模式:当列车在区间运行时发生火灾,启用隧道通风系统,根据火灾发生的部位,确定风机开启的状态和转向。对于空间有限的地下空间,采用纵向通风的防排烟模式来保证疏散路径处于新风区。通过车站及区间火灾工况调试技术实现火灾工况联动功能,为人员疏散提供有效时间,减少人员及财产损失。

8.3.2 技术内容

(1) 站台层公共区火灾工况运作模式

当站台层公共区发生火灾时，乘客通过楼梯和自动扶梯（平时运行方向应与疏散方向一致）向站厅层公共区疏散，经出入口至地面。此工况人员疏散及防排烟的运作模式为：

1) 开启站台层排烟风机，应尽可能开启所有站台层排风机，从站台层排烟，形成站台负压，并开启站厅层送风机送风，使梯口形成1.5m/s的向下气流，使站台层烟气不至蔓延至站厅。

2) 确认火灾后，应通过应急广播、信息显示或人员管理等措施，劝阻地面出入口处乘客不再进入车站。

3) 确认火灾后，控制中心调度应使其他列车不再进入事故车站或快速通过不停站（车站设置了全封闭站台门时，车站公共区着火时，列车过站的全封闭站台门应联动关闭。但当地铁采用闭式或开闭式系统时，即站台安装非全封闭站台门，列车应减速过站，以降低活塞风对车站烟气扩散的影响）。

4) 位于站厅的自动检票机门处于敞开状态，同时打开位于非付费区和付费区之间所有栅栏门，使乘客无阻挡地通过出入口，疏散到地面。

(2) 车轨区火灾工况运作模式

当车站车轨区发生火灾时，火灾列车往往滞留在车站内。此工况人员疏散及防排烟运作模式为：

1) 当站台层设有屏蔽门时，停车侧应自动打开（如有故障，可开启应急门）。

2) 启动车站站台层相关排烟系统，尽可能排除烟气。

3) 对于典型的地下车站，一般设有大型事故风机，车轨区上部设有排风管，应启动相关风机，尽可能排除车轨区烟气，形成车轨区负压，并开启站厅层送风机补风。

4) 乘客从列车下到站台层后，经楼梯和自动扶梯到站厅，再经过检票口和栅栏门等通道，从出入口到达地面。

5) 其他要求同站台层公共区火灾工况运作模式。

(3) 站厅层公共区火灾工况运作模式

当站厅公共区发生火灾时，乘客由站厅通过出入口疏散至地面。此工况人员疏散及防排烟的运作模式为：

1) 站厅排烟，形成站厅公共区负压，新风由出入口和站台自然补入。

2) 火灾确认后，应阻挡地面乘客不再进入本车站内。

3) 应调度列车尽快把滞留在站台上的乘客接走。

(4) 设备管理区火灾工况运作模式

车站设备管理区是单独的防火分区，不涉及乘客疏散区域。根据使用功能划分为气体保护的电气设备用房和一般用房。此工况人员疏散及防排烟的运作模式为：

1) 配置气体保护的电气用房，灭火时，该区域通风系统关闭，灭火完毕，开启通风系统通风换气。

2) 非气体保护房间：

① 地下单个建筑面积>200m² 的地下车站设备管理区；

② 地下单个建筑面积>50m² 且经常有人停留或可燃物较多的房间；

③ 车站设备管理区内长度>20m 的内走道。

①~③应设排烟设施并应按现行国家标准《建筑防烟排烟系统技术标准》GB 51251相关内容设计防排烟系统，设备管理区内每个防烟分区的最大允许面积应≤750m²。

3) 可通过设备管理区直通地面的消防专用通道，疏散至地面或疏散至相邻车站公共区。关于设备管理区疏散楼梯间固定窗的设置：当地下设备区中联系各层的楼梯间不直接通往地面时，如位于马路或其他建筑内等位置，其顶部不具备设置固定窗的条件。鉴于该楼梯间并非供乘客疏散使用，且车站火灾时消防人员还可以通过公共区的出入口进入地下救援，因此，设备管理区楼梯间顶部不具备开窗条件时，不要求开设固定窗。

(5) 区间隧道火灾工况模式（正常载客运行区间）

连续长度＞一列列车长度的地下区间和全封闭车道应设排烟设施。

列车在区间内运行时，一旦列车着火，只要不完全丧失动力，应尽量使列车开行到前方车站，则发生火灾时的疏散路径和防排烟运行模式全同车站车轨区火灾工况运作模式进行。下面是考虑到火灾列车滞留在区间的事故工况。

对于空间有限的地下空间，只能采用纵向通风的防排烟模式来保证疏散路径处于新风区。当列车火灾部位不同时，其各部位的工况运作模式也有所不同。

1) 列车头节火灾

① 为保证大多数乘客的安全，列车尾节端门打开（自动落下梯），乘客鱼贯而入到达轨道面层，向列车尾端侧车站疏散。

② 列车尾端侧车站送风，列车头端侧车站排风，形成区间介于 2～11m/s 的气流量，即通风方向与疏散方向始终相逆。

③ 设有纵向应急通道的区间，此时应打开列车侧门，使乘客通过端门疏散的同时，也利用应急平台进行疏散，方向也向列车尾端侧车站疏散。

④ 应充分利用位于疏散区间段内上、下行区间的联络通道从火灾区间进入非火灾区间疏散，此时，非火灾区间内应停止列车运行，方能作为疏散通道使用。

2) 列车尾节火灾

此工况与列车头节火灾工况相同，疏散与防排烟运作模式与上述反向运作。

3) 列车中部火灾

当列车中部节火灾时，一般为了避免更多的乘客受烟气影响，火灾通风气流与行车方向一致，疏散路径、通风模式与列车头节火灾模式一样。由于列车中部着火，为了提高列车头、尾节列车上乘客的生还机会，充分利用纵向应急通道更显重要。

4) 其他

当列车火灾部位不明确时，通风气流方向宜与列车行驶方向一致，即同列车头节火灾运作模式。

对于单洞双线区间，一旦列车发生火灾，对开列车绝对禁止进入火灾区间。

对于长区间隧道，当设有中间风井时，在中间风井内应设至地面的疏散梯。

8.3.3 工程案例

本技术已在南宁地铁 2 号线、徐州地铁 1 号线、郑州地铁 3 号线等项目开展应用，很好地实现车站及区间隧道火灾联动功能，提高地铁运营人员在灾害情况下的处理效率和系统自动化程度，减少人员伤亡和财产损失。

第 9 章

特殊设备关键施工技术

地铁车站里的特殊设备包括自动扶梯、直升电梯、防淹门、屏蔽门等，保证旅客方便、安全、迅速地进出车站，给旅客提供舒适、清洁的环境。本章从城市轨道交通区间水域段提升式防淹门门框安装技术、地铁全高屏蔽门施工技术、公共交通型自动扶梯现场数字化定型技术、观光式无障碍电梯安全性模拟试验技术四个方面进行阐述，提升设备安装的精度和质量，确保设备运行安全可靠。

9.1 城市轨道交通区间水域段提升式防淹门门框安装技术

9.1.1 简述

随着我国城市不断发展，地铁作为城市交通的重要组成部分，不仅扮演日常交通运输的角色，战时还能保护民众的生命安全。地铁隧道内的人防区间隔断门和防淹门，作为划分地铁防护单元的重要分割设备，无论在设计过程和施工过程中，属于重要环节。尤其在施工中，区间隔断门（防淹门）门框的施工与轨道施工单位及其他设备安装专业存在互相影响，互相制约的关系，如何协调好施工顺序及各专业配合是应充分考虑，统筹安排的重点，见图9.1-1。

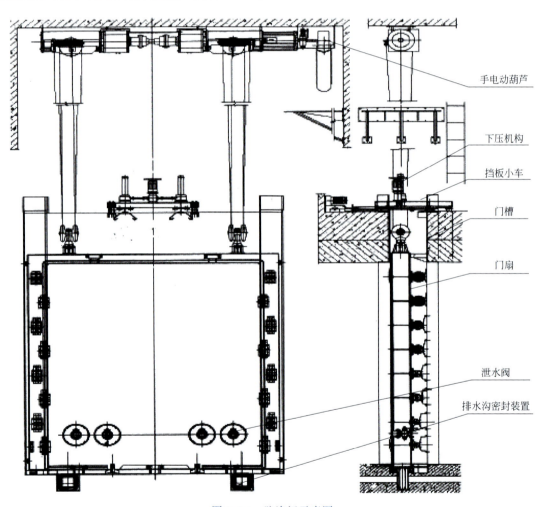

图9.1-1 防淹门示意图

9.1.2 技术内容

（1）人防门框安装工艺流程见图9.1-2。
（2）操作要点。
1）内衬（底板、端墙、侧墙）钢筋绑扎，内衬（底板、端墙、侧墙）预埋钢筋接驳器、拉结筋，内衬（底板、端墙、侧墙）混凝土浇筑。

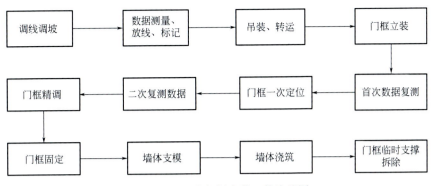

图 9.1-2 人防门框安装工艺流程图

2）端头井中层板钢筋绑扎，预埋中板二次施作孔洞，预留中层板门框墙上端的钢筋接驳器、拉结筋，中层板混凝土浇筑。

3）顶板钢筋绑扎，预埋升降式防淹防护密闭隔断门吊环，预留升降式防淹防护密闭隔断门门框、门扇吊装孔；顶板浇筑；进行其他正常的施工工序。

4）线路专业调线调坡，轨道铺装。底板钢筋绑扎时，应按设计要求预留出升降式防淹防护密闭隔断门门槛位置钢筋接驳器，道床施工时进行下门槛处钢筋接驳、绑扎。设备安装单位应在底板钢筋绑扎的同时，预先在底板部位距门槛前后 2.5～3m 处预埋门框支撑埋件板，每侧至少均布预埋 3 处。盾构施工单位应提前通知设备厂预埋支撑件。道床混凝土施工时注意留出门槛前后各 50～1000mm 的二次浇筑范围。铺轨后隔断门门框及其他附属埋件、门扇运入现场。

5）端头井内衬（底板、端墙、侧墙）门框墙结合面凿毛，拉结筋扳出，钢筋接驳、绑扎。

6）土建单位提供升降式防淹防护密闭隔断门门框定位数据，升降式防淹防护密闭隔断门门框立装、精调就位、斜撑固定。

7）过墙管线预埋、认孔。打筑门框墙下门槛处混凝土。打筑门框侧墙、门框上挡墙混凝土。升降式防淹防护密闭隔断门门扇等安装调试。

8）此外，升降式防淹防护密闭隔断门门框与主体同步施工，受盾构区间的施工、临时设备进出、调线调坡和轨道铺装等诸多限制，因此一般推荐采用门框墙处暂预埋钢筋接驳器、拉结筋，待盾构区间施工完毕、轨道铺装之后二次浇筑的施工方法，不过也可以在轨道铺装前安装，以下就两种方式分别论述：

① 轨道铺装前安装

直线段：在调线调坡完成后，根据隔断门（防淹门）里程点、线路中心线、轨顶标高的设计值进场现场测量、放线和标记。门框固定前，第三方检测单位必须对隔断门里程、下门框标高、门框中心线的数据进行复测，确保各项数据满足设计要求；固定时，门框前、后分别用刚性支撑；固定后，必须对门框安装数据进行二次复测，确保安装数据无误，如果数据复测时，发现安装误差超出允许误差，应进行门框精调，直到合格后对门框进行定位。门框定位时，下门框与下端门框墙钢筋焊接牢靠，两侧用楔块锁紧。最后对完成定位的门框依次进行墙体支模、浇筑，拆除门框临时支撑。

曲线段：施工流程与直线段轨前安装相似，由于曲线段内轨和外轨不在同一平面，存在高差。在门框拼装时，先将上、左、右门框组件连接为一体，调整并检查合格后焊接上部临时斜撑和临时支撑。门框安装时，门框中心线根据设计图纸要求，相对于线路中心线朝低轨方向偏移值安装，以满足限界要求。安装下门框组件时，根据准备的两轨位置坐标、轨顶标高、两轨高差和门框中心线与轨道中心线的偏差量将左右端和中间组件分别放置到位，并用辅助角钢固定，并保证其下表面紧贴两个钢轨的顶面和左右门框的前后相对位置准确。其余工序与直线段相同。

② 轨道铺装后安装

直线段：门框安装以锁定轨道为基准，下门框上表面与轨顶面平齐，门框中心线与线路中心线（轨道中心线）重合，其余同直线段铺轨前门框安装方法相同。

曲线段：安装方法与曲线段轨前安装相似，区别在于安装下门框组件时，将托板置于锁定的钢轨下面，将左右端和中间组件分别放置到位，最后放置辅助角钢。辅助角钢的下表面应紧贴两个钢轨的顶面，并保证其和左右门框的前后相对位置准确。以轨道位置为基准测量门框高度、下门框标高、门框中心线偏移量，要求两轨道中心线至上门框里边距离与门框高度一致，下门框与内外轨道顶面所在的斜面一致，门框中心线朝内轨道偏移，偏移量符合设计要求。

轨后安装隔断门（防淹门），可以根据锁定轨道安装门框，吸收土建和轨道的施工误差，保证行车及限界要求，安装相对简单。但是轨道锁定后，除了隔断门开始施工外，还有隧道照明、供电、机车冷滑热滑和接触网汇流排等专业都开始了轨行区的施工作业，设备运输也开始紧张。因为隔断门（防淹门）从立框到拆除临时支撑至少需要14d时间断开线路，所以对其他专业施工影响非常大。

（3）技术指标。

1）由于升降式防淹防护密闭隔断门尺寸较大，因此需要在区间风井顶板预留升降式防淹防护密闭隔断门吊装孔。升降式防淹防护密闭隔断门吊装孔中心位置应尽量与地下一层底板升降式防淹防护密闭隔断门门孔中心位置接近。

2）核对已生产门槽的型号、尺寸，确认基准平面及标高位置。确认中隔板开槽与下门框面的位置关系符合设计要求。

3）检查各预埋件的位置及数量是否正确，立门槽，将门槽牢固支撑就位。需要注意的是人防专业先立门槽，土建施工单位后绑扎四周钢筋。因门槽较高，跨越上下两层，其底板、侧墙、中隔板等需多次浇筑，为确保精度，每次浇筑前后均应进行精度校核，并采取措施防止偏移。

4）每次浇筑后通过调整带调节螺栓的支撑杆，校准门槽平面前、后、左、右垂直度，门框的前后、左右倾斜量均不得大于门孔净高的千分之一。

5）土建施工浇筑时不得影响门框的安装精度，振捣棒不能直接接触门框，应采取措施保证混凝土振捣密实。

6）待混凝土强度达到设计要求后，方可拆除临时支撑。

7）门框安装完成后主控项目的偏差应符合表9.1-1规定。

门框安装精度要求　　　　表9.1-1

序号	允许偏差项目	允许偏差（mm）
1	门框孔高	4.0
2	门框孔宽	4.0
3	门框垂直度	3.0
4	轨道中心与门框中心偏差	3.0
5	轨顶标高与门槛标高偏差	3.0
6	防淹门里程偏差	3.0

9.1.3　应用实例

本小节阐述了区间隔断门（防淹门）门框的安装方法及安装节点分析，其中各有利弊，铺轨后安装方式主要优点在于解决轨道与人防设备之间误差；铺轨前安装门框的方式主要优点在于解决隧道不同专业交叉作业及工期问题，给后续专业争取时间。

在徐州地铁1号线工程门框施工过程中，将大部分设置在隧道直线段位置的区间隔断门（防淹门）置于轨道铺轨前施工，为其他专业后续施工提供时间，减少施工协调难度，节省轨行区各项资源。小部分设置在线路曲线段位置的人防区间隔断门（防淹门）门框置于轨道铺轨后安装方式，解决区间隔断门（防淹门）门框中心线与线路中心线偏移、左右两轨高差大引起的精度及误差问题。

9.2 地铁全高屏蔽门施工技术

9.2.1 简述

屏蔽门是安装于地铁站台靠轨道侧边沿，把站台区域与轨道区域相互隔离开的设备。列车到达时，开启玻璃幕墙上的电动门供乘客上下列车。设置屏蔽门的主要目的是防止人员跌落轨道发生意外事故，降低车站空调通风系统的运行能耗，同时减少列车运行噪声和活塞风对车站的影响，为乘客提供一个安全、舒适的候车环境。

9.2.2 技术内容

（1）工艺流程

屏蔽门施工工艺流程如图 9.2-1 所示。

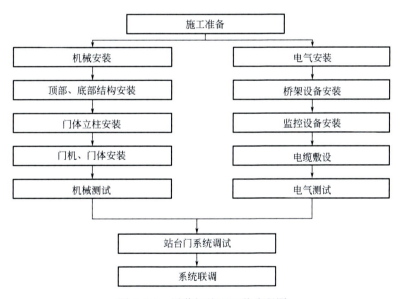

图 9.2-1 屏蔽门施工工艺流程图

（2）操作要点

1）顶部结构安装

① T 形螺栓安装：清理埋件，放置 T 形螺栓。

② 钢结构件安装：核对钢结构件编码，吊装钢结构件并调整垂直到位，螺栓拧紧固定。按设计要求用扭力扳手授力到位，做好红色紧固标记和记录。

③ 固定面板支架安装：初步固定支架，间距符合设计要求；调整支架的水平和垂直；按设计要求用扭力扳手授力到位，做好红色紧固标记和记录。

④ 后封板安装：现场封板配钻打孔；用密封胶填补两条垂直覆盖条；封板固定后，用密封胶修补上下两边。

⑤ 绝缘件安装：把装配好的组件固定；按设计要求调整水平距离（X、Y）到位，控制在允许误差

范围内；检查绝缘件无损坏。

⑥ 安装化学螺栓：根据螺栓尺寸现场打孔（尺寸参照供应厂家的技术说明书）；打孔清理；孔位清洗；螺栓种植；保护期过后进行拉拔测试。

2）底部结构安装

① 零部件组装：用专用工夹具在工厂组装成单元部件；调整水平度，拧紧螺栓，并做绝缘测试，按设计要求用扭力扳手拧紧，做好红色紧固标记和记录。

② 现场安装：与站台板用对穿螺栓连接，并进行绝缘测试。调整水平和三维尺寸（x，y，z方向），螺栓拧紧固定。按设计要求用扭力扳手拧紧，做好红色紧固标记和记录。

③ 调整、测试：对整体结构进行三维尺寸（x，y，z方向）复测，先对每个门单元进行绝缘测试，达到绝缘值后，再对整体进行绝缘测试。

3）门机、电气设备安装

① 门机梁安装：在工厂组装门机梁及绝缘件；采用专用设备吊装门机梁，并做绝缘测试；调整门机梁水平和垂直位置。

② 线槽安装与门机梁型材相嵌连接，并调整水平位置，螺栓拧紧。

③ 后封板，门机梁顶盖板安装，调整到位。

④ 对整体结构进行三维尺寸（x，y，z方向）复测。

4）门体结构安装

① 立柱安装：在工厂组装立柱、门机梁支撑架。立柱与门机梁进行螺栓连接，并调整垂直度（x，y方向），螺栓拧紧；按设计要求用扭力扳手拧紧，做好红色紧固标记和记录。

② 活动面板支撑架安装：根据安装技术要求安装到位，调整二维尺寸（x，z方向）；按设计要求用扭力扳手拧紧，做好红色紧固标记和记录。

③ 固定门底座安装：底座支撑以底部有效站台门中心线为中心向站台两端布置，用穿透螺栓固定在站台板边缘，调整底座支撑，使得相邻之间误差≤2mm。

④ 门楣梁安装（在门体安装、调整后安装）：门楣梁安装到位，拧紧固定螺栓；调整二维尺寸（x，z方向），如图9.2-2所示。

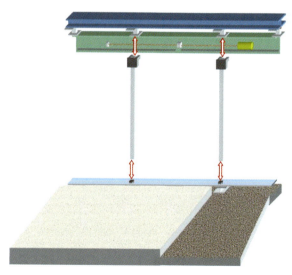

图9.2-2 门楣梁安装

5）门体安装

① 活动门的安装：辅件安装。活动门与门机螺栓连接，调整高度，拧紧固定螺栓。按设计要求用扭力扳手拧紧，做好红色紧固标记和记录。

② 固定门安装到位，并用辅件（固定销）固定。

③ 应急门安装：与门轴联接并用螺栓紧固。

④ 端头门安装：端头活动门与门轴联接并用螺栓紧固。安装端头固定门，到位后用辅件（固定销）固定。端头门与端墙之间打绝缘胶，如图9.2-3所示。

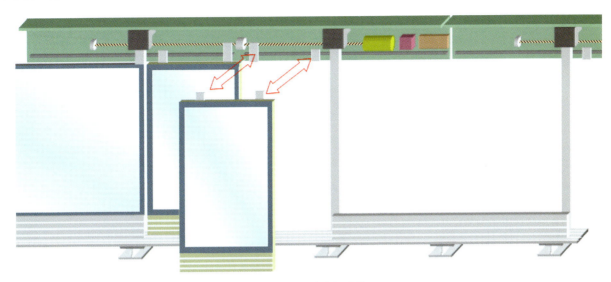

图 9.2-3　端头门安装

6）外装饰板安装

站台门管理室至车站控制室的线槽、电缆的铺设。站台门管理室至通信机房的线槽、电缆的铺设。站台门管理室至站台控制盒的线槽、电缆的铺设。站台门管理室至站台门门体设备的电缆的铺设。站台门等电位与钢轨连接接口预留。

① 线槽走向定位：根据施工设计图纸及综合管线图确定管线槽的位置，画线标识，注意保证电力管线与其他管线的间距。根据各设备位置确定管线分支位置及安装方式。主干径路应尽量减少管线转弯，尽量避免与其他管线交叉，并且留有便于施工、维护的空间。

② 支撑架安装：支撑架定位、打孔。支撑架安装牢固，间距符合设计要求。安装时可用拉细线方法调节支撑架的平直。

③ 管线槽切割、套丝及安装固定。

④ 接地防腐处理。

⑤ 穿放引线。

⑥ 缆线后期处理。

7）电气设备安装施工

① 设备安装：监控系统、电源系统等设备安装，配电柜PSC到各系统设备间电力电缆、控制电缆敷设，不间断电源设备安装，电池柜安装。

② 电源线敷设时注意与其他控制电缆的间距，并对各系统电缆采用钢管或金属槽进行防护。电源系统未调试完成不得将各系统电源线接入配电柜输出端，各设备侧电源线在电源系统未调试完成前不得接入设备，并保证芯线间、芯线对地不短路。

③ 安装完成后受电，受电时密切注意设备状态，采用逐级电源打开，出现问题可随时判别。

9.2.3　应用实例

本技术在徐州地铁1号线工程的成功应用，对屏蔽门稳固性及准确性都有巨大改进，应用效果良好。

9.3 公共交通型自动扶梯现场数字化定型技术

9.3.1 技术简介

目前，我国许多城市均开始建设地铁工程，地铁站台通常依靠自动扶梯运输乘客。同时，地铁作为公共交通工具，客流量大，其中桁架结构可靠、稳定性至关重要。

传统的方法是计算单个零件受力，然后逐个分析。缺点是没有考虑零件和零件的相互作用，分析不全，且过程繁琐，费时费力。随着技术发展，有限元分析在电扶梯设计排产过程受到广泛的重视。通过RFEM有限元受力分析工具，在自动扶梯设计排产阶段发现潜在问题，优化设计，缩短生产周期，解决现场施工过程中吊装及运输问题。

9.3.2 技术内容

（1）技术流程（图9.3-1）

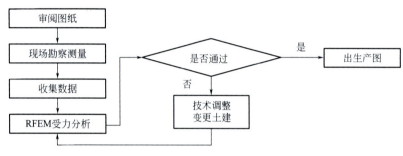

图9.3-1 技术流程图

（2）关键技术流程

1）准备阶段：通过审阅相关图纸，了解电扶梯分布结构，核对扶梯位置和编号，确保一致无误。

2）现场勘察测量：通过运用全站仪等测量设备，精确测得扶梯井道的相关土建数据：跨距 L、提升高度 H、角度 α 等，如图9.3-2所示。

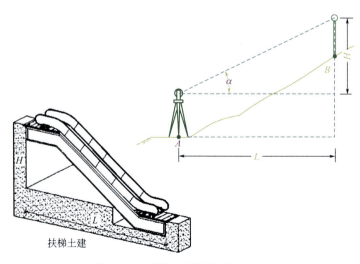

图9.3-2 扶梯土建勘察测量示意图

3）数据分析：

将测量获得的相关数据初步核对设计图纸是否符合设计要求，若相差不大则可以将相关数据录入 RFEM 有限元分析软件，计算分析并设计桁架结构选型，如图 9.3-3、图 9.3-4 所示。

Base Specification		Loads		Factors	
Type Specification	9700-3S/I	Qs	2.42 kN/mH	γ_{M0}	1.00
Inclination in deg	30.0	Q3o	7.90 kN/mL	γ_{M1}	1.00
Horizontal Run Bottom/Top	L / L	Q2	8.15 kN/mH	γ_{M2}	1.25
Rise in mm	6300	Q3u	7.90 kN/mL	γ_G	1.350
Extension Top in mm	1310	Qn	5.00 kN/mL	γ_Q	1.500
Extension Bottom in mm	243	Qn acting on	l/m/u (middle 0.0-6.3 mH)	mf	1.00
Step With in mm	1000	P1	6.50 kN		
Frame Heights Top / Int. / Bottom in mm	1190 / 1104 / 1030	P2	8.10 kN		
Girder Angles Upper / Lower	L 120x80x12 / L 120x80x12				
Int. Support Distances in mm	9756 / (9756)				
Int. Supports Chosen Defl. in mm	7.0				
Span in mm	19512				
Drive	single				
Member Material Quality	Steel S 235 JR (EN 10025-2.2004-11)				

图 9.3-3　RFEM 有限元受力分析基本参数示例图

Calculation Results design ratio

1.1. Vertical Support Reactions

position	Characteristic Load per Truss Side	Characteristic Load total	Design Load total	support angle profile	support angle material	adjustment force	design ratio
bottom	26.3 kN	52.6 kN	70.4 kN	L 160x18	S355	-	0.70
intermediate_1	65.2 kN	130.4 kN	191.6 kN	IPB 140	S355	33.3 kN	0.50
top	35.2 kN	63.9 kN	87.9 kN	L 160x18	S355	-	0.94
Total Force		246.9 kN	349.9 kN				

1.2. Maximum Normal Forces in Girders for Characteristic Loads

position	Normal Force (tension is positive) max.	max. admissible	beam nr.	design ratio
lower_girder	64.54 kN	212.00 kN	76	0.30
upper_girder	11.91 kN	193.00 kN	92	0.06

1.3. Maximum Vertical Deflections

loadcase	max.	max. admissible	node nr.	design ratio
Characteristic Load	9.3 mm	27.9 mm (L_{free_span}/350)	44	0.33
Structural Rated Load Uniform	1.2 mm	6.5 mm (L_{free_span}/1500)	32	0.18

1.4. Maximum Design Ratio

design ratio is 0.69 ≤ 1.00　　0.69

1.5. Global Stability

design ratio is 0.32 ≤ 1.00　　0.32

All calculated Criteria fulfilled.　　max. 0.94

图 9.3-4　RFEM 有限元受力分析结论

从上述分析结果可以得出三个位置（上、中、下）的垂直支撑力均小于设计载荷，额定载荷下大梁的最大法向力也远低于最大容许值，最大垂直挠度、设计比和全面稳定性也均小于临界值，结论为符合所有计算标准，最大值为 0.94。

① 抗断裂安全系数计算

利用 f_u/f_y=1.5 和设计荷载倍增系数（1.35+1.5）/2=1.425 的关系，可以计算出所有构件的整体抗断裂安全系数。

抗断裂安全（构件）=1.5×1.425×1/0.94（最大设计比）=2.27

类似的，可以计算出防止桁架接头关节断裂的安全性。然而，由于接头的位置在这一点上是暂时未知的，因此假设该位置位于受力最大的位置（在实际情况下，接头断裂的整体安全性可能更高）抗断裂安全性（接头）=2.00（接头抗断裂安全性）×1/0.30（最大设计比）=6.57。因此，抗断裂总体安全性至少是 2.27，计算过程如图 9.3-5 所示。

② 全面稳定性比例计算

根据 EN 1993-1-1 第 6.34 章的一般方法：

• 受力分析的部件为自动扶梯后壁，具有平面内荷载。

- 弹簧横向支撑单个框架，以模拟与下半部分的连接。
- 特征值计算给出了 $\alpha_{\mathrm{cr,op}}$ 的结果。
- $\alpha_{\mathrm{ult,k}}$ 最小的构件被认为是最关键的构件。

输入数据以计算换算系数为 0.32＜1。

the design normal force of the most critical cross section (from RFEM general results):
$$N_{Ed} = -120.03 \text{ kN (member 102)}$$

its cross section area:
$$A = 22.70 \text{ cm}^2$$

its yield strength:
$$f_y = 23.50 \text{ kN/cm}^2$$

the partial safety factor for instability by member checks (EN 1993-1-1 6.1):
$$\gamma_{M1} = 1.0$$

the imperfection factor for the used buckling curve d (EN 1993-1-1 6.3.1):
$$\alpha = 0.76$$

the minimum load amplifier for the plane design loads to reach the elastic critical load of the frame, (RFEM stability analysis):
$$\alpha_{cr,op} = 11.45$$

Calculation of the reduction factor:

the characteristic value of resistance to axial compression:
$$N_{Rk} = f_y A = 533.45 \text{ kN}$$

minimal load amplifier of the design loads to reach the characteristic resistance of the most critical cross section:
$$\alpha_{ult,k} = \frac{N_{Rk}}{N_{Ed}} = 4.44$$

global non dimensional slenderness:
$$\overline{\lambda}_{op} = \sqrt{\frac{\alpha_{ult,k}}{\alpha_{cr,op}}} = 0.62$$

value to determine the reduction factor:
$$\Phi_{op} = 0.5\left[1 + \alpha(\overline{\lambda}_{op} - 0.2) + \overline{\lambda}_{op}^2\right] = 0.85$$

the reduction factor for axial compression:
$$\chi_{op} = \max\left(\frac{1}{\Phi_{op} + \sqrt{\Phi_{op}^2 - \overline{\lambda}_{op}^2}}, 1\right) = 0.69$$

Criteria:
$$\frac{\gamma_{M1}}{\chi_{op}\alpha_{ult,k}} = 0.32 \leq 1$$

图 9.3-5　全面稳定性计算图

③ 计算构件的设计比例

通过计算每一个桁架构件的设计比例可以看出第 29 号构件的设计比例最高，也就是受力最大，但也仅达到最大设计值的 69%，符合安全要求，29 号结构件的选型符合，如图 9.3-6 所示。

27	L 90x60x8	0.38
28	U 65	0.37
29	**L 90x60x8**	**0.69**
30	U 65	0.45
31	L 90x60x8	0.45
32	U 65	0.65

图 9.3-6　设计比例计算表部分截图

④ 桁架结构（图 9.3-7）

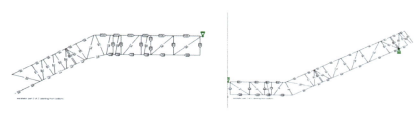

图 9.3-7　桁架结构构件示意图

⑤ 桁架各构件结构的设计受力比例（图 9.3-8）

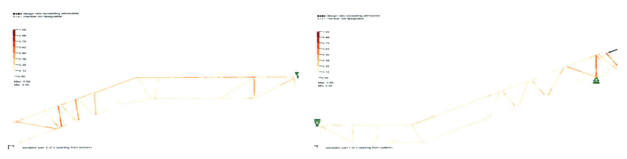

图 9.3-8　桁架结构构件受力设计比例色示图

通过色示图颜色深浅可以看出最深颜色为 29 号构件，与设计比例统计表中数据一致，受力分析通过。

通过分析桁架每个构件的受力与材料理论受力的比例，确定各区位构件选材是否合适和主体机构稳定性。如超出所选型材的设计值则可以调整桁架型材主结构模型，变化材料选型或者调整土建井道参数等使得自动扶梯安全标准不降低的情况下具备低自重、高性能、运行安全稳定的优点。

9.3.3　应用实例

本技术已在常州轨道交通 1、2 号线，徐州轨道交通 1、3 号线等项目开展应用。基于 RFEM 有限元受力分析的综合应用，形成了一套成熟的分析计算模型，给设备的设计排产及施工安装提供极大的便利，应用效果良好。

9.4　观光式无障碍电梯安全性模拟试验技术

9.4.1　技术简介

电梯作为地铁车站的重要组成部分，极大地方便乘客进出地铁出行。其中，观光式无障碍电梯集简洁美观、节省空间的特点于一身，在轨道交通地铁站项目广泛使用，尤其是残障人士、老年人及儿童在公共空间里需要上下活动时，通过无障碍电梯可以方便地到达目的地。

每一台无障碍电梯投入使用前，都需要经历各种各样的检测检验以及各项安全性能模拟试验，其中安全钳联动试验显得尤为重要。本技术从超负载满速安全钳联动试验角度，检验电梯在极端条件下对乘客生命安全保护的可靠性。

9.4.2　技术内容

（1）试验准备条件见图 9.4-1。
（2）试验流程见图 9.4-2。
（3）关键试验流程：
1）试验前准备：底层厅门口设置安全护栏，将电梯轿厢升至顶层平层位置，设置电梯进入司机模式。

图 9.4-1　试验准备条件图

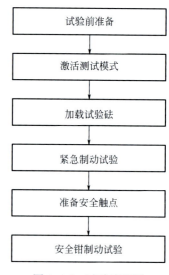

图 9.4-2　试验流程图

2）在电梯控制面板软件中设置激活电梯测试模式（KFM），然后进入特殊运行模式。SMLCD：Command（指令）→Special trips（特殊运行）。

3）禁用称重装置：通过软件禁用电梯称重检测传感器并稍稍松开 Digisens（传感器）上一颗固定螺栓。SMLCD：Command（指令）→LM Disable（禁用 LM）→Disable（禁用）。

4）加载砝码：给轿厢加载额定载重量的 125% 试验砝码，载荷砝码需均匀分布在轿厢中。

5）紧急制动力测试：软件进入制动器测试模式准备，人员进入轿厢内呼梯至最底层楼层指令后退出轿厢，当电梯轿厢下行运行速度达到额定速度时，立即按下召回控制上的停止开关 JHM，启动应急停梯。

SMLCD：Tests（测试）→Acceptance Test（验收测试）→Brake Test t14（制动器测试）→OK?→Floor（楼层＝（enter a car call to the bottom floor）（输入至底层的轿内呼梯）→Entry Side（输入侧）＝Side 侧）...→Car Call Side 轿内呼梯侧... OK。

6）检查记录结果：检查轿厢运行情况及 SMLCD 显示的数值。

合格：轿厢停止且 SMLCD 显示平均制动器减速值在范围 $300\sim9810\ mm/s^2$ 内。

不合格：SMLCD 显示数值 $<300mm/s^2$ 或 $>9810mm/s^2$ 且 SMLCD 显示 "Test Failed（测试不合格）"。

7）准备安全触点：使用测试插件 ASIXB. KBV 和 ASIXB. KSS，禁用 ASIXB PCBA 上的触点 KSS 和 KBV。使用安全钳测试插头，禁用 CANIC PCBA 上的 KF 开关，如图 9.4-3 所示。

8）安全钳制动力测试：进入测试验收模式，选择轿厢安全钳，听到声音信号后按下 DBV 按钮，触发限速器与轿厢安全钳联合动作。

SMLCD：Tests（测试）→Acceptance Test（验收测试）→Safe Gear Car→OK? 声音信号显示轿厢达到 VKN 后，并且轿厢接近门区时，按下 DBV 按钮。

9）检查结果：合格。安全钳啮合，SMLCD 显示 "Done（完成）" 和 "MaxSpd"。若安全钳不能停止轿厢或 SMLCD 显示 "Test Failed" 则不合格。

10）松开安全钳：在 GCIOCF54 PCBA 上进行重置，标记轿厢位置（轿壁或导轨）有助于稍后找到制动器标记。通过召回控制（DRH-U）松开安全钳。如果不能通过召回控制用轿厢，使用高扭矩运行移动轿厢。SMLCD：Commands（指令）→Special trip（特殊运行）→High Torque Trip（高扭矩运行），重复 SMLCD 指令，直到松开安全钳。

11）目检：检查安全钳开关是否已动作，复位安全钳开关，确认轿厢或轿厢安全钳上无可见的

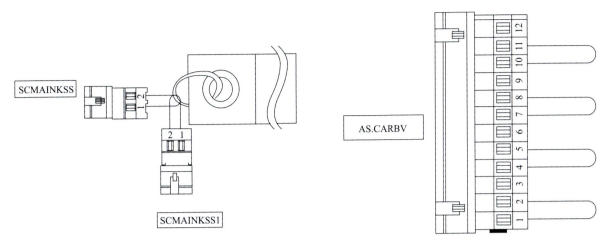

图 9.4-3 安全触点接线图

损坏。

12)测量制动器标记:使用控制柜内紧急电动上行电梯,电梯安全钳开关复位。人员进入轿顶检修运行电梯,找到安全钳制动痕迹,测量并在导轨上永久记录测试结果。安全钳制动距离在范围 130～306 mm 内。如果制动器标记太长或太短则不合格,需根据指导文件重新调整安全钳设置,重新测试直至数据在合理范围内,如图 9.4-4 所示。

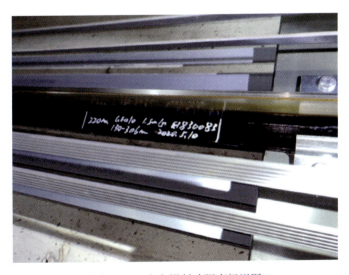

图 9.4-4 安全钳制动距离标识图

13)恢复系统:从 ASIXB PCBA 上拔下测试插头 ASIXB.KBV 和 ASIXB.KSS。从 CANIC PCBA 上拔下安全钳测试插头,确保 KBV、KSS 和 KF 开关功能正常。拧紧 Digisens(传感器)的紧固螺栓,激活称重系统。SMLCD:Command(指令)→LM Disable(禁用 LM)→Enable(启用)。

14)检查密封件:检查每个安全钳上的密封件是否完整,必要时密封每个安全钳。

15)退出测试模式:退出 KFM 模式,确认电梯处于标准操作模式。

16)恢复正常运行:人工处理安全钳制动痕迹,确保不影响电梯正常运行;恢复电梯正常运行,测试完成。

(4)注意事项:

1)测试进行前电梯导轨清洁干净、无油污、无锈迹。

2)测试进行前需按厂家要求调整安全钳制动砌块与电梯导轨的间隙是否符合要求。

3）双侧安全测试结果都需要满足技术指标。
4）两项测试电梯均能停止运行。

9.4.3 应用实例

本技术已在北京地铁 16 号线工程、徐州地铁 1 号线工程可靠实施，保障电梯连续可靠运行，提高使用安全性，为其他项目电梯安全模拟试验提供一定借鉴作用。

第 10 章

信息化管理平台关键技术

信息化管理平台采用大数据云平台＋物联网技术，提出了基于施工过程全数字化的轨道施工智慧管理理念。平台将施工过程管理跟施工现场监管相结合，解决了传统智慧工地系统重监管轻流程、重硬件轻软件的问题，大大提升了轨道施工管理的效率和标准化管控水平。

本章针对信息化管理特点，从轨道施工的无线网络覆盖、基于室内定位技术的人员管理系统、轨道施工车辆的智能车载系统、轨道交通智慧平台现场监管系统、轨道交通建设大数据应用系统等方面，结合现场实际进行技术总结及创新，为后续类似工程提供参考性依据。

10.1 轨道施工信息化管理平台系统拓扑结构

按照信息化管理平台建设模型,我们把系统分为感知层、传输层、数据层、支撑层、应用层和展现层六个层面。其中感知层是物联网层,主要部署在施工现场,作为前端数据源采集。感知层包括:人员定位、人脸识别、车载系统、视频监控、语音通信、环境监控、能耗监控等,感知层主要是把施工环境及施工过程全数字化处理。传输层主要是建设了一个广域互联网层,作为数据的承载层。传输层网络包括用于视频及语音通信的光纤骨干网及无线局域网,也包括用于人员、车辆定位及传感器通信的窄带物联网。数据层则是用于施工过程全数据的分析、加工和存储。支撑层则是为应用层服务的技术支撑,包括 GIS 服务、BIM 轻量化技术、检索服务、消息服务、流程服务、日志服务、定位服务、视频分析等支撑技术。应用层是面向管理人员提供施工管理业务的层面,主要包括人员管理、安全管理、质量管理、进度管理、物资管理、环境管理、轨行区调度管理等。展现层主要是施工管理业务的展示层面,展现层终端包括监控中心大屏、管理人员 PC 终端及手机 APP,如图 10.1-1 所示。

图 10.1-1　智慧工地施工现场管理云平台

10.2 轨道施工信息化管理平台的传输层网络建设

10.2.1 技术简介

由于轨道施工的特点,大部分施工活动都是在地下密闭空间内进行,无论是 4G/5G 通信信号还是用于定位的 GPS/北斗信号都无法到达,施工现场成为一个信息孤岛,这给施工现场管理造成了很大的麻烦。为此,我们参考了各地施工经验,设计了基于光纤骨干网+wifi 热点全覆盖的虚拟无线局域网作为施工现场的数据承载。项目管理部与施工现场通过 VPN 技术构建了一个虚拟局域网,从而保证数据的安全性及网络的 QOS 保障。

10.2.2 轨道隧道通信环境及网络需求分析

隧道环境复杂，管径较小，隧道直径一般不超过 5m，另外隧道有弧度及坡度。特别是机车通过时，四周剩余空间很小，机车本身作为屏蔽体，对无线信号的干扰很大。同时隧道对无线电波具有"隧道效应"，限制了无线信号在隧道内的传输。

地铁施工信息化管理平台建设要求在施工现场实现高清视频监控、实时语音对讲、人员考勤及定位数据传输、车辆实时定位信息传输等，数据量大，实时性高，对网络带宽及实时性、稳定性有较高的要求。

综合各地地铁施工经验，隧道内通信骨干网建设主要有两种方式：光纤通信及无线网桥。以下对这两种方式进行对比分析。

10.2.3 光纤通信

(1) 光纤通信特点

光通信使用的光波波长范围是在近红外区内，波长为 $0.8\sim1.8\mu m$，可分为短波长段（$0.85\mu m$）和长波长段（$1.31\mu m$ 和 $1.55\mu m$）。光纤通信具有一系列优异的特性，有以下优点：

1) 传输频带宽、通信容量大，短距离时达几千兆的传输速度

载波频率越高通信容量越大，目前使用的光波频率比微波频率高 1000～10000 倍，所通信容量约可增加 1000～10000 倍。

2) 线路损耗低、传输距离远

目前使用的光纤均为石英系列光纤，而且由于制成的石英玻璃介质的纯度极高，所以光纤的损耗极低，中继距离可以很长。这样，在通信线路中可以减少中继站的数量，降低成本且提高通信质量。

3) 不受电磁干扰，抗干扰能力强，抗化学腐蚀能力强

光纤是非金属的介质材料，天生就有不受电磁干扰特性，这是其他电缆望尘莫及的。

4) 组网方式灵活，可进行冗余设计

光纤组网可以根据现场需要，进行环形组网、星形组网及链形组网。

5) 网络安全性

光纤具有铜线传输介质无法比拟的抗干扰能力，同时消除了单位数据通过电磁辐射而泄密的可能。

(2) 光纤通信组网架构

若隧道具备全线贯通的环境，则按一端进入的方式延伸布放，全线可利用一个出口路由接入外部网络；若隧道内施工不具备全线贯通的环境，则根据现场实际情况，在多个站点分别设置出口路由，分别接入外部网络。

1) 全线组成局域网，共用一个出口路由，具有如下特点：

① 局域网内传输带宽高，可保证网内业务高速率传输，业务运行顺畅。

② 便于设置和管理，易扩容。

③ 对局域网路由器、外部网络网关的带宽等性能要求高。

2) 全线分别采用多个出口路由，具有如下特点：

① 多个出口路由可对全网业务的带宽需求进行分担，对路由器等设备性能要求较低。

② 各个分部网络互不干扰，可有效避免全网网络拥塞等现象。

③ 受外网带宽性能约束。

骨干网络建设：可采取多宽带接入的方式，每 3 个车站作为一组进行宽带接入，并设置 VPN 出口

路由器，同时在指挥中心设置 VPN 路由器，通过 VPN 组成内网实现业务调度与管理，如图 10.2-1、图 10.2-2 所示。

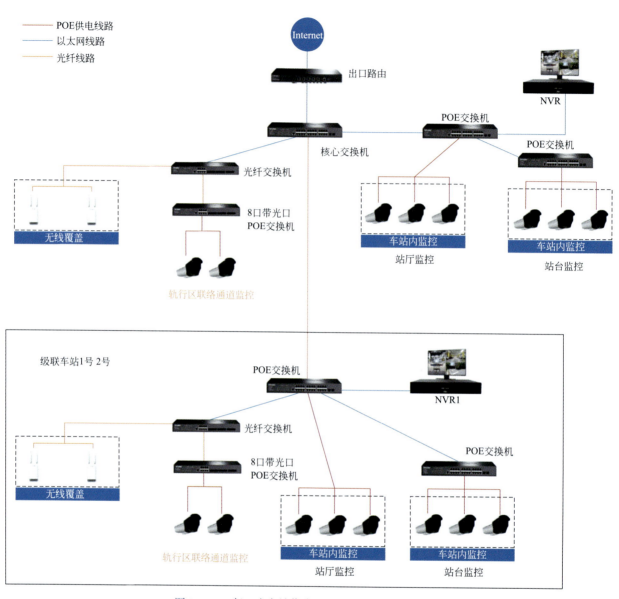

图 10.2-1　每 3 个车站作为一组进行宽带接入的方式

10.2.4　无线网桥

无线网桥传输系统通常由两个或两个以上的无线设备组成，由于数据双向传输，每台设备需具备无线信号的收发能力。

无线网桥利用空气作为介质来传播信号，一端网桥把网线中的信号转化为无线电磁波信号并定向发射到空气中；另外一端的网桥接收空气中的无线电磁波信号并转化为有线信号。

无线电磁波信号能以空气为传输介质进行传播，可以解决很多有线部署施工困难的问题，而且只要在无线信号覆盖区域内，客户端可以方便地接入网络，融合系统，不需要任何布线，无线终端可以实现零配置接入，因此非常容易进行网络维护和扩展。

（1）无线网桥类型

无线网桥具有 2.4G 网桥和 5.8G 网桥两种。

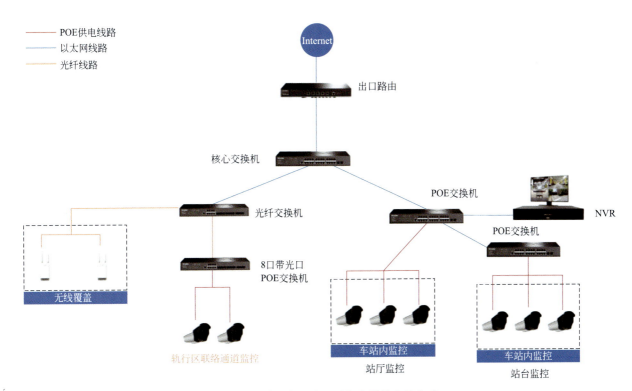

图 10.2-2　单个车站独立进行宽带接入的方式

1）2.4G 网桥

优点：频率低、波长大、绕射能力强。简单说就是传播性能好，传播路径有轻微遮挡也无大碍。

缺点：使用 2.4G 频段的设备多，网桥发射的电磁波信号容易受其他设备发射的信号干扰，造成传输质量下降。再就是受限于 2.4GHz 频段本身的传输带宽，一般不超过 300Mbit/s。

2）5.8G 网桥

优点：频率高，信道相对纯净、传输带宽大。传输带宽 433Mbit/s 起步，可轻松达到 1Gbit/s 以上，适合对数据传输要求较高的场景使用。

缺点：频率高，信号波长短、穿透性差、传播途中不能有遮挡。5.8G 设备成本比 2.4G 高。

（2）无线网桥特点

1）传输距离

无线网桥的传输距离有很多种，1~3km、3~5km、5~10km，有的传输 20km 以上，实际应用环境下的雨、雾、雪等天气会导致网桥传输性能下降，工程建设应预留充足的性能余量。

2）传输带宽

无线网桥的传输速率有很多种，如 150Mbit/s、300Mbit/s、450Mbit/s、600Mbit/s、900Mbit/s 等，根据业务需求来定。实际需要考虑的是网桥在特定距离下的传输性能，而不是理论带宽数据。

3）工作频率

无线网桥的工作频率主流有两种：2.4G 和 5.8G，两种网桥的特点各不同。一般来说，2.4G 的无线网桥是当前主流频段，兼容性好、绕射能力好，但抗干扰性比较差，尤其是在城区使用易受其他 wifi 设备发射的无线信号干扰。5.8G 的信道比较纯净，抗干扰能力比较好，传输距离远，但是绕射能力差。

（3）无线网桥组网架构

常见的无线网桥传输模式有 4 种，分布是点对点、点对多点、中继、反射。

1) 点对点传输

点对点传输模式是最简单的传输模式，也就是我们常说的PTP，以单个设备发射，再由单个设备接收，一对一的发射与接收，简单又直接。无线网桥的点对点传输模式常用于传输距离较远，或者业务应用终端分布较为广泛，无法做到点对多点传输的情况。

2) 点对多点传输

点对多点传输模式在基于点对点传输模式发展而来的，常表现为一个接收端对多个发射端，常用于传输距离较近，监控点较多、分布较密集的情况。

3) 中继传输

中继传输模式是由于发射端与接收端有不能避开的阻挡物遮挡了微波信号，所以才在中间添加中转设备，让微波信号通过中转设备顺利传输到接收端，这种模式由于要增加中转设备增大设备费用投入。

4) 反射传输

反射传输是借助了传输设备的之外的物体进行微波发射传输，例如发射端与接收端无法做到通视，但刚好在中间有一栋较大的建筑物或者光滑岩壁的山峰，这样则可以通过调整设备的角度，通过建筑物或山峰反射微波信号进行无线通信。

10.2.5 光纤组网与无线网桥组网对比

由于地铁隧道狭长的管状结构，并且管道弯曲不规则。同时"隧道效应"的存在，限制了无线信号在隧道内的传输。因此，当采用无线网桥组网时，只能采用中继传输的组网模式。

（1）光纤网络的优缺点

光纤组网的技术成熟、通信稳定、传输数据量大；可冗余组网或环形组网，避免单点故障造成的全网瘫痪。

但光纤网络需要布放传输线缆到业务应用前端，添加新设备时，仍需要布线。由于施工环境复杂，网络设备属于临时设施，如何科学合理地规划网络布线，尽量减少人为因素造成的网络故障，是网络建设成败的关键。

（2）无线传输的优缺点

无线网桥组网避免了有线传输的线缆布放，施工简单，维护量相对较小，系统容易扩展。

但网桥设备需要解决供电问题，若采用集中供电方式，仍避免不了布线到前端的工作量。

同时，由于隧道效应的存在，网桥设备传输距离比理论距离存在较大差距。基于隧道管状结构特点，网桥组网只能采用中继组网方式。

采用中继组网方式时，无线网桥占了很大的比重，但无法进行长距离多点跳传的组网，超过一定数量的设备跳传，容易出现数据掉线、丢包、中断等问题。

由于网桥跳传回传，设备的时延、丢包率、带宽、交换容量、包转发率等问题都会影响数据交换的性能和延时；数据一级一级回传，累积数据量对后端设备性能要求高，数据处理压力大。

当施工车辆经过时，在隧道内形成了遮挡，阻碍了无线信号的传输，无线信号受到严重干扰。

所以无线网桥模式不能适应隧道内长距离高带宽的网络应用。

10.2.6 WLAN无线接入网覆盖

目前WLAN使用最多的是802.11n和802.11ac标准，既可以工作在2.4GHz频段也可以工作在5GHz频段上，传输速率可达600Mbit/s（理论值）。

（1）无线覆盖建设

通过网络环境实测，我们在隧道内每隔300m安装一台WLAN无线基站设备，通过基站的全向天线覆盖基站的两侧区域，有效覆盖范围 300m，相邻基站进行无缝覆盖设计；站厅和站台利用全向天线基站，进行无线覆盖；最终定点分布根据现场实际环境进行优化。基站通过光缆连接，接入核心交换机，通过接入控制管理服务器进行网络管理。基站设备及区间线缆随灯带架设在隧道壁上，不需要安装大尺寸支架，采用小型挂件/挂钩，具体高度参照设备限界、强弱电支架及其他设备，避开相应设施，如图 10.2-3 所示。

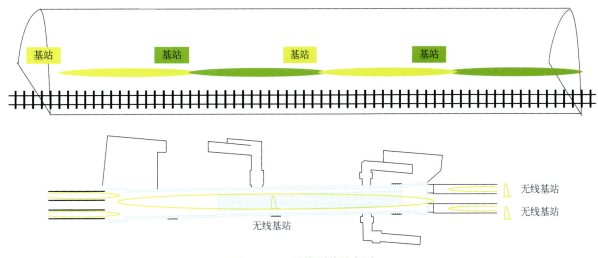

图 10.2-3　无线覆盖示意图

（2）移动台切换设计

系统支持越区切换设计，在 1 号基站覆盖区时，通过 1 号基站进行数据传输；当运动到临界覆盖区时，同时连接 1 号基站和 2 号基站，通过车载台进行处理；当运动到 2 号基站覆盖区时，断开与 1 号基站的连接，如图 10.2-4 所示。

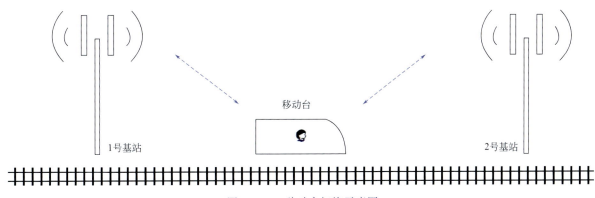

图 10.2-4　移动台切换示意图

（3）脱网设计

综合施工要求和项目特点，若任何一台组网设备损坏或者意外脱离原有网络，其余基站不断网，确保本区域正常通信不受影响。

（4）容灾设计

光纤骨干网采用光纤组网，双宽带接入，使网络处于冗余模式，具有拓扑结构先进、自愈性强、生存力强、网络传输稳定和可靠性高等优点。

10.3 基于室内定位技术的人员管理系统

10.3.1 技术简介

由于轨道施工大部分工程是在地下密闭空间内进行，对 GPS、北斗等卫星信号具有屏蔽作用，轨道施工的人员定位只能使用室内定位技术。

目前，室内定位常用的方法，从原理上来说，主要分为：邻近探测法、质心定位法、极点法、多边定位法、指纹定位法和航位推算法。

主要室内定位方法对比表，如表 10.3-1 所示。

主要室内定位方法对比表　　　　表 10.3-1

定位方法	描述	应用案例	特点
邻近探测法	通过一些有范围限制的物理信号的接收，从而判断移动设备是否出现在某一个发射点附近	基站定位	操作简单，精度不高，依赖参考点分布密度
质心定位法	根据移动设备可接收信号范围内所有已知的信标位置，计算其质心坐标作为移动设备的坐标	基站定位	精度不高，依赖参考点分布密度
多边定位法	通过测量待测目标到已知参考点之间的距离，从而确定待测目标的位置	超声波	精度高，应用广
极点法	测量相对某一已知参考点的距离和角度从而确定待测点的位置	激光扫描	测量简单，精度高，应用不广
指纹定位法	在定位空间中建立指纹数据库，通过将实际信息与数据库中的参数进行对比来实现定位	地磁	精度高，前期工作大，不适合环境变化区域
航位推算法	根据预先确定的位置、估计或已知的速度和时间来估计当前的位置	惯性导航	数据稳定，无依赖，误差随时间积累

10.3.2 几种主流室内定位方式

各种原理各有优劣，在不同应用场景、不同预算要求下，也可将不同的原理组合使用。主流技术有 UWB 定位、wifi 定位、RFID 定位、蓝牙定位等，如图 10.3-1 所示。

定位技术	定位精度	安全性	穿透性	抗干扰	功耗	辐射	传输距离	建设成本	应用行业
wifi	3~10m	较高	强	较强	高	较高	30~50m	较高	商业、工业
蓝牙	3~5m	较高	弱	弱	较低	较低	10m	较高	商业
地磁	2~5m	较高	无关	极弱	较低	无	无关	低	商业
RFID	1~8m	低	弱	弱	低或无	低	5m	较高	商业、工业
zigbee	3~10m	较低	弱	弱	低	较低	70m	较高	商业、工业
UWB	0.1~0.15m	非常高	强	强	低	低	200m	较高	工业
红外	5~10m	高	无	弱	高	低	5m	高	工业
超声波	0.01~0.1m	高	无	强	高	低	5m	极高	工业
计算机视觉	1~2m	较高	无	弱	高	无	10m	高	商业、工业

图 10.3-1　室内定位方式对比情况

（1）UWB定位技术

超宽带定位技术是一种全新的、与传统通信定位技术有极大差异的新技术。它运用事先布置好的已知方位的锚节点和桥节点，与新参加的盲节点进行通信，并运用三角定位或"指纹"定位方法来确认方位。由多个传感器选用TDOA和AOA定位算法对标签方位进行剖析，多径分辨才能强、精度高，定位精度可达厘米级，如图10.3-2所示。

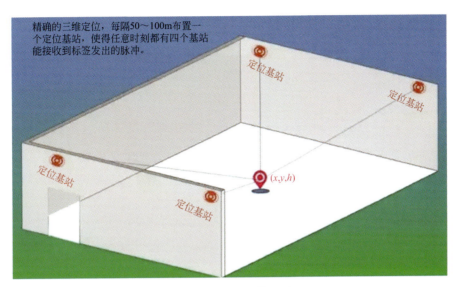

图10.3-2　定位模型图

不过UWB的劣势也很突出，一方面难以实现大范围室内覆盖，另一方面系统建设成本远高于RFID、蓝牙信标等技术，这也限制了该技术的推广和普及。

（2）wifi定位技术

目前wifi是相对成熟且应用较多的技术，这几年有不少公司投入到了这个领域。wifi室内定位技术主要有两种。

wifi定位一般采用"近邻法"判断，最靠近哪个热点或基站，即认为处在什么位置，如附近有多个信源，则可以通过交叉定位（三边定位），提高定位精度。

由于wifi已普及，因此不需要再铺设专门的设备用于定位。用户在使用智能手机时开启过wifi、移动蜂窝网络，就可能成为数据源。该技术具有便于扩展、可自动更新数据、成本低的优势，因此最先实现了规模化。

不过，wifi热点受周围环境的影响比较大，精度较低。为了做得准一点，有公司就做了wifi指纹采集，事先记录巨量的确定位置点的信号强度，通过用新加入设备的信号强度对比拥有巨量数据的数据库，来确定位置。

（3）RFID定位技术

RFID定位的基本原理是，通过一组固定的阅读器读取目标RFID标签的特征信息（如身份ID、接收信号强度等），同样可以采用近邻法、多边定位法、接收信号强度等方法确定标签所在位置，原理如图10.3-3所示。

射频识别室内定位技术作用距离很近，但它可以在几毫秒内得到厘米级定位精度的信息，且由于电磁场非视距等优点，传输范围很大，而且标识的体积比较小，造价比较低。但其不具有通信能力，抗干扰能力较差，不便于整合到其他系统之中，且用户的安全隐私保障和国际标准化都不够完善。

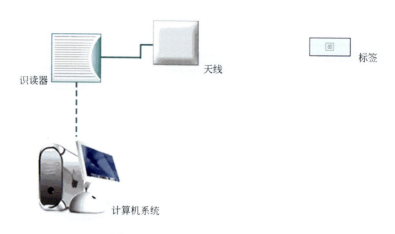

图 10.3-3　RFID 技术定位原理图

目前有大量成熟的商用定位方案基于 RFID 技术，广泛应用于紧急救援、资产管理、人员追踪等领域。

（4）蓝牙定位技术

蓝牙定位基于 RSSI（Received Signal Strength Indication，信号场强指示）定位原理。一套完整的终端侧蓝牙定位系统是由已嵌入或下载好 SDK 软件包的智能终端设备（智能手机、定位胸卡、智能安全帽等）和蓝牙 beacon 设备组成。

蓝牙信标技术目前部署的也比较多，也是相对比较成熟的技术。蓝牙跟 wifi 的区别不是太大，精度会比 wifi 稍微高一点。

iBeacon 蓝牙信标技术的正常运作，需要蓝牙信标硬件、智能终端上的应用、云端上的应用后台协同工作，原理如图 10.3-4 所示。

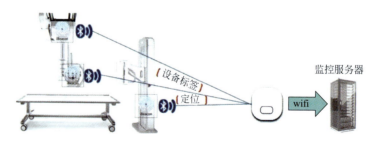

图 10.3-4　协同工作原理图

信标通过蓝牙向周围广播自身的 ID，当终端设备进入 Beacon 设备信号覆盖的范围，测出其在不同信标（不同 ID 号的 Beacon 硬件设备）下的 RSSI 值，然后再通过手机内置的定位算法测算出具体位置（一般至少需要 3 个信标点的 SSI）。终端上的应用在获得附近信标的 ID 后会采取相应行动，如从云端后台拉取此 ID 对应的位置信息、营销资讯等。终端可以测量其所在处的接收信号强度，以此估算与信标间的距离。因此，只要终端附近有三个或以上信标，就可以用三边定位方法计算出终端的位置。

10.3.3　基于室内定位的智能安全帽

基于轨道施工站后工程特点，人员定位系统采用基于 LORA+蓝牙技术的室内定位技术，其中 LORA 主要用于定位信息的远程传输。一个典型的定位网络由五部分构成：定位信标、移动终端、定位基站、定位引擎服务器、应用服务器。其中定位信标分布于场景区域的几何边缘，并对该区域进行信号覆盖；移动终端内置于智能安全帽内；当终端进入基站的信号覆盖范围内，即自动与信标建立联系；移动终端依据内置规则完成定位信标数据的获取，并通过定位基站发送至定位引擎服务器，进而计算出移动终端的实际位置；定位引擎服务器支持大容量标签网络的原始数据获取、位置解算与坐标输出。应用服务器用于发布系统的功能界面，供人员查询使用。系统典型拓扑图如图10.3-5所示。

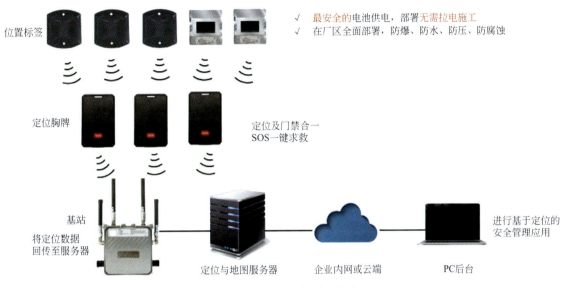

图 10.3-5　系统典型拓扑图

施工人员需佩戴具有定位功能的安全帽，当人员进入隧道以后，只要在隧道网络覆盖范围内，在任何时刻任意位置，基站都可以感应到信号，并上传到数据处理中心，经过运算获得各项信息（如：人员信息、位置信息、时间信息），同时动态显示（实时）在指挥中心大屏幕上，并做好存储备份。指挥管理人员可随时了解隧道中人员的状态。

智能安全帽内置蓝牙定位模块，配合蓝牙定位系统，可实现对施工人员的活动轨迹进行实时监控。智能安全帽分普通型和高端型两种：普通型智能安全帽具备人员定位及一键呼救功能，适合普通员工佩戴。高端安全帽还支持音视频对讲、视频存储、拍照功能、撞击报警、脱落报警、静默报警等功能，适合现场管理人员佩戴。

定位安全帽采用锂电池供电，超低能耗设计，一次充电可使用15d左右，并具有欠压指示功能，出现欠压报警指示后定位模块可以正常工作3d，定位安全帽结构如图10.3-6所示。

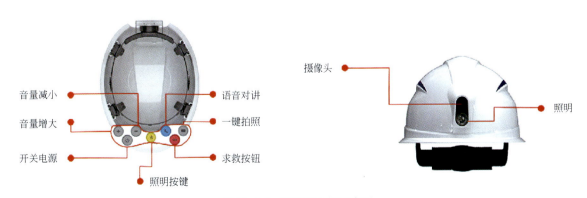

图 10.3-6　定位安全帽示意图

10.3.4 基于室内定位的人员管理系统

（1）定位监控

后台系统可实时显示监控区域内人员/车辆的数量，区分楼层、房间，实时在地图上显示所有人员/车辆的位置、动态显示数量，以及分区域显示统计数量，如图 10.3-7 所示。

图 10.3-7　定位监控页面

不同颜色的图标代表不同类型人员，如：红色代表管理人员、蓝色代表巡检人员、黄色代表车间人员等。当有告警出现时，图标变成红色示警，如图 10.3-8 所示。

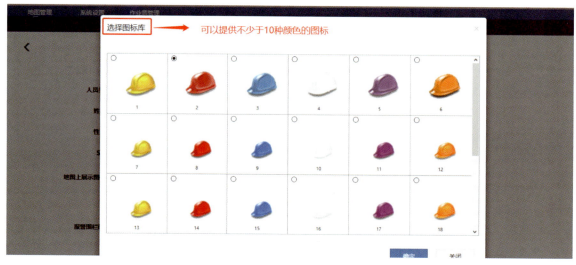

图 10.3-8　定位对象图标选择

（2）目标追踪

通过输入某个员工姓名或者在人员列表中单击"追踪"，可以查看该员工的实时位置，并可以联动到附近的摄像头，调出视频画面。

（3）历史轨迹查询

通过输入人员的姓名、起止时间段，查询历史移动轨迹，有助于管理者对人员活动行为进行分析。同时，当管理人员或巡检员发现施工现场出现质量问题或者不文明施工行为时，可通过轨迹回放追溯相关责任人（图 10.3-9），从而提高施工质量，减少不文明施工现象。

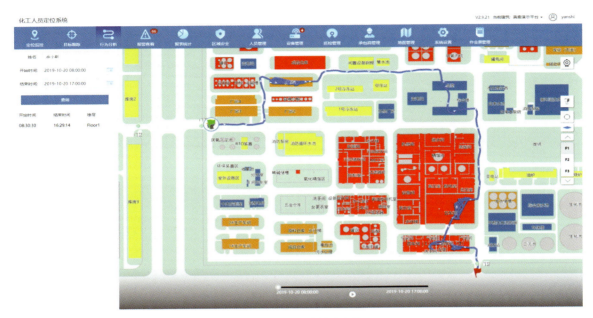

图 10.3-9　历史轨迹查询

（4）报警管理

对于设置了安全告警策略的（如：越界、超员/缺员、静止、一键告警等），一旦出现告警，可以在"报警查看"中查看，同时语音播报告警内容。统计报警时间、报警信息、报警类型、报警位置，处理状态等功能如图 10.3-10 所示。

图 10.3-10　报警查看

（5）电子围栏

绘制电子围栏，设置越界告警、滞留告警，可以设定生效时间和星期，在地图上鼠标拖动，即可快速完成电子围栏的圈定。电子围栏在地图上任意绘制，不限数量，如图 10.3-11 所示。

（6）区域告警

系统通过电子围栏划定施工人员活动区域，当施工人员超过设定的工作区域时，系统会自动报警。同时系统根据工作计划的安排，设定某一区域内施工人员的数量。当施工人员数量不够时，系统给出缺员报警，如图 10.3-12 所示。

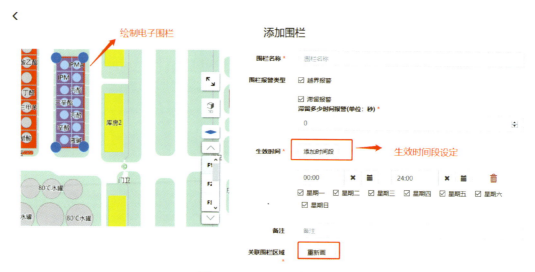

图 10.3-11 电子围栏设置

图 10.3-12 超缺员告警设置

（7）一键求救 SOS

当隧道内人员遇险时，可触发"求救"按钮，当工人发现隧道塌方、涌水涌泥时，也可通过安全帽上一键呼救按键向监控中心发出对应报警信号，监控中心会立即弹出告警，并定位该人员，并可查询具体报警信息（人员信息、位置信息、时间信息）；可立即通过视频联动查看现场监控画面，并火速安排救援人员到现场排查情况。

当紧急情况发生时，监控中心的调度人员或系统管理人员可向隧道内危险区域人员群发紧急撤离通知，隧道内人员即可通过安全帽的声音广播或指示灯快闪及时收到"撤离"信号，准确统计全隧道及某个区域的人员数量，如图 10.3-13 所示。

（8）巡检管理

根据施工区域巡检业务，对巡检点、巡检区域、巡检路线、巡检人员进行设置，通过巡检管理功能考核巡检人员是否按时、按照既定的排班及路线巡检，是否有漏巡检，最终形成巡检达标率报表。同时，智能安全帽具有视频对讲及拍照功能，当巡检员发现现场问题时，可与相关人员视频通话，或拍照

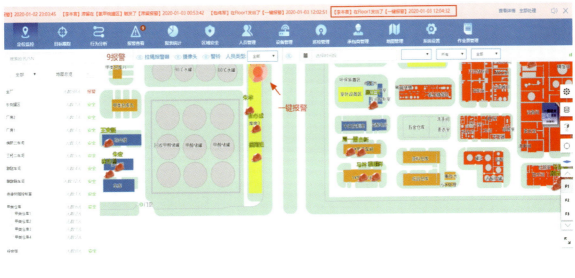

图 10.3-13　一键求救

取证，及时解决问题，如图 10.3-14 所示。

（9）远程指导

当施工现场出现技术问题或协调问题时，现场管理人员可通过智能安全帽发起与施工管理人员或技术人员的远程视频通信，由管理人员或技术人员远程指导现场作业，提高了施工效率。

（10）工效管理

通过人员定位，统计施工人员在工作区的累计总时长，精确计算施工人员的有效工时，结合员工工作量可精确计算出员工工效。

图 10.3-14　巡检管理（一）

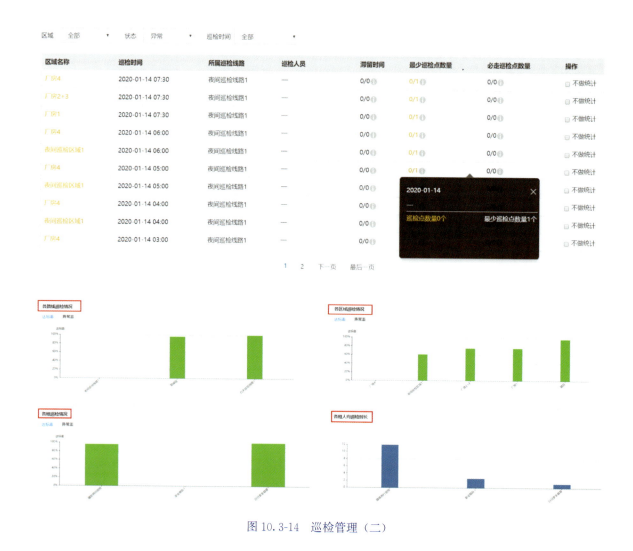

图 10.3-14　巡检管理（二）

10.3.5　应用案例

本技术已在南宁地铁 2 号线、徐州地铁 1 号线、郑州地铁 3 号线等项目开展应用，建立施工区域无线信号覆盖网络，实现对覆盖区域内人员和设备的数量增减及位移变化的动态监测，有效解决轨道交通项目人员、设备定位、安全区域设定相关难题；实现轨行区线上实时监控、整体计划布局、统筹进度管理，提高轨行区利用率及安全性。

10.4　智能车载系统

10.4.1　技术简介

轨道作业车作为地铁施工中不可或缺的设备，如何对它进行安全、规范的作业管理，是地铁施工一个十分重要的课题。由于轨行区的施工作业面狭窄，人员与车辆混合作业，轨行区的安全管理显得十分重要。如何科学合理地调度各施工单位车辆及施工人员，也是我们面临的问题。

10.4.2 智能车载系统结构

车载智能化终端包括车载电脑、测速传感器、移动定位标签及车载视频、车载语音对讲功能。车载智能终端是车载系统的核心,它通过无线网络与后台调度指挥系统进行通信,并将车辆的视频信息、位置信息、速度信息传送到后台,可与后台系统进行实时语音对讲,如图10.4-1所示。

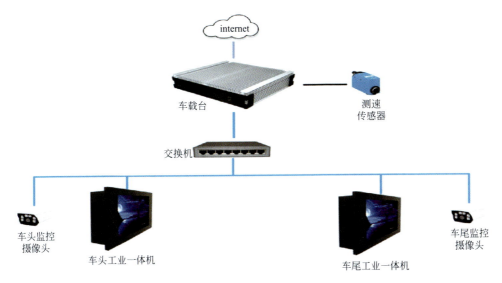

图 10.4-1　系统结构图

在轨道车上安装领航摄像头,司机可通过车载屏幕查看前方影像,提高轨行区运输作业安全性。车载视频可同时在本地存储及云平台存储,管理人员可以通过后台系统或者手机 APP,随时随地查阅监控视频,加强对现场工作的管控。

速度传感器主要是对车辆运行速度进行采集,配合定位标签,可以计算出车辆的实时位置并通过车载电脑传送给后台。

10.4.3 智能车载系统功能

(1) 语音预警

通过地面指挥中心数据处理平台运算,当机车出现超速行为、临近施工区段或其他机车时,系统同时向司机与调度室进行语音报警,提示司机注意减速、加强瞭望。

(2) 视频领航

在地铁隧道进行顶进作业时,司机只能通过转运车长对讲系统进行指挥,在视觉感官上一直处于盲区状态,可以通过车载设备将前端视频信息实时显示于机车车载终端显示屏上,使司机可以通过观察,再配合转运车长的语音指示,降低施工风险,提高工作效率。

(3) 超速报警

行车调度人员通过不同路段的路面质量和施工情况,对每个路段设置不同的列车运行最高速度,当工程车辆运行至该区段时,如果超过设置的最高速度,则工程车辆与调度室系统同时自动报警,并且存储报警信息记录。

(4) 虚拟临近报警功能要求

轨道车辆在轨行区进行运输工作时,系统实施监控隧道内所有的交叉施工范围和其他轨道车辆的运行位置。当相邻轨道车之间的距离小于调度设定的距离时,系统自动向两台轨道车同时报警。当轨道车运行临近交叉施工区域时,系统自动向轨道车司机提示前方交叉施工的位置,提醒司机注意减速行车。

(5) 交叉施工及虚拟安全防护要求

调度人员通过施工计划，针对轨行区影响行车的交叉施工，在其施工区段进行施工防护区域的设置和标注，施工区域信息在二维地图展示，当施工列车运行至施工区域附近时，系统自动向调度中心和车辆司机报警，提示司机注意行车安全。防护区段的建立，司机可通过车载系统屏幕了解其行车范围内所有的施工分布状况。

(6) 接近报警

在所有进入轨行区的轨道车安装临近报警装置，当车辆接近 800m、300m、100m 左右时，轨道车报警装置自动提示司机注意减速，减少机车相撞和追尾事故。同时当运行车辆检测到前方几百米内有施工作业人员时，车载终端会给出语音告警，提醒车辆减速。同时施工作业人员的智能安全帽上也会有语音提醒或指示灯告警，提醒施工人员注意避让。

轨迹查询：智能车载系统具有轨迹查询功能，可按时间段查询车辆的运行轨迹及运行速度，从而为施工调度人员提供科学调度依据及对施工违章行为的事后追溯。

智能调度系统：施工调度员通过系统后台向指定车辆的司机发送调度指令，指定列车的车载智能终端上将会显示所接收到的调度指令。列车司机确认后，方可按调度指令进行施工作业，如图 10.4-2 所示。

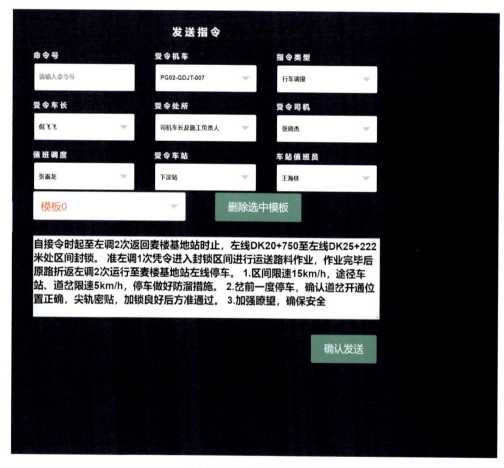

图 10.4-2　发送指令界面

(7) 作业令系统

为了规范轨行区施工作业管理，保证施工车辆及人员的安全。当标段需要进入轨行区作业时，需要由标段项目经理向总包调度员申请作业权限。系统设置了线上作业令请点、销点系统替代传统纸质申请单，大大提高了工作效率，减轻了调度员的负担。

系统设定只有标段项目经理才有权申请作业令。项目经理用自己的账号登录进入管理后台，点击作业令添加，打开作业令申请界面，按模板内容填写好所需要的内容后加盖标段电子章提交。作业令申请成功后可查询自己申请的作业令状态。

系统设定只有调度员及调度主任具有作业令审批权限。调度员用自己独立账户登录系统后台，进行作业令审批，如图10.4-3所示。

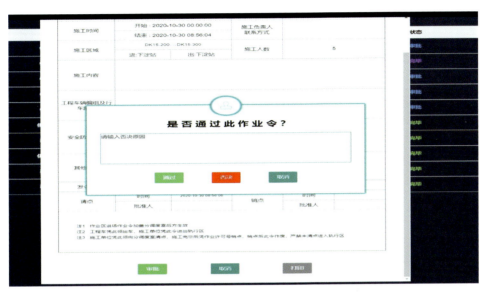

图10.4-3 作业令审批

审批完成后，系统会自动更新当前状态。当施工完成后，标段项目经理进行销点操作，如图10.4-4所示。

图10.4-4 销点操作界面

调度员及作业令申请者可在后台看到作业令执行状态，对超期未销点的作业令，后台给出告警。

10.5 轨道施工常用的物联网系统

10.5.1 技术简介

轨道项目建设大部分工程都是在地下密闭空间内进行，具有工程建设规模大、工程地质复杂、周边环境复杂、工程施工难度大、工程协调量大、控制标准严、安全风险大、建设过程动态变化等特点，如何利用信息化手段，提高项目管理效率，提高现场管控能力，降低项目管控风险，是工程项目管理孜孜以求的目标。

轨道施工中，常用的现场管控物联网技术有：视频监控、人员考勤、环境监控、语音对讲、无线广播等系统。

10.5.2 技术内容

（1）高清视频监控系统

在建立高清视频监控系统时，实时采集出入口、各重点防护区域、作业面、车前状态、施工状态等动态图像信息，供指挥中心调看，进行实时监控及调度管理。

视频系统分为施工现场监控和车载监控两部分，主要由网络高清摄像机、硬盘录像机、监视屏、视频监控终端、传输网络等组成。

视频监控系统对出入口、设备区通道、站厅站台上下楼梯、站台轨行区洞口、轨行区联络通道、铺轨基地等重点区域进行监控。摄像机根据需求进行点位迁移。

车站内设点：根据每个站点通往地面及轨行区只保留一处通道的原则，站厅层设置5台，其中出入口通道处设置1台，公共区通往设备区走廊各1台。站台层设置5台，通往轨行区站台门处各设置1台，监控轨行区方向，保安值班点设置1台。

轨行区设点：轨行区联络通道，左右线各设置2台摄像机，对联络通道进行监控，同时对轨行区兼顾监控。

车载摄像机，在轨道车车头、车尾安装中焦摄像机，司机可通过车载屏幕查看前方影像，通过视频分析对异物路障、人群等进行告警，提高的轨行区运输作业安全性。视频图像存储在云端，管理人员也可以通过手机APP或管理后台，随时随地查阅监控视频，加强对现场工作的管控，如图10.5-1所示。

（2）劳务实名制考勤系统

由于轨道施工工程量大、站点多、出入通道多、施工人员多的特点，对地铁施工的劳务实名制考勤，我们采用出入口的人脸识别系统+智能安全帽定位的方式。

基于轨道施工的特点，施工人员在不同的站点或通道出入的情况非常普遍。为此我们将人脸数据库首先保存在云端服务器，系统每隔10min给所有的人脸识别机同步一次数据。在人脸识别时基于先本地后云端的检索方式，确保当网络发生故障时，人脸识别机还能正常工作。

人脸数据录入采用微信小程序自助录入、标段劳资员审核的方式，大大减轻了劳资人员的负担。系统后台可按时间、标段自动统计各标段施工人员及项目管理人员的出勤率并打印出报表。

（3）环境监控

环境监控既包括施工现场的温湿度及扬尘监控，也包括隧道内的烟感、水位等监控。所有监控数据通过现场无线wifi传送到系统后台。

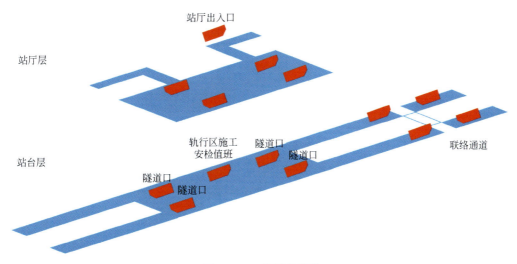

图 10.5-1 监控点设置

(4) 语音调度指挥系统

系统采用了高降噪语音技术、VOIP 技术，可在 wifi 网络覆盖环境下与后台系统进行实时语音通信。

建立语音调度系统，实现覆盖区内部通话、PTT 对讲、车地通话、现场与指挥中心的外部通话、市话通信、紧急呼叫等。系统支持点对点、点对多点、越级指挥、多调度台分组协同指挥、插入、广播、会议等指挥调度模式，以及一键直通、强插、强拆及调看调听等调度业务功能，方便指挥调度的上传下达。

(5) 广播系统

在施工区域，每隔一定距离，安装一个无线广播，建立广播系统。实现项目经理部、铺轨基地、轨行区及站台等需求范围内的广播通知、危险区域接近告警、应急指挥、紧急广播等。

10.5.3 工程案例

本技术已在南宁地铁 2 号线、徐州地铁 1 号线、徐州地铁 3 号线、郑州地铁 3 号线等项目开展应用，通过智慧管理平台的搭建，有效地增加了管理人员对现场监管的力度，促进了项目的顺利开展。

10.6 轨道施工的大数据应用

10.6.1 技术简介

轨道交通建设大数据应用系统采用大数据云平台＋物联网技术，以施工进度管理为核心，依托项目过程全数据，采用大数据信息化手段，对整个项目的进度管理、人员管理、安全管理、质量管理、物资管理及资料管理全部实行标准化线上流程管控。系统围绕三控（进度控制、质量控制、安全控制）、两管（劳务监管、绿色施工监管）、一协调（多方协调），通过大数据云平台连接各个子系统，实现施工现场"人（组织）、机械、物料、施工方法、环境"管控融合，从而全面实现轨道交通施工管理的管理精准化、施工可视化、流程线上化、决策智能化、文档自动化。

10.6.2 技术内容

(1) BIM 轻量化技术

系统采用基于全球顶尖的 WebGIS 产品 Cesium 进化而来，在继承 Cesium 强大 GIS 能力基础上，通过大量独立自主研发，重构后端 GIS 数据/无人机倾斜摄影实景模型/激光点云模型/不同格式 BIM 数据轻量化处理程序，优化重构了前端三维渲染机制。不仅大大提升了其对 GIS 数据的处理效率和性能，而且实现了各类 GIS 数据与 BIM 数据的完美融合，如图 10.6-1 所示。

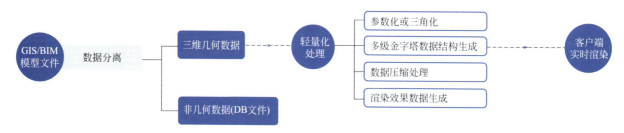

图 10.6-1 构建原理

BIM 轻量化技术使得 BIM 模型可以脱离专业的 BIM 建模软件，可以应用于各种各样的信息化系统、软件平台，大大拓展了 BIM 技术的应用场景。

BIM 轻量化技术大大拓展了 BIM 的应用范围，让三维可视、数据化的 BIM 模型不仅只停留在设计阶段，而是可以应用于施工阶段、运维阶段，覆盖整个工程建筑的全生命周期。

BIM 轻量化技术还可以实现多种不同格式 BIM 模型的融合应用，打破了不同 BIM 建模厂商产品间的屏障，实现了统一数据格式与统一数据应用，实现了多专业协同，大大降低了 BIM 应用的复杂度。

BIM 轻量化技术大大拓展了 BIM 技术的应用人群范围，使得大量的非专业技术人群也可以方便使用 BIM 技术，充分发挥了 BIM 技术的三维可视化、数据化，体现出协同效应。

(2) 管理流程线上化

管理平台以施工全过程大数据为核心数据，以轻量化 BIM 为可视化数据，以工程进度管理为主线，实行工程的人员管理、进度管理、质量管理、安全管理、物料管理等。将施工管理流程全部搬到线上，不仅能提高管理效率，减轻管理人员负担，而且所有的生产、安全、质量管理流程全部保存在云端，对施工过程中出现的问题，随时可查询，可追溯。

管理流程线上化的核心在于系统平台的数据权限管理。根据工程管理的实际需求，系统设置了总包、分包两级管理平台，在每一级平台又设置了不同的角色，如：总包项目经理、总工、生产经理、安全经理、质量经理、物资经理、总调度员等。分包平台设置了分包项目经理、总工、生产经理、安全经理、材料员、施工员、资料员等角色。根据角色不同，系统赋予的权限不同。平台对相应的人员配置不同的角色，从而获得相应的管理权限。业主、监理及设计根据各自职能同样赋予相应的权限，如图 10.6-2 所示。

管理流程的线上化并不改变传统的施工管理模式，只是对传统施工管理模式的加强，不仅不会给项目管理人员增加负担，反而会为项目管理人员减负。同时，管理流程线上化处理规范了管理流程，做到了标准化管理。

管理流程的线上化管理，形成"任务触发、任务生成、任务派发、现场检查、整改与惩罚、问题反馈、辅助监督"全过程的闭环式管理，使工作流程落地执行、管理过程更加可控，监督工作更有实效，如图 10.6-3 所示。

(3) 施工决策智能化（图 10.6-4）

系统以施工全过程数据为核心数据，以进度管理为主线，实现人员、材料、设备、成本、质量、安

第 10 章 信息化管理平台关键技术

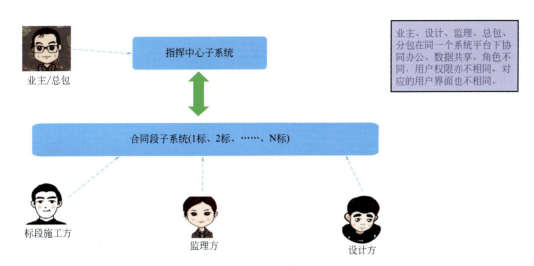

图 10.6-2 管理流程

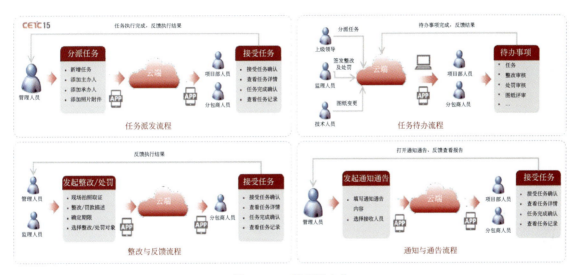

图 10.6-3 管理线上化

图 10.6-4 进度管理流程

全的协同化管控。

1) 进度管理

施工进度填报由分包现场工程师负责发起，分包项目经理可指定审核人员，并将本合同段的施工日报自动汇总后，提交给总包部相关人员。平台可以自动统计周工作量及月度工作量并生成相应的周报和月报。所有日报、周报、月报在平台自动存档,可查询,可追溯。平台可通过轻量化 BIM 直观显示当前各工种施工进度,为项目管理者提供科学决策依据。

2) 进度分析

系统依据进度计划数据,自动生成人员、设备、材料、周转物料投入分析,给出关键路径延期预警,从而及时发现问题、通过优化计划提高周转料周转率,直接降低周转料成本,节约资金,如图 10.6-5 所示。

图 10.6-5 进度管理

3) 施工进度协同管控

项目管理以施工进度为核心、以施工计划为依据,协同管理施工过程中所需要的人员、材料、设备、周转物资等。同时,总包部根据各合同段施工进度情况,协同各合同段施工进度,避免前后道工序的相互影响,提高施工效率。

4) 资料管理

系统提供部分功能产生的文档资料的自动归档功能(例如施工日报自动归档),将目前专人负责的资料管理工作通过系统分散于日常工作中,节约现场人力配置,降低现场项目管理人员的大量文档工作负担。系统提供文件或文件夹快速检索能力,提供文件夹的权限可设置到用户。系统提供四种文件查看视图(按资料分类、按工程分部分项、他方共享文件、工程通用文件)。

施工过程资料的数字化处理,真正做到工程资料与施工过程相结合,可追溯可查询,从而彻底解决因工程资料缺漏而给工程决算造成不必要的麻烦,如图 10.6-6 所示。

10.6.3 工程案例

本技术已在南宁地铁 2 号线、徐州地铁 1 号线、徐州地铁 3 号线、郑州地铁 3 号线等项目开展应用。系统实现现场车辆、人员、设备的综合管控,实现现场施工组织业务的信息化流转,各级管理者应能通过电脑、手机、监控中心大屏等方式实时了解项目设备运转情况、施工计划情况、施工实际情况以及安全风险防范治理情况等。

图 10.6-6　资料管理

第 11 章

典型工程

11.1 深圳地铁 9 号线工程

项目地址：深圳市
建设时间：2015 年 5 月至 2016 年 12 月
建设单位：深圳地铁有限公司
设计单位：广州地铁设计院

项目简介：深圳地铁 9 号线，线路起自深圳湾公园站，止于文锦站，全长 25.33km，共设 22 座车站，其中 10 座换乘站。9 号线全部为地下线路。9 号线联系文锦、红岭、八卦岭、梅林、景田、车公庙、红树林等片区，是联系特区内主要居住区与就业区的区域线。深圳地铁 9 号线是深圳市实现"南北贯通、东拓西联""中心强化、两翼伸展"空间发展策略，形成"三轴两带多中心"城市空间布局结构、缓解交通拥堵、实现城市综合交通和公共交通发展战略的骨干线路。

11.2 南宁地铁 2 号线工程

项目地址：广西壮族自治区南宁市
建设时间：2016 年 3 月至 2017 年 12 月
建设单位：南宁轨道交通二号线建设有限公司
设计单位：北京全路通信信号研究设计院有限公司、中铁电气化勘测设计研究院有限公司、广州地铁设计研究院有限公司、中铁工程设计咨询集团有限公司

项目简介：南宁地铁 2 号线为南宁市"十"字形骨架网线的竖线，是连接南宁市南北方向的骨干线。线路南起玉洞站，跨越良庆区、江南区、兴宁区和西乡塘区四个城区，正线全长 21.0km，共设 18 座车站，全为地下车站，6 座换乘站（大沙田站与 4 号线换乘，福建园站与 6 号线换乘，朝阳广场站与 1、7 号线换乘，火车站与 1 号线换乘，明秀路站与 5 号线换乘，安吉客运站与 3 号线换乘）；设综合基

地 1 处，主变电所 2 座，控制中心与南宁市轨道交通线网统一使用，与南宁轨道交通 1 号线在火车站及朝阳广场站两个车站之间并行，北至西津站。

项目建造成果：形成江苏省省级工法《地铁顶升浮筏板道床施工工法》，形成的《一种地铁铺轨机吊架下降限位装置》《一种地铁限界检测超限自动显示装置》《一种地铁智能带电检测装置》《一种新型地铁整体道床广适高效型混凝土溜槽》获得实用新型专利授权。

11.3 徐州地铁 1 号线工程

项目地址：江苏省徐州市
建设时间：2017 年 12 月至 2019 年 12 月
建设单位：徐州市城市轨道交通有限责任公司
设计单位：中铁第四勘察设计院集团有限公司、中铁工程设计咨询集团有限公司
项目简介：徐州地铁 1 号线是苏北地区的首条地铁，为贯穿城市东西发展主轴，覆盖城市东西主轴客流走廊，衔接人民广场、淮海广场和古彭广场老城区三大商业中心，坝山片区、城东新区两个组团级商业中心，快速联系西客运站、铁路徐州站、汽车总站、京沪高铁徐州东站和客运东站，加强城市轨道交通线网与铁路枢纽的衔接，实现城市交通与区域交通的一体化。徐州地铁 1 号线一期工程线路全长 21.887km，其中高架线为 0.462km，地下线为 21.315km，过渡段长 0.11km；全线共设车站 18 座，其中高架站 1 座，地下站 17 座；起点为路窝村站，终点为徐州东站。

全线设置一段一场，西端于徐萧公路以南，路窝村以西设置杏山子车辆段；东端于京沪高铁以东、京福高速公路以西、徐连公路以北设高铁站停车场。全线网共用一座控制中心，拟建于一号路站附近；设置两座主变电站，分别位于杏山子车辆段和一号路站附近。

项目建造成果：2018 年度徐州市城市轨道交通工程建设先进集体（建设单位发）；2018 年度徐州市建筑施工标准化文明示范工地（徐州市住房和城乡建设局发）；2018 年度江苏省建筑施工标准化三星级工地（江苏省住房和城乡建设厅发）；形成了《城市轨道交通直流牵引系统设备的绝缘安装工法》《35kV 高压电缆头制作工法》《城市轨道交通 35kV 干式变压器安装工法》《杂散电流防护系统施工工法》《地铁牵引电气系统调试工法》等一系列工法；形成的《一种适用于地铁直流设备的可拆卸式安装装置》《一种用于地铁结构钢筋极化电位监测的参比电极与失效检测系统》《一种适用于地铁的库内立柱

式道床的无轨施工定位模具》《一种用于不同风管连接的法兰》《城市轨道交通全断面隧道仿真钢轨移动定位平台》获得专利授权；《城市轨道交通接触网悬挂结构模拟计算软件》获得软件著作权授权。

11.4 长沙地铁 5 号线工程

项目地址：湖南省长沙市
建设时间：2018 年 8 月至 2020 年 4 月
建设单位：长沙市轨道交通集团有限公司
设计单位：广州地铁设计研究院股份有限公司
项目简介：长沙地铁 5 号线一期工程二标段正线（水渡河～万家丽广场）及水渡河车辆段轨道工程，正线铺轨单线长约 22.5km，均为地下线。正线共设车站 9 座，换乘站 3 座。联络线、配线单线长 3.008km，60kg/m-9 号单开道岔 15 组、60kg/m-9 交叉渡线道岔 2 组。正线、联络、配线均采用钢筋混凝土整体道床，根据减振要求不同，分别采用普通长轨枕弹条Ⅲ型分开式扣件整体道床、普通长轨枕轨道减振器扣件整体道床、隔离式减振垫弹条Ⅲ型分开式扣件整体道床、钢弹簧弹条Ⅲ型分开式扣件整体道床。正线线路为无缝线路，联络线、配线线路为有缝线路。

项目建造成果：2018 年下半年长沙市建筑施工绿色工地及绿色示范工地（长沙市住房和城乡建设委员会发）；2019 年度长沙市轨道交通 3、5 号线一期工程开通试运行先进集体称号（长沙市轨道交通集团有限公司发）；2019 年度安全生产先进单位（长沙市轨道交通集团有限公司发）；《城轨工程智能管控系统》获得软件著作权授权。

11.5　青岛地铁 8 号线工程

项目地址：山东省青岛市
建设时间：2018 年 9 月至 2020 年 5 月
建设单位：青岛市地铁八号线有限公司
设计单位：中铁工程设计咨询集团有限公司
项目简介：青岛地铁 8 号线起点自胶州北站，终点至五四广场，主线串联胶州市、红岛高新区、李沧区、市北区、市南区五个行政区，成为连接青岛新机场、北岸城区、东岸城区的快速骨干线路。线路起自国铁胶州北站，经胶东国际机场、国铁红岛站、红岛 CBD、东大洋，过海至青岛北站枢纽，然后经沧口机场沿周口路、南昌路、山东路至香港路五四广场站。

项目建造成果：2018 年青岛市市政工程标准化示范工地（青岛市市政工程管理处发），2018 年表现优秀的施工企业（青岛市市政工程管理处发），2018 年表现优秀的项目经理（青岛市市政工程管理处发），2018 年度"三大战役"考核第二名（建设单位发），2019 年第二季度考核第一名（建设单位发），2019 年度考核先进单位（建设单位发），2019 年度优秀项目负责人（建设单位发）；形成青岛市工法《地铁高架 U 形梁承轨台式整体道床施工工法》，形成的《一种道床基底标高控制装置》《一种轨行区信息化管理系统》《一种轨枕吊具》《一种实用型钢轨吊装工具》《一种基于调线调坡的 U 形梁运输定尺天吊》获得专利授权。

11.6　郑州地铁 3 号线工程

项目地址：河南省郑州市

建设时间：2019 年 5 月至 2020 年 12 月

建设单位：郑州地铁集团有限公司、郑州中建深铁轨道交通有限公司

设计单位：中铁第四勘察设计院集团有限公司、北京城建设计发展集团股份有限公司

项目简介：郑州地铁 3 号线一期工程北起于惠济片区的省体育中心，沿长兴路、南阳路、铭功路、解放路、西大街、东大街、郑汴路、商都路和经开第十七大街走行，南止于陇海铁路圃田站以南的航海东路站。正线共设车站 10 座，其中换乘站 5 座。正线为跨区间无缝线路（道岔冻结），配线、联络线、出入场线为有缝线路；贾鲁河停车场型式为尽端式，由库外线及库内线组成，库外线及库内线均为有缝

线路。线路长 25.487km，设站 21 座，含换乘站 11 座，正线采用地下敷设方式。最大站间距为 2901.126m，位于博学路站～航海东路站区间；最小站间距 627.759m，位于顺城街站～东大街站区间，平均站间距 1.245km。

3 号线采用 A 型车 6 辆编组，一期工程按一段一场设置，在起点连霍高速以北设停车场，在终点京珠高速以东设车辆段；一期工程利用 1 号线一期工程已建市体育馆主变电站和 5 号线规划郑汴路（即 3 号线中兴路站）主变电站供电，本期不再新建主变电站；控制中心设于国铁郑州东站南侧，与 1 号线控制中心共址。

项目建造成果：形成的《地铁隧道打孔机器人》获中国建筑第三届青年创新创效大赛银奖；形成的《一种直线位移传感器与液压缸水平安装的定位工装》《一种直线位移传感器与液压缸在水平安装的柔性连接结构》《一种关于电动锤钻工具的平面固定夹具》《一种与折臂配合使用的整体角度调整结构》《一种与折臂配合使用的整体距离调整结构》《一种关于电动锤钻工具的角度调整装置》获得专利授权。

郑州地铁 3 号航海东路车辆段

11.7　重庆地铁 9 号线工程

项目地址：重庆市
建设时间：2019 年 5 月至 2020 年 12 月
建设单位：重庆市轨道交通集团有限公司

设计单位：中铁第四勘察设计院集团有限公司、北京城建设计发展集团股份有限公司

项目简介：重庆地铁9号线一期（高滩岩-兴科大道）工程线路总体走向为：起点位于沙坪坝区新桥，向东经小龙坎、土湾、红岩村至化龙桥片区，然后跨越嘉陵江进入江北区，经蚂蝗梁、观音桥、鲤鱼池、江北城、五里店、虾子蝙、寸滩后线路进入渝北区，途径上果路、上湾路、服装城大道、宝桐至线路终点回兴。沿线分别与环线、一号线、三号线、四号线、五号线、六号线、十号线、十四号线形成相交换乘。工程线路全长约32.294km，其中地下线29.915km，高架线2.379km。共设25座车站（包括新增新桥站一座），其中地下站23座，高架站2座；设新桥停车场一座、台商工业园车辆段各一座。

项目建造成果：形成的《一种用于地铁结构钢筋极化电位监测的参比电极与失效检测系统》获得专利授权。

11.8 北京地铁 7 号线工程

项目地址：北京市

建设时间：2013 年 3 月至 2014 年 12 月

建设单位：北京市轨道交通建设管理有限公司

设计单位：北京市市政工程设计研究总院

项目简介：北京地铁 7 号线西起西三环内的北京西站，向南离开北京西站后转向东，沿广安门外大街、广安门内大街、骡马市大街、珠市口西大街、珠市口东大街、广渠门内大街、广渠门外大街、广渠路一路向东，穿过东西二环、东三环、东四环后转向南，沿规划化二东侧路、垡头西路、小武基路向南，在北京欢乐谷东南侧再转向东，沿垡头南路向东，过丰双铁路后转向东南，在北京焦化厂原址内设置终点站并设置车辆段一座。

11.9　上海地铁 15 号线工程

项目地址：上海市
建设时间：2019 年 11 月至 2020 年 11 月
建设单位：上海轨道交通十五号线发展有限公司
设计单位：铁道第三勘察设计院
项目简介：上海地铁 15 号线起于上海市西北部的顾村公园站，途经宝山区、普陀区、长宁区、徐汇区、闵行区等 5 个行政区，沿莲花南路、银都路、老沪闵路、桂林路、古羊路、古北路、大渡河路、桃浦西路、连亮路、祁连山路走行，止于上海市西南部的上海紫竹高新技术产业开发区，共设 30 站，其中 8 座为换乘站。

11.10　广州地铁 6 号线工程

项目地址：广东省广州市
建设时间：2015 年 8 月至 2016 年 6 月
建设单位：广州市地下铁道总公司

设计单位：中铁隧道勘察设计研究院有限公司

项目简介：广州地铁 6 号线起点为广州西面的金沙洲地区的浔峰岗，高架跨过北环高速公路后沿金沙洲路中央往东南方向前进，于沙凤村东侧以白沙河大桥横跨珠江支流，连接到大坦沙岛之沙头顶。之后线路转向正南，由高架转入地下隧道，往南至双桥路侧坦尾站与 5 号线换乘。线路下穿广茂铁路后，斜穿珠江支流，于旧广州南站大地冲范围内多宝路处设如意坊站。线路沿黄沙大道往南抵达大同路处的黄沙站，与 1 号线换乘。之后线路沿六二三路，穿过文化公园，人民南路，沿一德路抵达海珠广场站与 2 号线换乘。

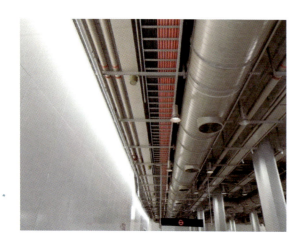